Besser schlafen – schöner träumen

Prof. Dr. Karl Hecht

Besser schlafen schöner träumen

Ein Südwest-Ratgeber

Südwest Verlag München

Bildnachweis:

Grafiken: Nach Ideen des Autors
von Helgard Bach (44), Gerhard Gabel (1)

Fotos: Helgard Bach (12) S. 64, 96, 97.
Stimotron, Medizinische Geräte (4) S. 105.
Madaus, Medizin-Elektronik (1) S. 104.
Archiv des Autors (2) S. 33, 151.
Archiv (4) S. 32, 33.

Umschlaggestaltung:
Brigitte Pollmeier, Bielefeld

Printed in Germany
Satz: OK Satz GmbH, Gröbenzell
Repro: Repro Zwölf, Wien
Druck und Bindung:
Chemnitzer Verlag und Druck GmbH,
Werk Zwickau

ISBN 3-517-01318-8

Inhalt

Zu diesem Buch

Der moderne Alltag fordert seinen Tribut. Lärm, Tempo, Leistungsdruck lassen uns kaum zur Ruhe kommen. Um so schlimmer, wenn dann nachts auch der Schlaf nicht kommen will. Wie soll man den Anforderungen des kommenden Tages gerecht werden? Ein Teufelskreis?

In Deutschland klagt nahezu jeder dritte Erwachsene über Schlafstörungen oder sogar über Schlaflosigkeit. Viele müssen mitunter jahrelang eine erholsame Nachtruhe entbehren. Ein ernstes Problem, das viele Ursachen hat – physiologische, psychologische Gründe und Umweltfaktoren wirken hier zusammen. Über viele dieser Faktoren und vor allem über ihre komplexen Wechselwirkungen wußte man bisher nur wenig, auch weil die medizinische Forschung diesem wichtigen Bereich unseres Daseins erst in jüngerer Zeit größere Beachtung widmet.

Gerade auf jene jüngsten Ergebnisse der modernen Schlafforschung stützt sich dieses Buch, das Ihnen, lieber Leser, helfen will, Wege zu einem gesunden, Körper und Geist erfrischenden Schlaf zu finden.

Guter Rat soll nicht teuer sein, aber er kann – zumal in diesem sensiblen Bereich – auch nicht von der billigen, sprich allzu simplen Art sein. Erfolgreiches Handeln setzt Kenntnisse voraus und die Bereitschaft, sich diese Kenntnisse anzueignen. Damit dies ohne große Mühe gelingt, haben wir uns in Wort und Bild um Klarheit, Verständlichkeit und Anschaulichkeit bemüht. Dennoch war es im Sinne der exakten Darstellung vieler Abläufe des Schlaf- und Traumgeschehens hin und wieder unumgänglich, die medizinische Fachsprache zu verwenden. Die Begriffe werden, wo nötig, meist gleich an Ort und Stelle erklärt. Zusätzlich finden Sie im Anhang ein Fachwörterverzeichnis mit ausführlichen Erläuterungen. Wer sich weiter und vertiefter informieren will, findet im Anhang auch ein Angebot an weiterführender Literatur zu unserem Thema.

Noch ein ganz besonderes Angebot möchte ich den Lesern dieses Buches unterbreiten: Wenn Sie es wünschen, können Sie das beigelegte »Schlafprotokoll« ausgefüllt an den Autor einsenden. Die Auswertung und individuelle Ratschläge kommen dann mit der Post zu Ihnen. Bitte fügen Sie Ihrer Einsendung lediglich das Rückporto bei. Und nun wünsche ich Ihnen wache Aufmerksamkeit für die Lektüre, damit Sie am Ende mit mir einer Meinung sind: Es gibt viele Wege zum gesunden Schlaf!

Bei der Fertigstellung des Manuskriptes standen mir fleißige Helfer zur Seite, denen ich an dieser Stelle danken möchte.

Mein herzlicher Dank gilt Herrn Ernst Dahlke, der mir als Lektor mit kritischen und wegweisenden Bemerkungen wertvolle Anregungen gab, meiner Frau Ilse, die mir bei der redaktionellen Bearbeitung half, sowie Frau Jeannette Schiller und Frau Elfriede Tronicke für ihre technische Mitarbeit.

Berlin, Februar 1992
Prof. Dr. med. habil. Karl Hecht

Vom Schlafen und Träumen

Jeder Mensch schläft anders. Somit hat auch jeder seine eigene Beziehung zum Schlaf und zum Wachsein. Für manche ist der Schlaf das Himmelreich. Anderen, die sich nach einer ruhespendenden Nacht sehnen, jedoch keinen Schlaf finden, kann das Schlafzimmer zu einer qualvollen Hölle werden. Es gibt aber auch Menschen, die Sorge haben, einen zu großen Teil ihres Lebens zu »verschlafen«.
Edison, der Erfinder der Glühlampe, war dieser Auffassung. Weil er die Nacht nicht nur für den Schlaf, sondern auch für schöpferische Tätigkeiten nutzen wollte, schuf er sich und der Menschheit das künstliche Licht. Aber nicht alle Menschen haben ein Wach-Schlaf-Verhalten wie Edison. Mehr als 80 % der Menschen erwarten den Schlaf mit größerer Sehnsucht als das Wachsein. Das ergab eine von mir vorgenommene Umfrage in Berlin. Die Ursache hierfür ist, daß das Wachsein mit Streß und Frust, mit Kampf um die Lebensexistenz und mit Sorgen um die Familie belastet ist. Wenn der Schlaf nicht durch Störfaktoren oder Alpträume unterbrochen wird, dann herrscht Ruhe und Zufriedenheit. Alle Lasten des Tages sind verdrängt, vergessen oder beiseite geräumt.
Meine Umfrage erbrachte aber auch die Erkenntnis, daß zum Schlaf die mannigfaltigsten Auffassungen und Einstellungen bestehen. Die einen geben ihm z. B. die Attribute »verzaubernd«, »süß«, »leicht«, »tief«, »erholsam«, »entspannend« oder »erquickend«. Eine andere Gruppe dagegen spricht vom »quälenden«, »unruhigen«, »angstverursachenden«, »oberflächlichen«, »belastenden« Schlaf.
Der Schlaf ist also keine konstante Erscheinung. Derselbe Mensch kann heute den Schlaf als »erquickend«, morgen als »unruhig« und übermorgen als »entspannend« bezeichnen. Oft sind sich manche Menschen dessen gar nicht bewußt, daß sie heute den Schlaf loben und ihn schon morgen kritisieren. »Schlechte Nächte« bleiben im Gedächtnis häufig fester verankert als gute Schlafnächte. Die letzteren erwartet man als Selbstverständlichkeit, die schlechten Nächte sind die Ausnahmen oder sollen sie sein.
Mit dem Schlaf ist es ähnlich wie mit dem Appetit zur Nahrungsaufnahme. In bestimmten Situationen sehnt man sich nach einer leckeren üppigen Mahlzeit, und ist man übersatt, dann ist man unzufrieden. Aber man ist auch unzufrieden, wenn man nur eine dürftige, nicht schmeckende Mahlzeit erhält. Das sind menschliche Eigenschaften und Reaktionen, die mit der Bedürfnisbefriedigung zusammenhängen. Schlaf ist ein Bedürfnis des Menschen, dessen er nicht so schnell überdrüssig wird, wenn er gut schläft. Dieses Bedürfnis stimuliert aber stets hohe Erwartungen. Wenn diese nicht erfüllt werden, dann entsteht Unzufriedenheit über den Schlaf.

Schlaf und Traum waren seit Urzeiten für den Menschen zwar interessant, aber auch rätselhafte und nicht selten unheimliche Phänomene. Selbst die Wissenschaft hat sich mit Schlaf und Traum in der Vergangenheit nicht

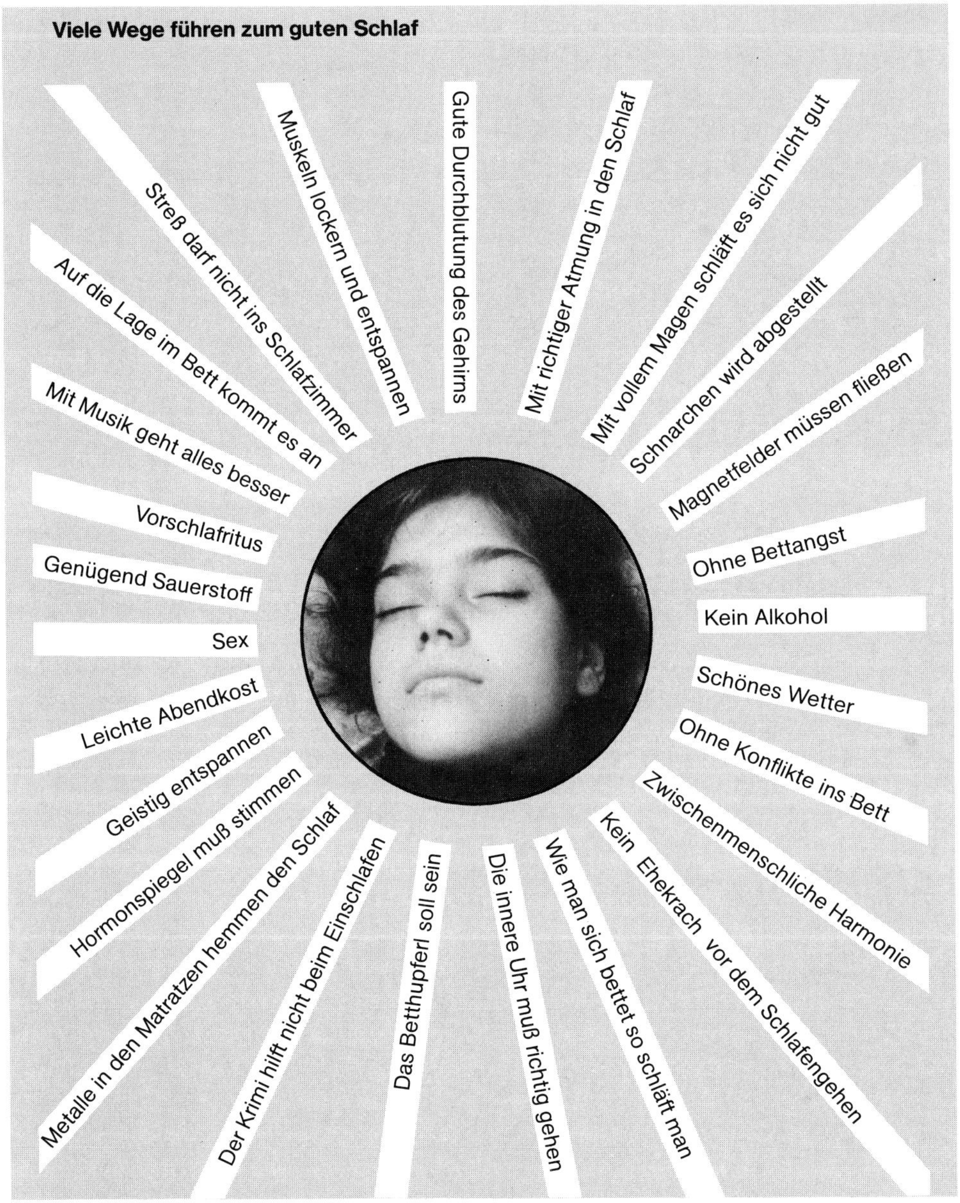

Viele Wege führen zum gesunden Schlaf. Vor der Einnahme von Tabletten erst prüfen, welcher Weg für Sie der beste ist.

so intensiv befaßt wie mit dem Wachsein. Hierfür gibt es Gründe. Die Wissenschaftler wollen immer handfeste Daten haben. Alle subjektiven Aussagen über den Schlaf und den Traum sind nicht an Wahrnehmungen, sondern nur an individuelle Erinnerungen geknüpft, also niemals an das unmittelbare Erleben, denn im Schlaf ist das Bewußtsein ausgeschaltet. Die Betrachtung von Traum und Schlaf erfolgen daher nur im Rückblick. Von Kindern wissen wir, daß sie bei Berichten über ihre Träume eine rege Phantasie entwickeln können und vieles zum wahren Erinnerungsgehalt hinzudichten.

Wer sich wissenschaftlich mit dem Schlaf beschäftigen will, braucht daher objektive Daten. Diese Möglichkeit gibt es erst seit dem Anfang der 30er Jahre, als der Neurologe und Psychiater Hans Berger aus Jena die Technik zur Registrierung des Hirnstrombildes (EEG) einführte. Richtig begann die objektive Erforschung des Schlafes und des Traumes aber erst, als die amerikanischen Schlafforscher Kleitman und Aserinski 1953 anfingen, anhand des Hirnstrombildes neben der Schlafphase auch die Traumphase objektiv zu untersuchen.

In früheren Zeiten haben sich Dichter, Philosophen und Maler häufiger mit dem Schlaf befaßt als die Mediziner. Der griechische Philosoph Aristoteles nannte den Schlaf »den Hüter des Lebens«.

Für Englands großen Dichter Shakespeare war der Schlaf »Balsam der Seele«, und der Autor des Don Quichotte, Cervantes Saaveda, schrieb: »Gott segne den Erfinder des Schlafes!« Der deutsche Philosoph Schopenhauer verglich den Wach-Schlaf-Zyklus mit einer Uhr, die nachts aufgezogen wird und am Tage abläuft.

Natürlich haben auch Mediziner ihren Standpunkt zum Schlaf bezogen. So auch der russische Physiologe und Nobelpreisträger Iwan Petrowitsch Pawlow. Er charakterisierte den Schlaf als »Retter des Nervensystems«.

Bis Mitte der 50er Jahre dieses Jahrhunderts gab es nur zaghafte oder umstrittene Ansätze für ein intensives Erforschen des Schlafes und des Träumens. Danach begann ein Aufschwung, und heute vollzieht sich die Entwicklung der Disziplin »Schlafmedizin« in einem rasanten Tempo. Die letzten Jahrzehnte haben uns viele neue Erkenntnisse gebracht, die manche alte, bisher gültige Vorstellungen über den Schlaf und Traum in Frage stellen. Entsprechende Untersuchungen zeigten, daß nicht selten sogar Ärzte wenig vom Schlaf, von Schlafstörungen und von den vielen Wegen, die – ohne Tablette – zu einem guten Schlaf führen, wissen. Derartige oberflächliche Betrachtungsweisen des Schlafes und der Beseitigung seiner Störungen durch entsprechende Mittel haben zum Arzneimittelmißbrauch und somit zu Arzneimittelschäden und zur Sucht geführt. Analysen ergaben, daß das Verhältnis Drogensüchtige zu Arzneimittelsüchtige zu Alkoholsüchtige 3:7:10 beträgt. Das heißt in einer Bevölkerungsgruppe, in der es 300 Drogensüchtige gibt, findet man 700 Arzneimittelsüchtige und 1000 Alkoholsüchtige. Da der Anteil der Arzneisüchtigen unter den Schlafgestörten erheblich ist, muß der Vermittlung von Wissen über den Schlaf und Schlafstörungen, aber auch über die Beziehung von Wachsein und Schlaf und nicht zuletzt über den Traum, große Aufmerksamkeit geschenkt werden. Schlafstörungen können bei jedem Menschen unterschiedlich vorkommen. Ein Arzneimittel, welches bei dem einen hilft, kann dem anderen schaden.

Die wichtigsten internationalen Organisationen für Schlafmedizin und Schlafforschung haben nahezu hundert verschiedene Formen der Schlafstörungen beschrieben. Nur die wenigsten davon sind mit den üblichen Schlaftabletten behandelbar. Bei manchen Formen der Schlafstörungen können Schlafmittel sogar gesundheitsschädigend sein.

Der Schlaf hat für jeden Menschen seine eigenen Gesetze! Aus persönlichem Erleben können wir das bestätigen. Wir wissen, daß uns nicht jede Nacht einen guten Schlaf beschert. Manchmal wird die Serie von guten Schlafzeiten plötzlich von schlaflosen Nächten unterbrochen. Letztere können frustrierender sein als das stressige Leben am Tage. Die Ursachen hierfür sind unterschiedlicher Natur. Die richtige Ursache muß aber bei jedem Patienten gefunden werden, um ihn wieder zu einem guten Schlaf zurückführen zu können.

Manche Menschen wachen nachts mehrmals für kurze Zeit auf. Ärger und Wut darüber hindern häufig am Weiterschlafen. Derartige Reaktionen geschehen in Unkenntnis von realen Tatsachen, die folgende sind: Wenn die Dauer eines nächtlichen Erwachens nicht mehr als zehn Minuten beträgt, ist es für den Betreffenden ungefährlich.

Der gesunde Mensch schläft in Zyklen, die 90–120 Minuten betragen. Häufig endet ein solcher Zyklus mit einem kurzen Erwachen. Es ist sogar möglich, daß ein Mensch nach jedem Ende eines solchen Zyklus aufwachen und nach kurzer Zeit weiterschlafen kann. Das ist eine aus den Urzeiten des Menschen erhaltene Orientierungs- und Schutzreaktion, die keinesfalls etwas mit Durchschlafstörungen zu tun hat.

Es gibt auch Menschen, die lange und gut geschlafen haben, aber dennoch morgens müde erwachen. Sie müssen sich beim Start in den neuen Tag regelrecht selbst Gewalt antun, um überhaupt in Gang zu kommen, um die Schläfrigkeit abzuschütteln. Bei entsprechenden Untersuchungen wird sich in vielen Fällen herausstellen, daß solche Menschen einen sehr niedrigen Blutdruck haben, der sie in diesen Zustand versetzt. Hier muß der Blutdruck behandelt werden, nicht der Schlaf.

Menschen mit chronischen Schlafstörungen haben häufig das Schlafen verlernt. Sie müssen neu beginnen und das Schlafen wieder erlernen. Hierzu gehört aber nicht nur das Verhalten und die Einstellung zum Schlaf, sondern auch die richtige Lebensweise am Tage.

Manchmal sind nur einfache Veränderungen und Korrekturen der bisher geführten Lebensweise erforderlich, um zu einem guten Schlaf zu kommen. Zum Beispiel die Herstellung einer geordneten, regelmäßigen Wach-Schlaf-Einteilung.

Der Schlaf ist ein aktiver Prozeß und nicht ausschließlich ein ruhender Zustand der geistigen und körperlichen Funktionen. Zum Beispiel werden die am Tage aufgenommenen Informationen während des Schlafes nach dem »Aschenputtelprinzip« ausgewählt: Die »schlechten« werden vergessen

und die »guten« werden in das Langzeitgedächtnis aufgenommen.
Wer kennt nicht den Ratschlag, eine Aufregung oder eine Entscheidung zu überschlafen? In der Tat, am nächsten Tag betrachtet man manches Ärgernis gelassener, stuft als dramatisch Empfundenes weniger wichtig ein. Was als wichtig im Gehirn gespeichert wird und welche Informationen überflüssig sind, darüber entscheidet das von Anlagen, Charakter und Erfahrungen geprägte individuelle Verhaltensprogramm.
Diese »Auswahl« der Informationen für das Langzeitgedächtnis kann man sich aber auch selbst erschweren oder erleichtern.
Menschen, die mit mehreren Konflikten beladen sind und deren Lösungen wie eine Lawine vor sich herschieben, schwer Entscheidungen treffen, wenig Risikobereitschaft und auch Einsicht in die Realitäten besitzen, schaffen sich selbst negative Voraussetzungen für die Informationsverarbeitung und somit für einen erholsamen Schlaf.
Oft beobachtet man, daß Unerledigtes oder am nächsten Tag zu Entscheidendes uns so stark beschäftigen, daß wir schlecht einschlafen. Eine »vornächtliche« Analyse eines Konfliktes oder des bevorstehenden Ereignisses und das Durchspielen einiger möglicher Lösungsvarianten kann jedoch eine Vorarbeit für eine gute Informationsverarbeitung im Gehirn während des folgenden Schlafes sein. In solchen Fällen schlafen wir dann meistens doch ein und erwachen mit bestimmten Vorstellungen, wie der bevorstehende Tag zu bewältigen ist.
Trotz kurzer Schlafdauer fühlt man sich sogar nach dem Aufstehen erholt und selbstbewußter. Im Schlaf und Traum sind also Problemlösungen möglich, wenn diese am Tage »angedacht« wurden, d. h. wenn man sich damit gedanklich beschäftigt hat. Auf diese Weise sind schon viele wissenschaftliche Entdekkungen vorbereitet worden, sogar solche, die zur Verleihung des Nobelpreises führten, der so im wahrsten Sinne des Wortes »erträumt« wurde. Selbst Lernen im Schlaf ist möglich, wenn man es richtig anpackt.
Sie sehen also: *Im Schlaf passiert doch mehr, als man denkt.*

Warum schlafen wir überhaupt?

Die besondere Rolle, die der Schlaf im Leben eines Menschen spielt, führte schon in den Urzeiten zu zahlreichen Betrachtungen, Interpretationen und Spekulationen. So gibt es nicht wenige Überlieferungen, die besagen, daß Schlaf (Hypnos) und Tod (Thanatos) Brüder seien. Hiermit ist die Vorstellung verbunden, daß der Schlaf einen partiellen Tod darstelle, während dessen die Seele am Abend aus dem Körper entfleuche und morgens wieder zurückkehre. Beim Tod dagegen verläßt die Seele den Körper für immer.

Aus heutiger Sicht kann unseren Urahnen eine gute Beobachtungsgabe bescheinigt werden. In der Tat: Beim Übergang vom Wachsein zum Schlaf und beim Übergang vom Leben zum Tod gibt es ähnliche Erlebnisse und traumartige Erscheinungen.

Fast jeder Mensch hat an sich selbst beim Einschlafen solche Übergangszustände schon beobachten können. Da erlebt man ein kurzes Zusammenzucken, das gewöhnlich mit einem Falltraum, das heißt, mit einem plötzlichen Hinunterstürzen oder Hinuntergleiten in das tiefe Dunkel des Schlafes, einhergeht. Aber auch andere traumartige Erscheinungen können erlebt werden. Denkvorgänge, die man soeben noch im Wachsein produziert hat, nehmen plötzlich traumartige Gestalt an: Man sieht Gestalten durch den Raum huschen oder hört Laute, Stimmen bereits verstorbener Menschen oder sonderbare Geräusche. Es wird auch berichtet, daß man beim Einschlafen plötzlich von einer angenehmen wohltuenden Ruhe befallen wird oder daß sich der Geist vom eigenen Körper loslöst.

Bei Menschen, die übermüdet oder sehr gestreßt sind oder bei solchen, die die Schlafanfallskrankheit (Narkolepsie) haben, treten derartige Traumerlebnisse, bei denen man sich nicht als Beteiligter, sondern als außenstehender Betrachter fühlt, häufiger auf. Ähnliches kann man auch beim Übergang zum Tod erleben. Der amerikanische Arzt Raymond Moody hat 150 Menschen befragt, die dem biologischen Tod sehr nahe waren, d. h., einen vorübergehenden Herzstillstand hatten und ins Leben zurückgeholt wurden. Nachfolgend einige Beispiele:

Ein Mann, der nach schweren Verbrennungen mehrmals »gestorben« war, berichtete: »Der Schock hielt etwa eine Woche an, und während dieser Zeit machte ich mich auf einmal davon – in diese Finsternis, diese Leere. Anscheinend blieb ich lange dort, schwebte und taumelte nur in einem fort durch den Raum.«

Eine Frau, die einen plötzlichen Herzstillstand erlitt, berichtete: »Auf einmal erfüllten mich die denkbar wohltuendsten Gefühle. Nichts in der Welt störte mehr, es gab nur noch Frieden, Wohlbehagen, Harmonie, vollkommene Ruhe. Alles, was mich je bedrückte, schien von mir genommen zu sein.«

Ein junger Mann, der bei einem Autounfall vorübergehend »tot« war, berichtete: »Und dann auf einmal schwebte ich über der Erde, vielleicht eineinhalb Meter vom Boden und

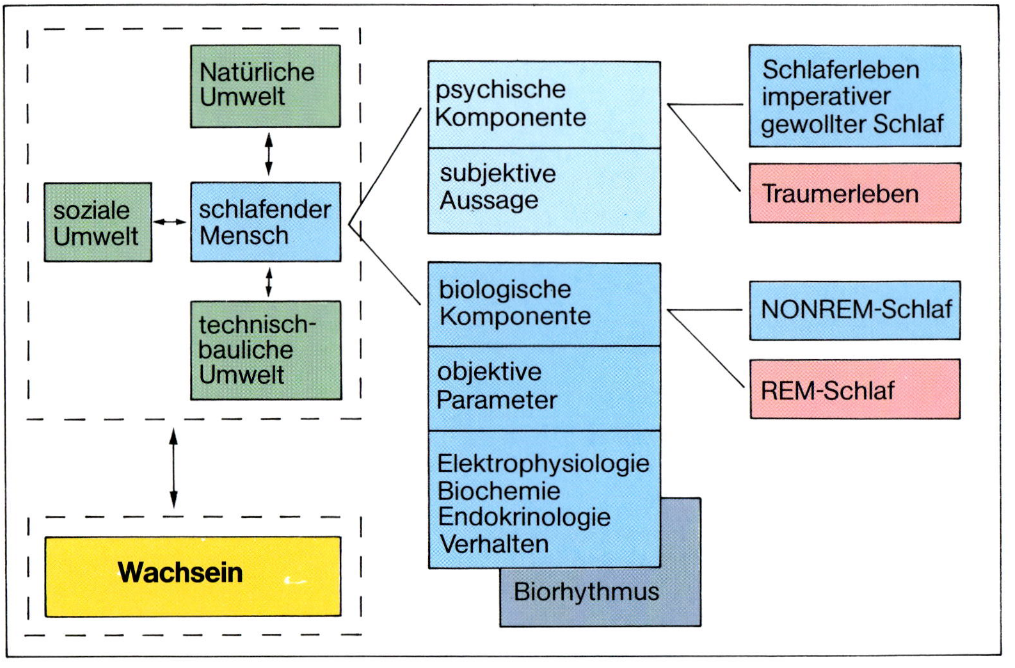

Schematische Darstellung der Zusammenhänge zwischen der psychischen und biologischen Komponente des Schlafes und des Träumens. Das Schlaferleben ist an den NONREM-Schlaf, das Traumerleben an den REM-Schlaf gebunden.

etwa fünf Meter vom Auto entfernt, und da hörte ich gerade noch das Echo des Zusammenstoßes langsam verhallen. Ich sah zu, wie jetzt von allen Seiten Leute herbeigelaufen kamen und sich um den Wagen sammelten und wie mein Freund ausstieg, offensichtlich noch im Schock. In den Trümmern und inmitten all dieser Leute erblickte ich meinen eigenen Körper und beobachtete, wie sie ihn herauszuziehen versuchten. Meine Beine waren völlig verrenkt, und alles war voll Blut.«

Gemeinsamkeiten von traumartigen Erscheinungen beim Einschlafen und beim Sterben waren unseren Urahnen wohl bekannt. Schwer fiel ihnen offensichtlich, zwischen beiden zu unterscheiden. Der »Sturz« in das »dunkle Nichts« beim Einschlafen bedeutete für den unwissenden Menschen früherer Zeiten Ungewißheit. Das Einschlafen war stets mit dem Wunsch verbunden, morgens wieder zu erwachen. Dieser Wunsch spiegelt sich auch in Versen von Volksliedern oder Schlafliedern wider, wie z.B. in folgendem: »Morgen früh, wenn Gott will, wirst du wieder geweckt.«

Der »Sturz« in das »dunkle Nichts« der Nacht bereitet auch heute noch manchen Menschen Probleme, vor allem Kindern und alten Menschen.

Mancher Mensch im hohen Lebensalter geht abends zu Bett mit der Bemerkung: »Vielleicht schließe ich heute Nacht meine Augen für immer.« In der Tat, viele Menschen werden nachts vom Tod überrascht.

Für Kinder ist das Zubettgehen oft eine soziale Isolierung von der Familie und somit der Schlaf etwas Unheimliches. Das dunkle Zimmer verstärkt diesen Zustand, der sich in Angst äußert. Für viele Kinder wäre es besser, man ließe sie bei Licht einschlafen. Mancher Frust würde ihnen erspart.

Der erwachsene Mensch hat Erfahrungen gesammelt und strebt größtenteils danach, sein Schlafbedürfnis optimal zu befriedigen. Das subjektive Bedürfnis, das auch in Erwartungshaltungen umschlagen kann, ist nicht selten höher als notwendig. Hierbei spielen u. a. Schlafgewohnheiten mit der Geborgenheit im Bett und im Schlaf, mit der angenehmen Bettwärme, mit dem bequemen Liegen und mit anderen Faktoren eine Rolle.

Die als Kurzschläfer deklarierten Menschen haben dagegen häufig entgegengesetzte Meinungen vom Schlaf. Für sie ist er ein »notwendiges Übel«. Sie bedauern es, daß Schlaf zuviel Zeit vom Leben in Anspruch nimmt. Diese Beispiele zeigen, daß im Grunde genommen jeder Mensch seine individuelle Einstellung zum Schlaf hat.

Es gibt auch keine allgemeingültige Norm zur Dauer des Schlafes. Der Qualität des Schlafes wird heute mehr Bedeutung beigemessen als der Dauer.

Nicht nur bei den Laien gibt es zahlreiche Widersprüche bezüglich der Einstellung zum Schlaf, sondern auch unter den Schlafmedizinern. Viele Experten, vor allem in den USA, behaupten und weisen das auch nach, daß die meisten Menschen und besonders Kinder zuwenig und mit schlechter Qualität schlafen. Sie machen die Lebensweise des modernen Menschen dafür verantwortlich.

Fernsehen und Videofilme »stehlen« Erwachsenen und Kindern die Zeit, die nutzbringender für den Schlaf verwendet werden sollte. Beim Erwachsenen nehmen häufig lange Partys einen Teil vom Schlaf.

Der Wach-Schlaf-Zyklus wird durch das Hell-Dunkel-Regime eines 24-Stunden-Tages bestimmt. Vor der Ära des elektrischen Lichtes war die Zeit der Dunkelheit gewöhnlich »Bettzeit«.

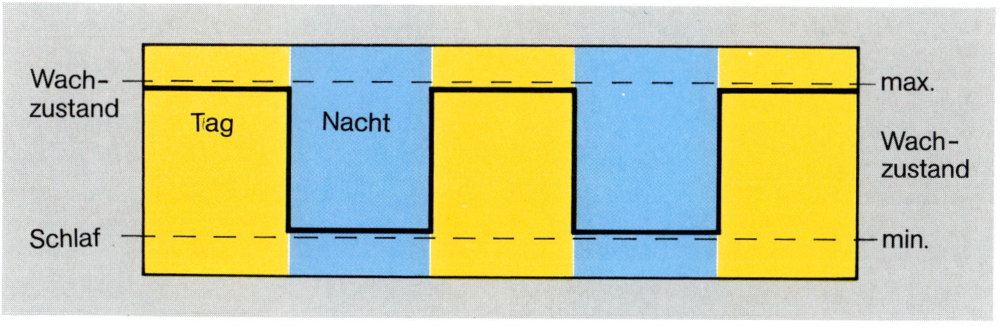

Zum Schlafdefizit kommt der Existenz- und Konkurrenzkampf am Tage, der gefürchtete Streß und die Überflutung mit Informationen, aber auch die sitzende Tätigkeit, d. h. die Bewegungsarmut.

Alle diese Einflüsse am Tage können nicht nur den Schlaf verkürzen, sondern – was viel wichtiger ist – auch seine Qualität vermindern. Wenn dann noch, wie vielerorts praktiziert, wertvolle Zeit, die eigentlich für den Schlaf genutzt werden sollte, für zusätzliche Informationsüberflutung, z. B. durch das Fernsehen, dient, dann wird es bedenklich um die Gesundheit und Leistungsfähigkeit. Schlafmediziner warnen in der ganzen Welt vor diesem Trend, der außerdem mit einem ungerechtfertigten hohen Verbrauch an Schlaf- und Beruhigungsmitteln belastet ist.

An Fehlleistung am Arbeitsplatz und im Straßenverkehr sind schlechte Schlafqualität und Nachwirkungen von Schlafmitteln erheblich beteiligt, mehr, als man zugeben möchte. Die Nervosität vieler Kinder wird gleichfalls auf die schlechte Schlafqualität und auf ein Schlafdefizit zurückgeführt.

Und noch einen Widerspruch gibt es: Obgleich bekannt ist, daß der Mensch im Durchschnitt ein Drittel seines Lebens im Schlaf verbringt und der Verbrauch an Schlaf- und Beruhigungsmitteln an der Spitze aller verordneten, verkauften und eingenommenen Medikamente steht, ist die Schlafforschung bisher außerordentlich stark vernachlässigt worden. Eine Einschätzung der Weltgesundheitsorganisation aus dem Jahr 1979 besagt, daß die für die Schlafforschung ausgegebenen Mittel durchschnittlich nur 2 % der gesamten medizinischen Forschung betrugen.

Ungeachtet dessen hat die Schlafforschung in den letzten Jahrzehnten viele Erkenntnisse gewonnen, die zu neuen Vorstellungen, Einschätzungen, Diagnostik- und Therapiemethoden in bezug auf den Schlaf führten. Dennoch fällt die wissenschaftlich begründete Antwort auf die Frage: »Warum schlafen wir?« auch heute noch relativ schwer. Antworten auf diese Frage bewegen sich gewöhnlich in zwei Richtungen.

Erstens: Schlaf bringt Erholung und stellt die Arbeitsfähigkeit wieder her. Schlaf entmüdet. Diese Antworten beruhen auf Erfahrungen.

Zweitens: Wir schlafen, weil die Zeit (Schlafenszeit) es erfordert. Eine derartige Aussage beruht ebenfalls auf Erfahrungswerten, daß der Mensch zu seiner üblichen »Zubettgehzeit« müde wird und Schlafbedürfnis zeigt. Diese Auffassung ist aber nicht allgemein gültig. Wird z. B. eine Nacht einmal gefeiert (ohne Alkohol) und überzieht man die gewohnte Zubettgehzeit, dann erlebt man zwischen 2.00–4.00 Uhr den »toten Punkt« des Wachseins. Ist dieser überwunden, so begibt man sich danach wieder in eine muntere Lebensphase ohne Schlafbedürfnis. Häufig kann sogar nach einer »durchgemachten Nacht« mit hoher Leistungsfähigkeit den ganzen Tag über gearbeitet werden. Zur Ursache des Schlafens gibt es eine Reihe von Theorien:

Restitutionstheorie: Auftanken im Schlaf

Sie besagt, daß im Schlaf die am Tage verbrauchte Energie in der Nacht wieder »aufgetankt« wird. Der britische Schlafmediziner Horne meint, daß eine Regenerierung, wenn sie abläuft, sich nur auf das Gehirn beschränkt. Er wies unter anderem nach, daß nach zehntägigem Schlafentzug die körperlichen Leistungen nahezu uneingeschränkt erbracht wurden – wie vor Beginn des Schlafentzugs. Die geistigen Leistungen dagegen erlitten eine sehr starke Verminderung. Er postulierte sinngemäß folgende Faustregel: *Schlafen muß nur das Gehirn, der andere Teil des Körpers, d. h. alles was unterhalb des Gehirns liegt, kann sich durch einfaches Ruhen erholen.*

Erholungstheorie

Sie besagt, daß ein Lebewesen innerhalb eines 24-Stunden-Tages einmal ausgeruht haben muß. Hierbei soll die Verhaltensaktivität und die Fähigkeit, auf Umweltreize zu reagieren, ausgeschaltet werden. Der Schlaf schafft diese Bedingungen und verhindert Überlastungen des Gehirns und des Körpers.

Adaptionstheorie

Sie geht auf entwicklungsgeschichtliche Betrachtungen des Menschen, d. h. auf die Zeit des Urmenschen und seiner Lebensweise, zurück. Die Adaptionstheorie besagt, daß der Schlaf einen evolutionären Vorteil darstellt, in dem Energie gespart wird. Außerdem schafft der Schlaf für Umweltbedingungen, unter denen ein Lebewesen nicht aktiv sein kann (beim Menschen z. B. die Dunkelheit), Geborgenheit und Sicherheit. Der Schlaf soll demnach dafür sorgen, daß die unproduktive Tätigkeit, welche die Nacht den Urmenschen gebracht hat, ohne Anstrengungen und Gefahren überstanden wird.

Kompromißlösung: Imperativer und gewollter Schlaf

Horne schlägt aufgrund der vielen Widersprüche und neuer wissenschaftlicher Erkenntnisse eine Kompromißlösung vor. Er meint, daß der Schlaf in zwei Formen zu unterteilen sei: den unentbehrlichen oder Kern-Schlaf (auch imperativer Schlaf genannt) und den fakultativen oder Füllschlaf (auch als gewollter Schlaf bezeichnet). In diesem Konzept sind natürlich Kurz- und Langschläfer oder die Möglichkeit der »Normalschläfer«, ihren Schlaf für längere Zeit zu verkürzen oder zu verlängern (z. B. die jahreszeitlich abhängige Schlafdauer: Sommer kürzer, Winter länger), ohne weiteres mit einzuordnen.

Schlaf, eine innere Hemmung des Gehirns

Nobelpreisträger I. P. Pawlow fand bei seinen umfangreichen Untersuchungen heraus, daß der Schlaf eine Irradiation (Ausstrahlung) der inneren Hemmung darstellt. Die Tiefe des Schlafes ist seiner Meinung nach davon abhängig, auf welchen Bereich der Hirnrinde sich der Hemmungsprozeß erstreckt. Pawlow betrachtete den Schlaf als einen aktiven Prozeß. Den Übergang vom Wachsein zum tiefen Schlaf charakterisierte Pawlow durch vier hypnotische Phasen:

Ausgleichsphase: Sie wird als Einschlafphase bezeichnet. Während dieser Phase haben starke und schwache Reize gleiche Effekte auf das Nervensystem.

Paradoxe Phase: Sie tritt nach dem Einschlafen auf und ist dadurch gekennzeichnet, daß starke Reize schwache Reaktionen und schwache Reize starke Reaktionen auslösen.

Ultraparadoxe Phase: Vertieft sich der Schlaf weiter, dann reagiert das Nervensystem nur auf schwache Reize, während starke kaum noch beantwortet werden.

Hypnotische Phase: Tiefer Schlaf. Es gibt keine Reaktion auf äußere Reize.

Trotz dieser Theorien und Thesen, wird von nicht wenigen Experten die Auffassung vertreten, daß wir uns, was Aussagen über Ziel und Zweck des Schlafes anbelangt, noch auf einem unsicheren Boden bewegen. Weitere Forschungsergebnisse müssen also zur endgültigen Beantwortung der Frage »Warum schlafen wir?« erbracht werden.

Unumstritten ist, daß der Mensch den Schlaf unbedingt benötigt. Ohne Schlaf ist seine Gesundheit und sein Leben gefährdet. Ein Mensch kann über eine längere Zeit ohne Schlaf nicht lebensfähig bleiben. Die Angaben über das Höchstmaß, was ein Mensch unter Umständen an ununterbrochenem Schlafentzug ohne folgende gesundheitliche Dauerschäden ertragen kann, sind sehr unterschiedlich. Es werden über 200 Stunden angegeben. Den Rekord soll ein 17jähriger Student aus San Diego halten. Er brachte es auf 264 Stunden ununterbrochenen Wachseins. Das sind elf volle Tage. Der Rekord wurde ohne körperliche und geistige Anforderungen aufgestellt. Dieser Student benötigte längere Zeit, bevor seine normalen Funktionen, die durch den Schlafentzug gestört worden sind, wiederhergestellt waren.

Totale Schlaflosigkeit dieser Art gibt es aber nur im Experiment. Unter gewöhnlichen Lebensbedingungen holt sich der Organismus die Minimalmenge an Schlaf, die er unbedingt benötigt. Totaler Schlafentzug für eine Nacht hat keinen Leistungsabfall am nächsten Tag zur Folge. Schlafentzug für zwei Nächte bringt Erschöpfungssymptome mit sich, die sich bei weiteren schlaflosen Nächten beträchtlich verstärken können.

Das sind Angaben von Laboruntersuchungen. Es gibt aber auch Beispiele, daß Menschen bei Katastropheneinsätzen 48 Stunden ununterbrochen ohne Schlaf tätig waren. Hierbei empfanden sie weder Müdigkeit noch Erschöpfung. Der Schlaf kam aber mit voller Macht nach Beendigung derartiger Einsätze. Das imperative Schlafbedürfnis ist also gesetzmäßig.

Wie lange muß man schlafen?

Weit verbreitet ist die Ansicht, daß jeder Mensch sich seine individuelle Schlafmenge zubilligt und behauptet, diese unbedingt zu benötigen. Was darunter liegt, wird als »Schlafstörung« oder »Schlaflosigkeit« bezeichnet. Robert F. Schmidt von der Universität Kiel brachte das sehr treffend zum Ausdruck: »Ein Mensch, der von sich den Eindruck hat, daß er keinen oder nicht genügend Schlaf findet, leidet unter Schlaflosigkeit. Wer acht Stunden schläft, aber meint, er brauche deren zehn, leidet ebenso unter Schlaflosigkeit wie jemand, der nur für fünf oder sechs Stunden Schlaf findet und mit sieben oder acht zufrieden wäre.«

Die Schlafdauer wurde bisher als das wichtigste Kriterium für die Beurteilung der Schlafqualität gewertet. Alle Schlafmittel (Hypnotika) sind auf die Verlängerung des Schlafes ausgerichtet.

Die als Mittelwert angegebene Schlafdauer kann aber nur ein Richtwert, keinesfalls ein Sollwert, sein. In keiner Arbeit ist wissenschaftlich belegt, daß der Mensch unbedingt acht Stunden Schlaf pro Nacht benötigt.

Grundsätzlich ist zu konstatieren: Der Schlaf ist keine zeitliche Konstante bezüglich seiner Dauer, sondern unterliegt von Nacht zu Nacht erheblichen Schwankungen.

Wie wir noch dem Kapitel »Chronobiologie des Schlafes« entnehmen werden, weist bei Gesunden die Nacht zum Sonnabend die beste und die Nacht zum Montag die schlechteste Schlafqualität auf. Unter den Schlafgesunden werden drei Gruppierungen bezüglich der Schlafdauer vorgenommen:

Kurzschläfer	< 6 Stunden Schlaf/Nacht
Mittellang-schläfer	$> 6 < 9$ Stunden Schlaf/Nacht
Langschläfer	≥ 9 Stunden Schlaf/Nacht

International gibt man den Anteil der Kurzschläfer an der gesamten erwachsenen Bevölkerung mit ca. 20 %, den der Mittellangschläfer mit ca. 65 % und den der Langschläfer mit ca. 15 % an.

Wir haben entsprechende Untersuchungen an jeweils über 1000 Personen in Berlin und Zerbst (Kreisstadt in Sachsen-Anhalt) vorgenommen. Nachfolgende Übersicht gibt das Resultat an:

	Berlin	**Zerbst**
Kurzschläfer	21,8 %	16,0 %
Mittellangschläfer	67,0 %	75,7 %
Langschläfer	11,2 %	8,3 %

Die Werte der Berliner Studie liegen nahe den international angegebenen Werten. In Zerbst liegen Kurz- und Langschläfer unter den internationalen »Mittelwerten«, während die Mittellangschläfer darüber liegen. Diese Differenzen ergeben sich offensichtlich aus der Lebensweise bzw. aus Schlafgewohnheiten, die zwischen den Menschen einer Großstadt und einer kleinen Kreisstadt beträchtliche Unterschiede ausweisen. Möglicherweise läßt sich die weitverbreitet angestrebte Schlaf-(Acht-Stunden-)Norm in einer

	Berlin		**Zerbst**	
	weiblich	männlich	weiblich	männlich
Kurzschläfer	17 %	28 %	11,7 %	21,4 %
Mittellangschläfer	71 %	63 %	78,9 %	71,7 %
Langschläfer	12 %	9 %	9,4 %	6,9 %

	Berlin			
Alter	18–25	26–35	36–45	46–60
Kurzschläfer	12,0 %	20,8 %	26,3 %	36,7 %
Mittellangschläfer	74,0 %	69,0 %	65,0 %	56,0 %
Langschläfer	14,0 %	10,2 %	8,7 %	7,3 %

	Zerbst			
Alter	18–25	26–35	36–45	46–60
Kurzschläfer	12,0 %	11,2 %	20,5 %	21,0 %
Mittelschläfer	76,4 %	85,3 %	73,0 %	69,3 %
Langschläfer	11,6 %	3,5 %	6,5 %	9,7 %

Kleinstadt leichter realisieren als in einer Großstadt. Dieses Ergebnis könnte eine Herausforderung an die Soziologen sein, das Schlafverhalten nach Ortsgrößen, nach Stadt- oder Landbevölkerung zu untersuchen.

Ungeachtet dieser Unterschiede, unterliegt das Schlafverhalten in beiden untersuchten Populationen einer Normalverteilung, die lediglich geringfügige Differenzen zu verzeichnen hat.

Es wird immer behauptet, Frauen schlafen länger als Männer. Die Ergebnisse unserer Studien zeigt die obige Tabelle.

In beiden Studien kommt übereinstimmend zum Ausdruck: Unter dem weiblichen Anteil der erwachsenen Bevölkerung ist die Zahl der Kurzschläfer gegenüber den Männern beträchtlich geringer. Die Frauen haben dagegen einen höheren Anteil an Mittellangschläfern als die Männer. Der Anteil der Langschläfer zeigt zwischen beiden Geschlechtern keine wesentlichen Unterschiede. Unsere Ergebnisse beweisen eindeutig, daß die Frauen nicht generell länger schlafen als die Männer, sondern daß unter ihnen die Zahl der Kurzschläfer geringer ist. Die unkorrekte Aussage, daß Frauen länger als Männer schlafen, ergibt sich einzig und allein aus der Mittelwertsbetrachtung, die vielen Menschen (auch Wissenschaftlern) eigen ist. Eine derartige Betrachtung kann rasch zu falschen Schlußfolgerungen oder sogar zu Irrtümern führen.

Da die Medizin auf das Individuum ausgerichtet ist, muß man bei Angaben von Mittelwertsergebnissen sehr vorsichtig sein. Das gilt im besonderen auch für Aussagen zur Schlafdauer. Eine weitere Frage, die bezüglich der Schlafdauer gestellt wird, ist die nach der Altersabhängigkeit; die nachfolgenden Tabellen zeigen das Ergebnis der diesbezüglichen Untersuchungen.
Aus diesen Tabellen wird ersichtlich: In Berlin steigt der Anteil der Kurzschläfer mit zunehmendem Alter linear an, der der Mittellangschläfer nimmt dagegen entsprechend ab. Langschläfer haben über alle Altersgruppen eine annähernde Gleichverteilung. Das läßt darauf schließen, daß der Langschläfer früh geprägt wird und weniger Veränderungen im Laufe seines Lebens erfährt. Die Zerbster Studie läßt einen linearen Abfall des Anteils der Mittellangschläfer erkennen. Ein veränderter Trend ist bei Kurzschläfern und Langschläfern nicht mit Sicherheit zu beobachten.

Berlin

	gut	ausreichend	unzureichend
Kurzschläfer	34 %	39 %	27 %
Mittellangschläfer	48 %	44 %	8 %
Langschläfer	77 %	18 %	5 %

Zerbst

Kurzschläfer	45 %	41 %	14 %
Mittellangschläfer	58 %	37 %	5 %
Langschläfer	64 %	30 %	6 %

Berlin – Kurzschläfer

Alter	18–25	26–35	36–45	46–60
gut	38 %	33 %	35 %	29 %
ausreichend	45 %	53 %	37 %	28 %
nicht ausreichend	17 %	14 %	28 %	43 %

Zerbst – Kurzschläfer

Alter	18–25	26–35	36–45	46–60
gut	46 %	38 %	57 %	45 %
ausreichend	51 %	46 %	34 %	33 %
nicht ausreichend	3 %	16 %	9 %	22 %

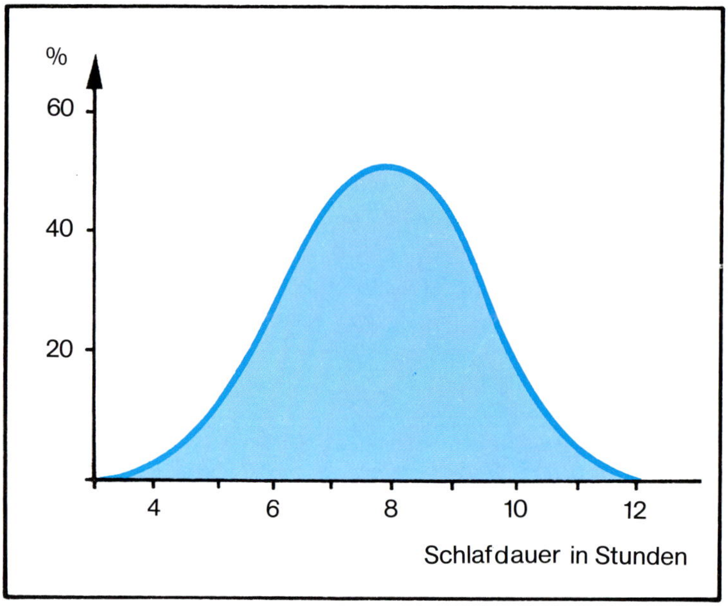

Die Schlafdauer einer Gruppe der erwachsenen Bevölkerung unterliegt einer Normalverteilung (Glockenkurve). Ergebnisse einer Studie in Berlin und Zerbst.

Auch an diesem Beispiel ist zu erkennen, daß sich das Schlafverhalten bei Großstadt- und Kleinstadtmenschen unterschiedlich reflektiert. In der Kreisstadt bleibt offensichtlich der Anteil der Kurzschläfer, der sich in der Mitte des 30. Lebensjahrzehnts herausgebildet hat, bis zum 60. Lebensjahr relativ konstant bestehen. Die altersmäßige Zunahme des Anteils der Kurzschläfer in Berlin weist darauf hin, daß ältere Leute grundsätzlich nicht weniger schlafen, sondern daß unter ihnen die Zahl der Kurzschläfer vermehrt auftritt und sich somit ein geringerer Durchschnittswert als bei Jüngeren ergibt.
Eine weitere Frage schließt sich an die bisherigen Ergebnisse zur Schlafdauer an, nämlich die: Schlafen Kurz- und Langschläfer gleichermaßen gut? Auch hierauf können Daten der beiden Studien eine Antwort geben. Die Untersuchten wurden nach dem Erholungswert ihres Schlafes befragt und machten die in der Tabelle auf S. 23 dargestellten Angaben. Während der Anteil der Unzufriedenen bei den Mittellang- und Langschläfern sehr gering ist, liegt dieser Anteil bei den Kurzschläfern höher, und zwar in Berlin bei 27 % und in Zerbst bei 14 %. Ungeachtet dessen kann gesagt werden, daß der größte Teil der Kurzschläfer mit der von ihnen in Anspruch genommenen Schlafzeit zufrieden ist.
Es wäre nun noch die Frage zu beantworten, ob die mit ihrem Schlaf unzufriedenen Kurzschläfer einer besonderen Altersgruppe zuzuordnen sind. Auch darauf können unsere Ergebnisse antworten.
Wie aus diesen Tabellen hervorgeht, beginnt die Unzufriedenheit mit der Schlafqualität der Kurzschläfer verstärkt bei der Altersgrup-

pe 36–45 Jahre und steigert sich in der nächsten Altersgruppe 46–60 Jahre erheblich. In Zerbst, wo der Anteil der unzufriedenen Kurzschläfer ohnehin geringer ist als in Berlin, weist aber auch die Altersgruppe 46–60 Jahre den höchsten Anteil der Unzufriedenheit mit der Schlafqualität aus.

Die doppelte Anzahl der mit ihrem Schlaf unzufriedenen Kurzschläfer der höchsten Altersgruppe in Berlin gegenüber denen in Zerbst dürfte ebenfalls mit den unterschiedlichen Lebensgewohnheiten in beiden Städten zu begründen sein. Langjähriger Streß, dem der Großstadtmensch ungleich stärker ausgesetzt ist als der Kleinstädter, wirkt sich also offensichtlich auf die Schlafqualität aus und äußert sich besonders ausgeprägt im höheren Alter.

Die zuletzt dargestellten Ergebnisse weisen darauf hin, daß ein beträchtlicher Anteil der Bevölkerung, der als Kurzschläfer zu charakterisieren ist, durchaus mit seiner Schlafdauer zufrieden ist und sich ausreichend erholt. Der US-Amerikaner Ernest Hartman, Psychiater in Boston, widmete den Kurz- und Langschläfern seine Aufmerksamkeit durch verschiedene weitere Untersuchungen. Er untersuchte 23 Langschläfer (Mittelwert 9,7 Std.) und Kurzschläfer (Mittelwert 5,6 Std.). Aus den Ergebnissen wurde die Schlußfolgerung gezogen, daß der Kurzschläfer mit einer hohen Effektivität schläft. Hartman charakteri-

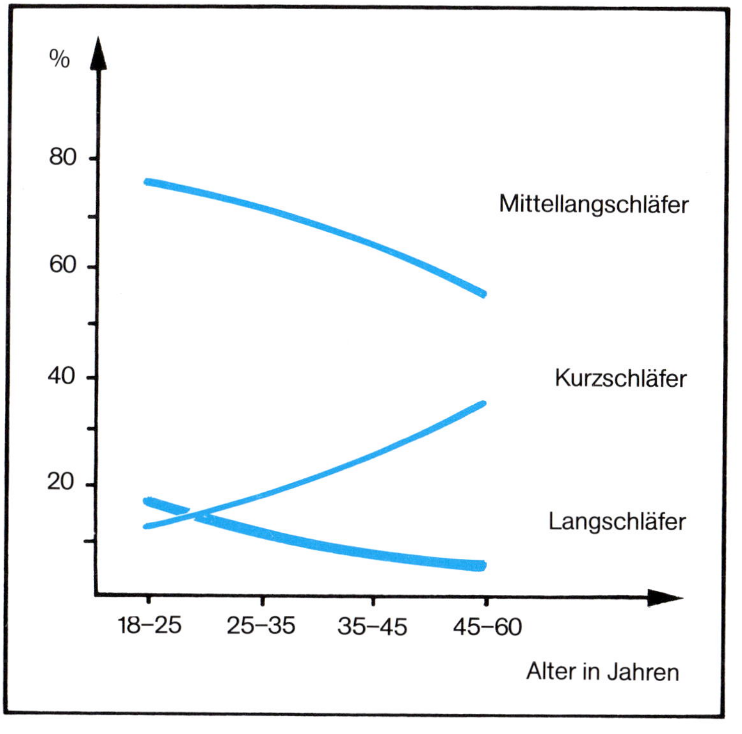

Altersabhängige Entwicklung der Schlafdauertypen: Mit zunehmendem Alter nehmen die Kurzschläfer zu und die Mittellangschläfer ab. Die Langschläfer verändern sich unwesentlich.

siert die Kurzschläfer als ausgeglichen, leistungsstark. Sie besitzen die Fähigkeit, Streß durch Beschäftigung und Bagatellisierung zu bewältigen. Von anderen Forschern wurde der Kurzschläfer ebenfalls als ein aktiver, vorwärtsstrebender, schöpferisch tätiger, wenig rastender Mensch charakterisiert.

In unserem Institut untersuchten wir die Fähigkeit der psychischen Entspannung bei Kurz- und Mittellangschläfern und stellten fest, daß die Kurzschläfer über weitaus bessere Fähigkeiten zur psychischen Entspannung verfügten als die Mittellangschläfer. Dieses wissenschaftliche Ergebnis spricht dafür, daß der Kurzschläfer nicht nur durch den Schlaf gut erholt ist, sondern daß er auch die Fähigkeit besitzt, sich am Tage in jeder sich bietenden Situation zu erholen. Wir sehen in dieser Fähigkeit auch die Tatsache erklärt, daß viele Kurzschläfer den Minischlaf am Tage (vgl. Seite 71) beherrschen und kontinuierlich pflegen.

Die von Hartman untersuchten Langschläfer hatten längere Einschlafzeiten und häufigeres nächtliches Erwachen als die Kurzschläfer. Die Effektivität des Schlafes des Langschläfers wird als gering eingeschätzt, d. h. er gestaltet seinen Schlaf unökonomisch. Die Langschläfer werden als introvertierte, ängstliche, etwas depressive, zum Grübeln neigende Menschen charakterisiert. Diese Eigenschaften sind verbunden mit der ständigen Suche nach Geborgenheit.

Im Zusammenhang mit den Schlafdauertypen bietet sich eine historische Rückschau bezüglich der Schlafdauer von hervorragenden Persönlichkeiten an. Es gibt eine Reihe von Überlieferungen, aus denen hervorgeht, daß leistungsstarke und schöpferische Menschen mit denkbar wenig Schlaf ausgekommen sind. Der bereits erwähnte Glühlampen-Erfinder Edison soll gewöhnlich zwei bis drei Stunden pro Nacht geschlafen haben. Es wird ihm nachgesagt, daß für ihn der höhere Sinn seiner Erfindung der gewesen sei, die Menschen davor zu bewahren, zu viel kostbare Zeit ihres Lebens zu verschlafen.

Als ein überzeugender Kronzeuge für den Typ eines Kurzschläfers wird Napoleon I. in der Literatur angeführt. Er soll mit zwei bis drei Stunden Schlaf pro Nacht ausgekommen sein. Mit seinem Schlafverhalten wird belegt, daß Phasen besonders großer Aktivität keinesfalls viel Schlaf fordern, sondern daß der Mensch zu Zeiten besonderer Leistungsfähigkeit mit relativ wenig Schlaf auskommen kann. Das gilt auch für die Gegenwart: Der Leichtathletik-Zehnkämpfer Torsten Voss, der 1987 in Rom Weltmeister wurde, antwortete auf die Frage, wie man zwischen den beiden Wettkampftagen schläft: »Wenig, aber tief. Der 400-Meter-Lauf am ersten Abend war sehr spät zu Ende. Dann Auslaufen, Essen, Massieren. Mehr als vier Stunden Schlaf waren es sicher nicht.«

Damit werden Bedenken von vielen Menschen zerstreut, die sich abends mit dem ängstlichen Gedanken ins Bett legen, sie könnten zu wenig schlafen und infolgedessen am nächsten Tag nicht leistungsfähig sein bzw. versagen. Wenn diese Menschen am nächsten Tag nicht leistungsfähig sind, ist es nicht vordergründig der wenige Schlaf der vorausgegangenen Nacht (bei permanentem Schlafdefizit natürlich auch der), sondern in erster Linie der durch die ängstliche Einstel-

lung verursachte Mangel an Selbstbewußtsein.

Es wird heute von Schlafmedizinern aufgrund entsprechender Erfahrungen immer stärker die Meinung vertreten, daß das Eintreten von Müdigkeit und Leistungsminderung vorwiegend der psychischen Reaktion auf vermeintlichen Schlafmangel entspringen. Bei den Kurzschläfern findet man solche Erscheinungen wenig. Sie haben gewöhnlich eine indifferente oder sogar negative Haltung gegenüber dem Schlaf und sind am Tage, trotz geringer Schlafdauer, gewöhnlich hoch leistungsfähig. Als Kurzschläfer mit weniger als fünf Stunden Schlaf pro Nacht werden u. a. in der Literatur angeführt: Peter I., Zar von Rußland; der große Naturforscher Alexander von Humboldt; die berühmten Dichter Goethe und Schiller; der russische Neurologe W. M. Bechterew.

Eine kleine Einschränkung bei der Beurteilung der Kurzschläfer muß aber gemacht werden. Von vielen Kurzschläfern ist nämlich bekannt, daß sie während des Tages einen »Minischlaf« von ca. zehn Minuten Dauer einlegen. Natürlich gibt es bei Ärzten und Laien auch Zweifel an der Existenz von Kurzschläfern. Unsere Erfahrungen besagen aber, daß diese, wie die oben angeführten epidemiologischen Untersuchungen zeigen, mindestens ein Fünftel der erwachsenen Bevölkerung ausmachen.

Wer z. B. regelmäßig gegen 22.00 Uhr zu Bett geht und gegen 4.00 Uhr morgens erwacht und am Tage keine wesentlichen Einschränkungen seiner Leistungsfähigkeit bemerkt, muß annehmen, daß er ein Kurzschläfer ist. Diese Erkenntnis muß die Schlußfolgerung nach sich ziehen, die Liegezeit im Bett entsprechend zu verkürzen. Jeder erzwungene Versuch, weiterschlafen zu wollen, mißlingt, weil Streßhormone vermehrt im Blut auftreten, die den Schlaf hemmen und die bereits erreichte Erholung wieder zunichte machen können.

Manche Menschen, die gar nicht wissen, daß sie eigentlich Kurzschläfer sind, werden nicht selten und ganz fälschlicherweise als Patienten mit Durchschlafstörungen behandelt.

Die Arzneimitteltherapie hat schon manchen Kurzschläfer, dem die Diagnose Durchschlafstörungen ungerechtfertigt gestellt wurde, zum Schlafgestörten gemacht. Aus unseren eigenen Erfahrungen geht hervor, daß ein etwa einstündiges ärztliches Gespräch mit dem Patienten genügt, um den Kurzschläfer von seiner Vorstellung, daß er an Schlafstörungen leide, zu befreien und um ihn zu einem völlig schlafgesunden Menschen zu machen.

Untersuchungen der letzten Jahre zeigen, daß zu langes Schlafen Schäden der Gesundheit hervorrufen kann. Wissenschaftler der britischen Universität Loughborough fanden, daß zu viel Schlaf zu Antriebsarmut, zu Muskelschmerzen und Reizbarkeit führen kann.

Eine ähnliche Auffassung vertritt auch der Moskauer Schlafexperte Alexander Wejn. Er wies nach, daß überflüssiger Schlaf beim Kind das Phlegma fördert, die geistige Entwicklung hemmt und Beeinträchtigungen der Funktionen des Herz-Kreislauf-Systems und der Verdauung auslösen kann.

Mir selbst wurde schon häufiger die Frage gestellt, ob denn ein Langschläfer in einen

Kurzschläfer verwandelt werden könne? Diese Frage ist nicht einfach zu beantworten. Wenn wir davon ausgehen, daß der Langschläfer in der frühesten Kindheit geprägt wird, dann dürfte es sehr schwer sein, diesen in einen Kurzschläfer umzuwandeln. Das könnte vielleicht im Jugendalter noch möglich sein, denn in diesem Altersbereich beginnt sich der Kurzschläfer herauszubilden. Leichter dürfte es sein, einen Mittellangschläfer in einen Kurzschläfer zu verwandeln. Die wachsende Anzahl der Kurzschläfer mit zunehmendem Alter spricht für diese Möglichkeit. Diese Prozedur müßte aber stufenweise vor sich gehen und würde sich sicher über einige Jahre erstrecken. Ein gewaltsames Erzwingen des Kurzschläfertyps von heute auf morgen ist nicht möglich und kann gesundheitliche Schäden nach sich ziehen.

Es gibt noch einen wichtigen Faktor bei der Beantwortung der angeführten Frage zu berücksichtigen:

Bisher sind wir davon ausgegangen, daß die Schlafdauertypen sich durch entsprechende Umfeldbedingungen entwickeln können. Das ist aber nur eine Seite. Es könnten nämlich auch genetische Faktoren, d. h. entsprechende erbliche Anlagen, mit im Spiele sein.

Eine solche Auffassung wird von amerikanischen Schlafmedizinern (Allan Hobson und Wilse Hebb) erwogen. Noch gibt es allerdings diesbezüglich keine gesicherten Erkenntnisse. Unter Berücksichtigung aller in den letzten Jahrzehnten gewonnenen Einsichten über die Schlafdauer des Menschen wird gegenwärtig folgende Auffassung vertreten:

Die Schlafdauer ist keine konstante Größe und unterliegt auch im Normalfall großen Schwankungen. Es gibt keine festen Normwerte für einen erholsamen Schlaf.

Die Schlafdauer, die häufig mit der Schlafqualität gleichgesetzt wurde, verliert für diagnostische Zwecke immer mehr an Wert.

Es gilt folgende Faustregel: »Je aktiver ein Mensch am Tage ist, desto besser ist seine Schlafqualität und um so weniger Schlafzeit benötigt er.«

Hierbei ist die positiv-emotionelle und nicht die negativ-emotionelle, belastende Aktivität gemeint.

Wachsein, Schlaf, Traum: Kardinalzustände des Lebens

Wir sind es gewöhnt, vom Wachsein und vom Schlaf zu sprechen. Schließlich weiß jeder aus eigener Erfahrung, daß man an einem Tag, d. h. während 24 Stunden, zwei Zustände durchläuft: einen mit bewußter Wahrnehmung und hohem Wachheitsgrad und einen, in welchem das Bewußtsein ausgeschaltet ist, von dem man gewöhnlich so viel weiß, daß man abends »eintaucht« und morgens wieder »auftaucht«. Die Wissenschaftler sprechen

Schema der Regulation des Wach-Schlaf-Traum-zyklus.

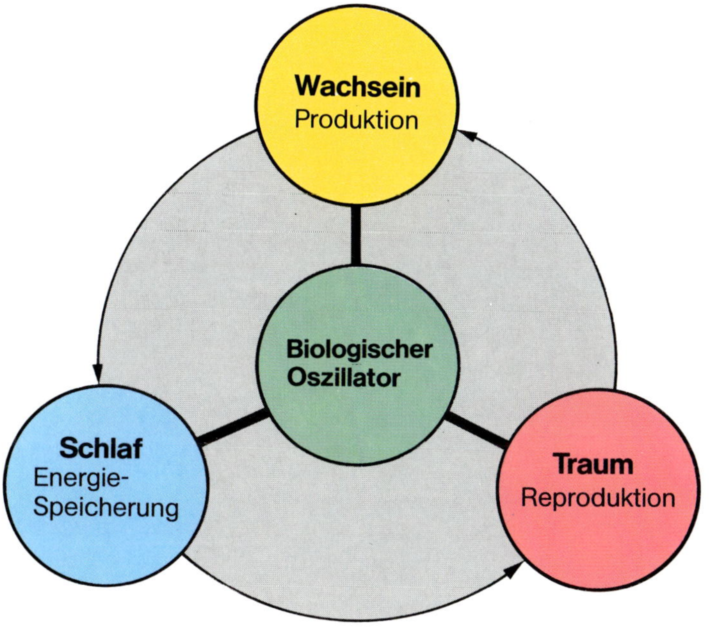

Unten:
Der Schlaf-Traum-Wach-Zyklus wird durch das Gehirn gesteuert. Im Gehirn gibt es Zentren für die Schlaf-Wach-Regulation.

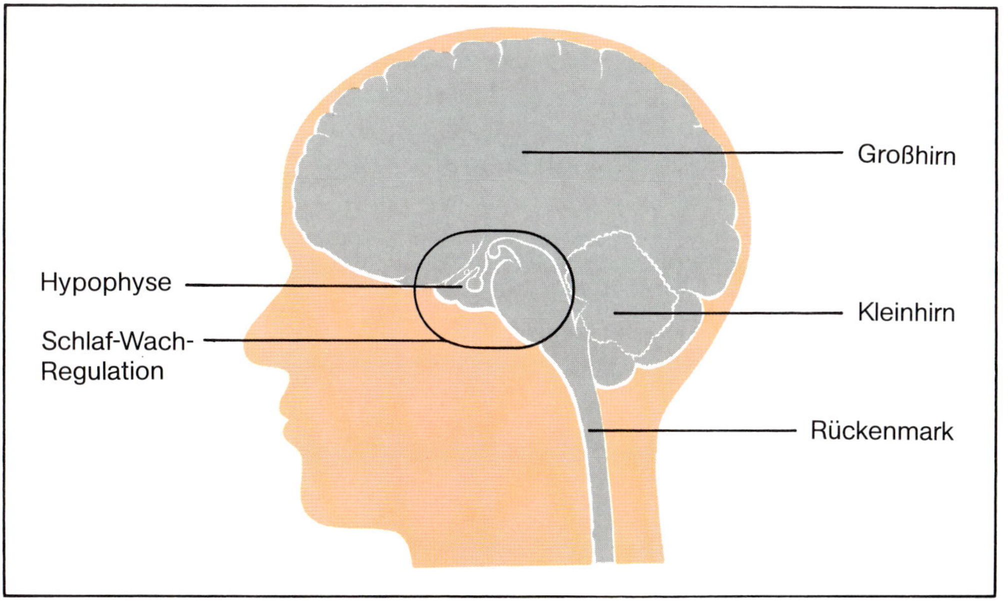

von einem »Schlaf-Wach-Zyklus«. Aber wir vergessen etwas: Manchmal träumen wir auch. Weil wir dieses Erlebnis nicht ständig haben wie Wachsein und Schlaf, vernachlässigen wir es. Aber mancher Mensch beschäftigt sich intensiv mit seinen Träumen. Für manche werden die Trauminhalte sogar zur Leidensplage. Wenn Sie Wachsein, Schlaf und Traum subjektiv betrachten, dann finden Sie, bezogen auf die eigenen Erlebnisse, nicht immer sehr scharfe Grenzen. Gelegentlich sind nach plötzlichem Erwachen oder überstarker Müdigkeit die Sinne so verklärt, daß man sich ehrlich fragt: »Wache ich, schlafe ich oder träume ich?«

Die Schlafforscher, exakter die Schlaf-Wach-Traum-Forscher, haben sich mit den drei Kardinalzuständen des Lebens intensiv und mit objektiven Methoden beschäftigt. Mit solchen Methoden war man in der Lage, jeden dieser drei Zustände zu beschreiben.

Den einzelnen Zuständen werden folgende Funktionen zugeschrieben: Wachsein: Die Produktion, Schlaf: Die Energiespeicherung, Traum: Die Reproduktion.

Für den zeitlichen Ablauf dieser Prozesse ist ein biologischer Oszillator (Zeitgeber) verantwortlich.

Der Wach-Schlaf-Traum-Zyklus eines 24-Stunden-Tages stellt also ein zeitlich abgestimmtes harmonisches Zusammenspiel aller geistigen und körperlichen Funktionen eines Individuums dar. Gewöhnlich sind die Übergänge von einem Zustand zum anderen nicht abrupt. Es gibt Übergänge bzw. Umschaltfunktionen, die sich in spezifischer Weise äußern. Diese werden beim Übergang vom Wachsein zum Schlaf als Hypnagogen (zum Schlaf hinführend) und beim Übergang von Schlaf zum Wachsein als Hypnopompen (vom Schlaf wegführend) bezeichnet (siehe auch Kapitel »Mikroträume«).

Die Schlaf-Traum-Wachheits-Forschung ist noch jung. Das gleiche gilt für die Schlafmedizin, die ihr Interesse vorwiegend auf Schlaf und Traum orientiert, ohne die Beziehung zum Wachsein aus dem Auge zu verlieren. Dabei zeigt sich: Was wir für selbstverständlich halten, weil wir es jeden Tag erleben, nämlich das Schlafen und Träumen, ist außerordentlich kompliziert und vielschichtig und kann von unzähligen Faktoren beeinflußt werden. Welche Bedeutung sie für den Menschen haben, vermag nur der zu ermessen, dessen Schlaf gestört und die Proportion zugunsten des Wachzustandes verschoben ist.

Die Wächter des Schlafes

Im Berliner Schlaflabor

Wenn auf der Friedrichstraße der Verkehr spärlicher wird, wenn die Besucher der zahlreichen Theater in dieser Gegend Berlins den Schauspielern den ersten Beifall gezollt haben, dann beginnt im schlafdiagnostischen Laboratorium (kurz Schlaflabor genannt) des Schlafmedizinischen Zentrums der Berliner Charité eine verantwortungsvolle Arbeit. Zwei, manchmal drei Patienten mit gestörtem Schlaf werden hier gleichzeitig für die Dauer von mindestens einer Woche Nacht für Nacht mit hochspezialisierter Medizintechnik untersucht. Ziel dieser Untersuchungen ist es, eine gründliche Diagnose über das Krankheitsbild zu erhalten und die Einleitung einer wirksamen Behandlung, die in Fällen bestimmter Schlafstörungen auch zu Hause fortgesetzt werden kann.

In drei geräumigen Zimmern mit einer Höhe von 4,50 Meter und schallisolierten Fenstern und Türen ist jeweils ein Patient während der Untersuchung untergebracht. Zur Ausstattung des Zimmers gehören neben dem Bett zwei gemütliche Sessel, ein Clubtisch und ein Nachtschränkchen.

Man fühlt sich wie zu Hause, meinen die meisten Patienten, denn an den Wänden befinden sich auch Tapeten mit zarten beruhigenden Mustern. Die Tapeten erfüllen aber einen Doppelzweck. Sie sollen Gemütlichkeit ausstrahlen und gleichzeitig die hochempfindlichen Geräte vor äußeren elektronischen Störeinflüssen schützen. Schließlich sollen Bioströme in Mikrovoltbereich gemessen werden. Diese zweite Funktion erfüllt eine Aluminierung der Tapete, deren Ränder miteinander festen Kontakt haben.

Welche Bioströme werden hier registriert? Es werden Hirn-, Muskel- und Hautströme gemessen, die Auskunft über die Tiefe des Schlafes und vieler im Schlaf ablaufenden Funktionen geben. Die Fachleute sprechen vom EEG (**E**lektro**e**nzephalo**g**ramm), wenn sie die Hirnströme bezeichnen.

Die Bioströme der Gesichtsmuskulatur werden EMG (Elektromyogramm), die Herzmuskelströme als EKG (Elektrokardiogramm) und die Hautströme als EDA (elektrodermale Aktivität) bezeichnet. Während des Schlafes werden des weiteren die Atmung, die Sauerstoffsättigung im Blut und andere Funktionen des Körpers untersucht. Diese Funktionen werden über Elektroden, die am Patienten befestigt sind, abgeleitet. Gewöhnlich werden drei, manchmal auch sechs Elektroden für die Messung der Hirnströme am Kopf befestigt. Diese Elektroden liegen in der Mittelscheitellinie am Hinterhaupt, am Mittelhaupt und an der Stirn (Haaransatz). Werden sechs Elektroden verwendet, dann liegen diese links und rechts mehrere Zentimeter vom Mittelscheitel entfernt, gleichermaßen wie bei drei Elektroden vom Hinterhaupt zur Stirn verteilt. Zwei, manchmal auch vier Elektroden zur Messung der elektrischen Muskelaktivität, werden am Unterkiefer angebracht. An den Augenwinkeln sind die Elektroden für die Registrierung der Augenbewegungen für das sogenannte Okulo-

Das neue Klinikum der Berliner Charité am Anfang des 19. Jahrhunderts. In diesem Gebäude befindet sich heute das Schlaflabor des schlafmedizinischen Zentrums der Charité. Ansicht von der Spreeseite.

gramm befestigt. Das Herzstrombild (EKG) wird von drei Punkten der Brust abgeleitet. Für die elektrodermale Aktivität der Haut dient die Stirngegend oder der Unterarm. Die Kabel von den einzelnen Körperstellen münden in einer brausekopfartigen Kontaktplatte und führen von hier in den Monitorraum. Dieser Raum ist völlig von den Patienten getrennt. Hier befinden sich Registriergeräte zur Aufzeichnung der angeführten Körperfunktionen, Datenspeicher, Computer und zwei Monitore (Bildschirme), die mit einer Kamera in den Schlafräumen verbunden sind und mit deren Hilfe der Schlaf der Patienten von einem Arzt, einer Schwester und einem Techniker überwacht wird.

Ein weiterer Raum, der zusätzlich mit Computern ausgestattet ist, dient zur Vorbereitung der Patienten auf die schlafdiagnostischen Untersuchungen. In diesem Raum werden die Elektroden angeklebt oder, wie es in der Laborsprache heißt, »angekabelt«. Jede Elektrode befindet sich stets an einem über 1m langen, sehr dünnen, flexiblen Kabel. Dieses wird während der Untersuchung mit dem Registriersystem verbunden. Der Sitz der Elektroden am Kopf und an den anderen Körperstellen darf sich während des Schlafes nicht verändern. Auch der Übergangswiderstand zwischen Haut und Elektrode wird gemessen. Er darf nicht höher sein als 5 Kiloohm. Ansonsten würde man irreale Daten gewinnen.

Nun wird man sich vielleicht fragen, was mit dem so »angekabelten« Patienten nachts geschieht, wenn er z. B. auf die Toilette muß. Ganz einfach: Der Patient gibt ein Zeichen. Sofort werden die Steckkontakte am Brausekopf gelöst. Nun kann der Patient sein Bedürfnis wie gewohnt verrichten. Nach einer entsprechenden Pause wird er wieder angeschlossen, und es wird weiterregistriert. Im

Der Monitorraum des Schlaf-labors. Ein beliebter Arbeitsplatz des Autors.

Die Vorbereitung zur Ruhe im Schlaflabor ist beendet. Alle Elektroden sind angebracht. Der Schlaf kann beginnen.

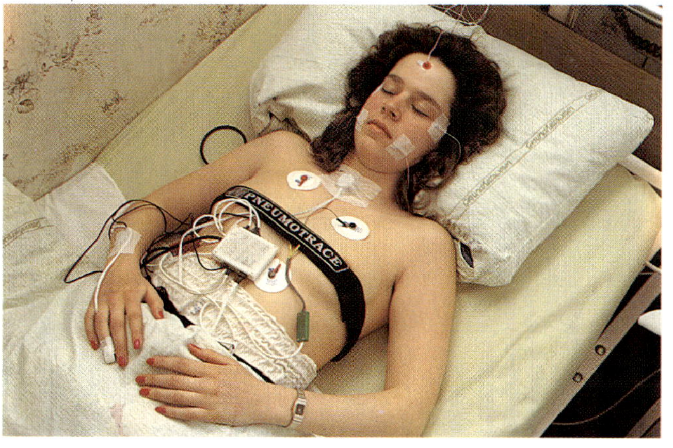

Die Elektroden im Augenwinkel messen die langsamen und schnellen Augenbewegungen (EOG = Elektrookulogramm). Die Elektrode am Kinn mißt die Aktivität der Muskulatur (EMG = Elektromygramm).

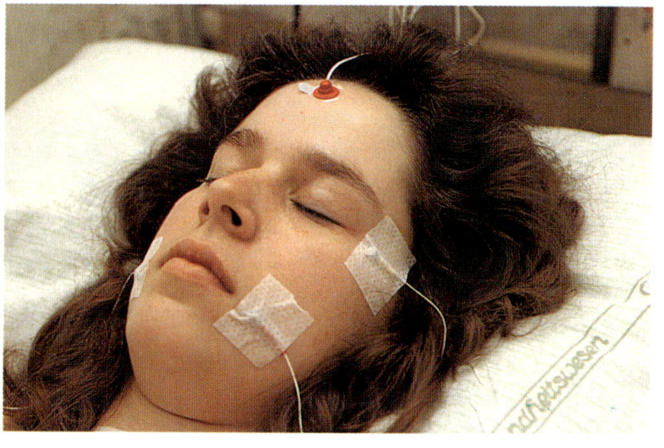

Schematische Darstellung des Schlaflabors mit zwei Plätzen und Monitorraum.

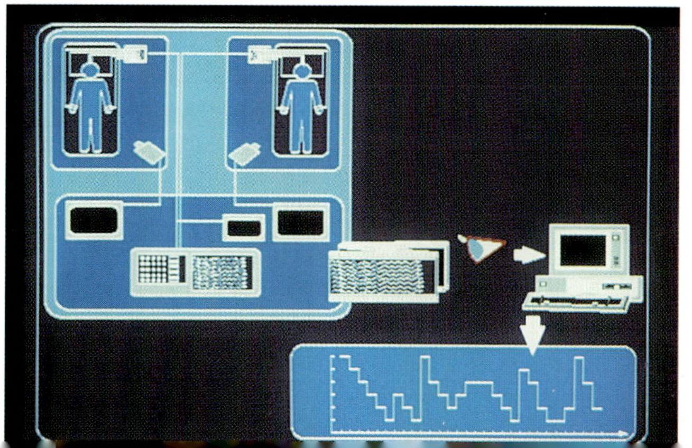

Protokoll wird diese Unterbrechung vermerkt.
Bevor der Patient den Vorbereitungsraum betritt, hat er Fragebogen auszufüllen und bestimmte Leistungstests hinter sich zu bringen. Letztere werden am nächsten Morgen wiederholt. Aus den daraus gewonnenen Daten kann man ersehen, ob der Schlaf einen Leistungszuwachs erbracht hat oder nicht.
Natürlich steht dem Patienten ein Baderaum zur Verfügung. Hier kann er duschen oder baden und andere Vorbereitungen für die Nacht bzw. am Morgen für den bevorstehenden Tag treffen. Gewöhnlich haben die Patienten, bevor sie am Abend ins Schlaflabor kommen, am Tag gearbeitet, oder bei Arbeitsunfähigkeit einen »normalen« Tag zu Hause verbracht. Für den Patienten außerhalb von Berlin steht ein Gastzimmer zur Verfügung, in dem er sich während des Tages aufhalten kann. Er kann sich tagsüber aber auch Sehenswürdigkeiten von Berlin anschauen oder Spaziergänge machen. Über den Tagesablauf muß allerdings ein Protokoll angefertigt werden. Schließlich muß der Arzt wissen, wie sich der Tagesablauf im Schlaf reflektiert.
Im Schlaflabor der Charité werden zwei Gruppen von Schlafstörungen untersucht; die sogenannte streßbedingte Schlaflosigkeit (Insomnie) und die Atemstörung während des Schlafes (Schlafapnoe).
Nachdem der Techniker noch einmal die Funktionstüchtigkeit des gesamten elektronischen Systems überprüft und die diensthabende Krankenschwester freundlich eine gute Nacht gewünscht hat, kann der Patient oder, wenn es um die Lösung von Forschungsaufgaben geht, eine freiwillige Versuchsperson mit dem Schlaf beginnen. Der Schlafgesunde tut das auch bald. Der Schlafgestörte benötigt eine etwas längere Zeit. Das können die Diensthabenden im Monitorraum anhand objektiver Parameter, die wir noch kennenlernen werden, exakt feststellen. Arzt und Schwester richten ihre Blicke mit größter Aufmerksamkeit auf die fortlaufend entstehenden wellenförmigen Kurven.

Bioströme zeigen die Schlaftiefe an

Es ist sogar für den Fachmann immer wieder aufregend, die außerordentliche Dynamik der wellenförmigen Linien zu verfolgen, die auf das Registrierpapier gezeichnet werden. Besonders wichtig sind für den Spezialisten die Bioströme des Gehirns, die als sog. Elektroenzephalogramm – abgekürzt EEG – aufgezeichnet werden. Dabei geht es vor allem um Frequenz und Amplitude der Hirnstromwellen, denen man bestimmte Funktionen zuordnen kann. Die spezifischen EEG-Wellen werden mit Buchstaben des altgriechischen Alphabets bezeichnet.
Im aufmerksamen oder erregten Wachzustand zeigen sich im EEG die Betawellen. Sie haben eine hohe Frequenz von 13 bis über 50 Hz und eine niedrige Amplitude (Schwingungsweite). Gehen wir nun zu einem entspannten Wachzustand über, z. B. wenn wir mit geschlossenen Augen entspannt sitzen oder liegen und an etwas Beruhigendes denken, dann treten Alphawellen (7–12 Hz) auf. Die Amplitude ist mittelhoch. Der Übergang zum Schlaf macht Thetawellen (4–6 Hz) sichtbar. Der Tiefschlaf wird durch Deltawellen (1–3 Hz) charakterisiert. Sie haben größtenteils eine hohe Amplitude.

Bei der Beschreibung der EEG-Wellen und der zugeordneten Funktionszustände des Gehirns haben Sie sicherlich festgestellt, daß vom aufmerksamen Wachzustand bis zum Tiefschlaf eine lineare Tendenz von höheren zu niederen Frequenzen und von niedriger zu höherer Amplitude zu verzeichnen ist. Die Gesetzmäßigkeiten, welche sich im EEG äußern, wurden als Grundlage für die Einteilung von Wach-Schlafstadien verwendet.

In ähnlicher Weise wie beim EEG kann anhand des EMG die Muskelaktivität bzw. die Muskelentspannung eingeschätzt werden. Eine hohe Amplitude des EMG zeigt eine hohe Muskeltätigkeit, zum Beispiel Lagebewegungen im Bett, an. Eine sehr niedrige Amplitude signalisiert körperliche Entspannung. Wenn zum Beispiel beim Einschlafenden oder Schlafenden plötzliche hohe Amplituden im EMG auftreten, dann richten sich die Blicke des Arztes und der Schwester auf den Bildschirm, um zu kontrollieren, was dieser augenblicklich mit seinem Muskelsystem tut. Er kann sich im Bett umdrehen oder mit den Zähnen knirschen. Auch Muskelzuckungen, wie wir sie beim Einschlafen erleben, werden deutlich im EMG sichtbar.

Das EOG, das die Augenbewegungen registriert, signalisiert langsame oder schnelle Augenbewegungen oder ruhende Augen. Die Veränderungen der Herzfrequenz werden durch das EKG aufgezeichnet.

Die elektrodermale Aktivität charakterisiert den emotionellen Spannungs- oder Entspannungszustand.

Diese und noch andere Biosignale, wie der Fachmann sagt, dienen als Grundlage für die Beschreibung des Wach-Schlaf-Zyklus. Gegenwärtig wird dazu in der ganzen Welt einheitlich eine Klassifikation der beiden amerikanischen Schlafforscher Rechtschaffen und Kales verwendet.

Ich möchte Ihnen nunmehr einen Einführungskurs in die Schlafpolygraphie geben. So bezeichnet man die Messung der verschiedenen Körperfunktionen, insbesondere die der Bioströme während des Schlafes. Das Ergebnis dieser Messung von etwa 70 Millionen Daten pro Nacht sind die Schlafpolygramme. Sie werden zur Grundlage für die Einteilung bzw. Klassifikation der einzelnen Schlafstadien und des Wachzustandes. Die Vorgänge sollen am Beispiel eines schlafgesunden Menschen beschrieben werden.

Entspannter Wachzustand. Hat sich der Gesunde ins Bett gelegt und die Augen geschlossen, dann reflektiert das EEG Serien von Alphawellen. Auch die Amplitude des EMG wird geringer. Das sind Zeichen der geistigen Relaxation und Muskelentspannung. Die ganzheitliche Entspannung ist die wichtigste Vorbedingung für das Einschlafen. In diesem Zustand beobachten wir, daß die Atmung ruhiger und gleichmäßiger wird. Auch das Herz verlangsamt sein Tempo um drei bis vier Schläge pro Minute.

NONREM-Stadium I: Einschlafen. (Sie werden im Laufe dieses Einführungskurses noch erfahren, was NONREM bedeutet). Beginnt die Versuchsperson zu schlafen, dann verschwinden langsam die Alphawellen. Die Amplitude des EEG wird flacher. Es treten sogenannte flache Thetawellen auf. Häufig kann man beobachten, daß sich der Mensch

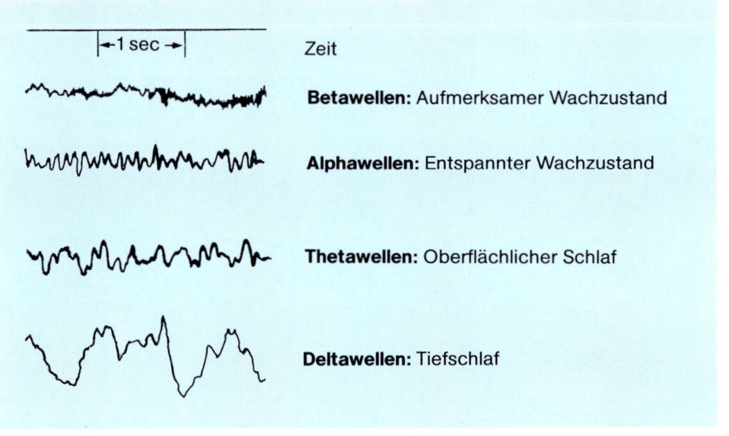

Verschiedene Wellenformen des EEG. Der Fachmann kann damit Wach- und Schlafzustände beurteilen.

regelrecht in den Schlaf schaukelt, indem Serien von Alphawellen mit Serien der flachen Thetawellen rhythmisch abwechseln, bis schließlich die Thetawellen überwiegen. Von Zeit zu Zeit werden die Thetawellen von zackenartigen Gebilden unterbrochen. Diese werden als Vertexwellen bezeichnet. Sie sind Zeichen einer unspezifischen Antwort des Gehirns auf äußere Reize. Im Einschlafstadium ist der Mensch noch auf äußere Reize ansprechbar. Subjektiv kann er in diesem Zustand auch traumartige Erscheinungen wahrnehmen (siehe Kapitel »Mikroträume«). Solche werden gewöhnlich dann festgestellt, wenn Alphawellen in einer spezifischen Art in Thetawellen übergehen. Übrigens werden die gleichen Erscheinungen auch bei der transzendentalen Meditation registriert.

Im EOG sind langsame Augenbewegungen zu beobachten. Auch das EMG wird in der Amplitude geringer. Das bedeutet, daß sich die Spannung der Muskulatur weiter löst. Manchmal treten kurzzeitige Abschnitte mit sehr hoher Amplitude auf. Das sind Muskelzuckungen, die typisch für das Einschlafstadium sind. Sie werden von den Fachleuten als hypnagogische Myoklonien bezeichnet (Myoklonie = Muskelzuckung).

Das Einschlafstadium dauert beim Gesunden gewöhnlich nicht länger als 10–15 Minuten. Beim Schlafgestörten kann es bis zu einer Stunde und mehr andauern.

NONREM-Stadium II = Oberflächlicher Schlaf. Der oberflächliche Schlaf zeigt im EEG ein sehr buntes Bild. Man spricht von einer elektrischen »Mischaktivität« des Gehirns. In die Dynamik der verschiedenen EEG-Wellen werden spezifische Biosignale eingestreut. Es sind Schlafspindeln und die K-Komplexe. Mit dem Übergang vom Einschlafstadium zum oberflächlichen Schlaf verändert sich die Amplitude der Thetawellen, d. h. sie wird größer. Neben den Thetawellen (4–6 Hz) werden auch Alphawellen (7–12 Hz) aber auch flache Deltawellen (1–3 Hz) sichtbar. Das Typische dieses Stadiums sind spindelförmige Abschnitte mit einer Oszilla-

tionsfrequenz von 12–16 Hz, die in ihrer Amplitude höher sind als die Betawellen und Thetawellen. Die Dauer dieser Spindeln beträgt 0,5–2,0 Sekunden.
Eine zweite typische Erscheinung dieses Stadiums ist der sogenannte K-Komplex. Das ist eine Dreiphasenschwingung, die 0,5 Sekunden Dauer aufweist. K-Komplexe gehen teilweise einer Spindel voraus. Sie können aber auch spontan oder auf einen unerwarteten Reiz von außen entstehen. Der gesunde Mensch befindet sich zu 50 % der Gesamtzeit des Schlafes im NONREM-Stadium II. Natürlich nicht dauerhaft, denn wir werden sehen, daß im Schlaf typische Stadienzyklen ablaufen. Schlafgestörte haben grundsätzlich mehr als 50 % des oberflächlichen Schlafes vom Gesamtschlaf auszuweisen.
Bei manchen Schlafgestörten ist nur ein Wechsel von Wachsein und NONREM-Stadium II mit kurzen Übergängen des Einschlafstadiums zu sehen.

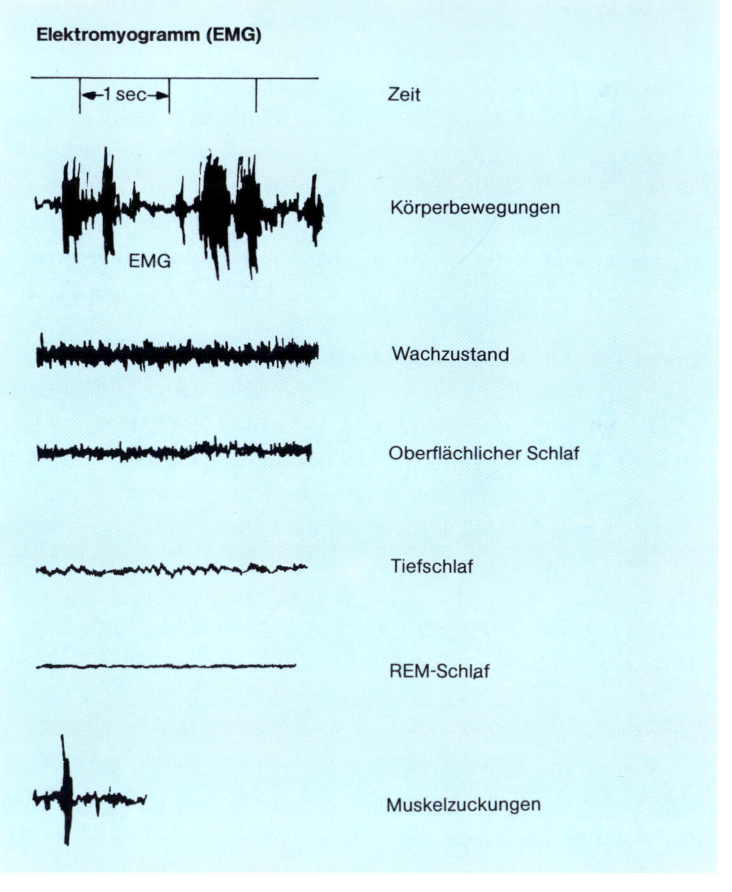

Muskelaktivitäten in verschiedenen Wach- und Schlafsituationen, dargestellt am Elektromyogramm (EMG).

NONREM-Stadium III = mitteltiefer Schlaf. Dieses Stadium ist durch einen Wechsel von Thetawellen (3–6 Hz) und Deltawellen (1–3 Hz) mit relativ niedriger Amplitude gekennzeichnet. Da die Deltawellen (1–3 Hz) gewöhnlich überwiegen, wird in vielen Schlaflaboratorien das Stadium des mitteltiefen Schlafes und des Tiefschlafes (Deltaschlaf) zusammengefaßt.

NONREM-Stadium IV = Tiefschlaf oder Deltaschlaf. In diesem Stadium dominieren die Deltawellen von hoher Amplitude. Dieses Schlafstadium dient vorwiegend der körperlichen Erholung. Es ist weiterhin dadurch gekennzeichnet, daß das EMG (Muskelaktivität) eine sehr niedrige Amplitude hat. Die Körperfunktionen, wie z. B. Herzfrequenz, Atemfrequenz, Stoffwechselprozesse, befinden sich auf »Sparflamme«, d. h. sie sind stark vermindert. Erhöht ist lediglich das Wachstumshormon, welches für die Regeneration (Restitution) der Körperzellen verantwortlich ist.
Schlafwandeln und Sprechen im Schlaf vollziehen sich vorwiegend im Tiefschlaf (siehe Abb. S. 40/41).
Gewöhnlich erfolgt der Übergang von einem NONREM-Stadium zum anderen treppenförmig bis das Stadium des Deltaschlafes erreicht ist. In diesem verharrt der Schlafende eine längere Zeit (15 – 30 Minuten). Danach geht es vom NONREM-Stadium IV bis zum NONREM-Stadium II oder I zurück. Damit liegt ein NONREM-Zyklus vor, der beim Gesunden 80 – 100 Minuten Dauer hat. Dann erscheint das REM-Schlafstadium, welches auch Traumschlafstadium genannt wird.
Bevor dieses ausführlich beschrieben wird, soll noch ein Charakteristikum des Tiefschlafes angeführt werden. Die längeren Tiefschlafabschnitte sind gewöhnlich nur in der ersten Schlafhälfte zu sehen. Üblicherweise treten sie in den ersten zwei bis drei Schlafzyklen auf. Daraus wird ersichtlich, daß die körperliche Erholung sich vorwiegend in der ersten Schlafhälfte vollzieht.

Hiermit kann auch eine häufig gestellte Frage beantwortet werden: Stimmt es, daß der Vormitternachtsschlaf besser und erholsamer ist als der Nachmitternachtsschlaf?

Wenn wir auf die Zeit unserer Vorfahren zurücksehen, d. h. zu einer Zeit, als es noch kein elektrisches Licht gab und die körperliche Arbeit noch dominierte, dann stimmt die Beobachtung ganz genau. Damals ging man bei Beginn der Dunkelheit schlafen. Sie wissen bereits, daß in den ersten beiden Schlafzyklen der Delta- oder Tiefschlaf einen hohen Anteil hat und daß dieser für die körperliche Erholung verantwortlich ist. Bei den Menschen, die mit Eintritt der Dunkelheit schlafen gingen, sind natürlich die längeren Deltaschlafstadien vor Mitternacht nachzuweisen. Da die meisten unserer Vorfahren körperlich arbeiteten, erfolgte die Erholung ihrer körperlichen Prozesse in dieser Zeit. Daraus ergab sich folgerichtig die Schlußfolgerung, daß der Vormitternachtsschlaf besser ist als der nach Mitternacht.
Heute brauchen wir den Schlaf nicht mehr mit dem Beginn der Dunkelheit zu koppeln. Manche Menschen gehen regelmäßig erst nach Mitternacht schlafen. Wenn es sich um Schlafgesunde handelt, dann laufen bei ihnen

die ersten Schlafzyklen mit dem großen Anteil des Tiefschlafes, z. B. 0–3.00 Uhr, ab. Die körperliche Erholung wird in dieser Zeit genauso bewirkt, als wenn diese Menschen vor Mitternacht, z. B. um 21.00 Uhr, regelmäßig schlafen gingen.

REM-Schlaf-Phase. Nachdem die einzelnen NONREM-Phasen in einem treppenförmigen Zyklus abgelaufen sind, erscheint der REM-Schlaf gewöhnlich für die Dauer von zirka 20 Minuten. Sein charakteristisches Merkmal sind schnelle Augenbewegungen. Daher kommt auch der Name REM. Er wird von den englischen Worten **R**apid **E**ye **M**ovement = schnelle Augenbewegungen abgeleitet. Im Gegensatz zum REM-Schlaf werden alle anderen Schlafstadien als NONREM bezeichnet, was soviel wie »nicht REM« bedeutet. In der internationalen Schlafmedizin verständigt man sich mit diesen beiden Termini: NONREM-Schlaf ist derjenige ohne schnelle Augenbewegungen. REM-Schlaf weist schnelle Augenbewegungen aus.

Die schnellen Augenbewegungen sind aber nur ein Merkmal des REM-Schlafes, der auch die Bezeichnung Traumschlaf und paradoxer Schlaf trägt. Im REM-Schlaf treten vorwiegend Thetarhythmen (4–6 Hz) auf. Das EEG im REM-Schlaf ähnelt dem des Einschlafstadiums. Während der Mensch im Einschlafstadium noch auf äußere Reize anspricht, ist das im REM-Schlaf nicht der Fall.

Vergleiche mit dem Tiefschlaf ergaben sogar, daß zum Wecken eines Menschen aus dem REM-Schlaf die vierfach stärkere Intensität der Weckreize verwendet werden muß als beim Deltaschlaf.

Die Muskelaktivität ist im REM-Schlaf völlig erloschen. Das EMG zeigt eine Null-Linie. Dagegen sind alle Funktionen der inneren Organe, die im Tiefschlaf auf Sparflamme laufen, erhöht (z. B. Herzfrequenz, Blutdruck, Atmung), manchmal sogar beträchtlich. Man spricht deshalb vom »vegetativen Sturm«. Auch der Stoffwechsel ist erhöht.

Der Widerspruch zwischen der völligen Ausschaltung der Muskelaktivität und der erhöhten Funktionen der inneren Organe wird damit begründet, daß im REM-Schlaf, in dem die aufgenommenen Informationen des Tages verarbeitet werden, eine optimale Stoffwechselversorgung vor allem mit Sauerstoff und Glukose (Traubenzucker) gewährleistet wird. Um das Gehirn während des Schlafes ausreichend mit Energiestoffen zu versorgen, muß die Muskulatur inaktiv sein und darf keine Energie verbrauchen.

Typisch für den REM-Schlaf ist auch die Erhöhung der Konzentration an Geschlechtshormonen.

Diese geht einher mit der Versteifung des Gliedes des Mannes und des Kitzlers der Frau. Die Geschlechtshormone können auch sexuell gefärbte Träume bewirken. Die Erhöhung der Geschlechtshormone steigert die emotionelle Erregbarkeit. Diese ist wiederum Voraussetzung dafür, daß sich die Speicherung der Informationen im Langzeitgedächtnis intensiv vollzieht.

Wie Sie im Kapitel »Sind Träume wirklich nur Schäume?« lesen werden, stellt der REM-Schlaf die biologische Komponente des Träumens dar. Deshalb wird er auch als Traumschlaf oder ganz einfach als Traum bezeichnet.

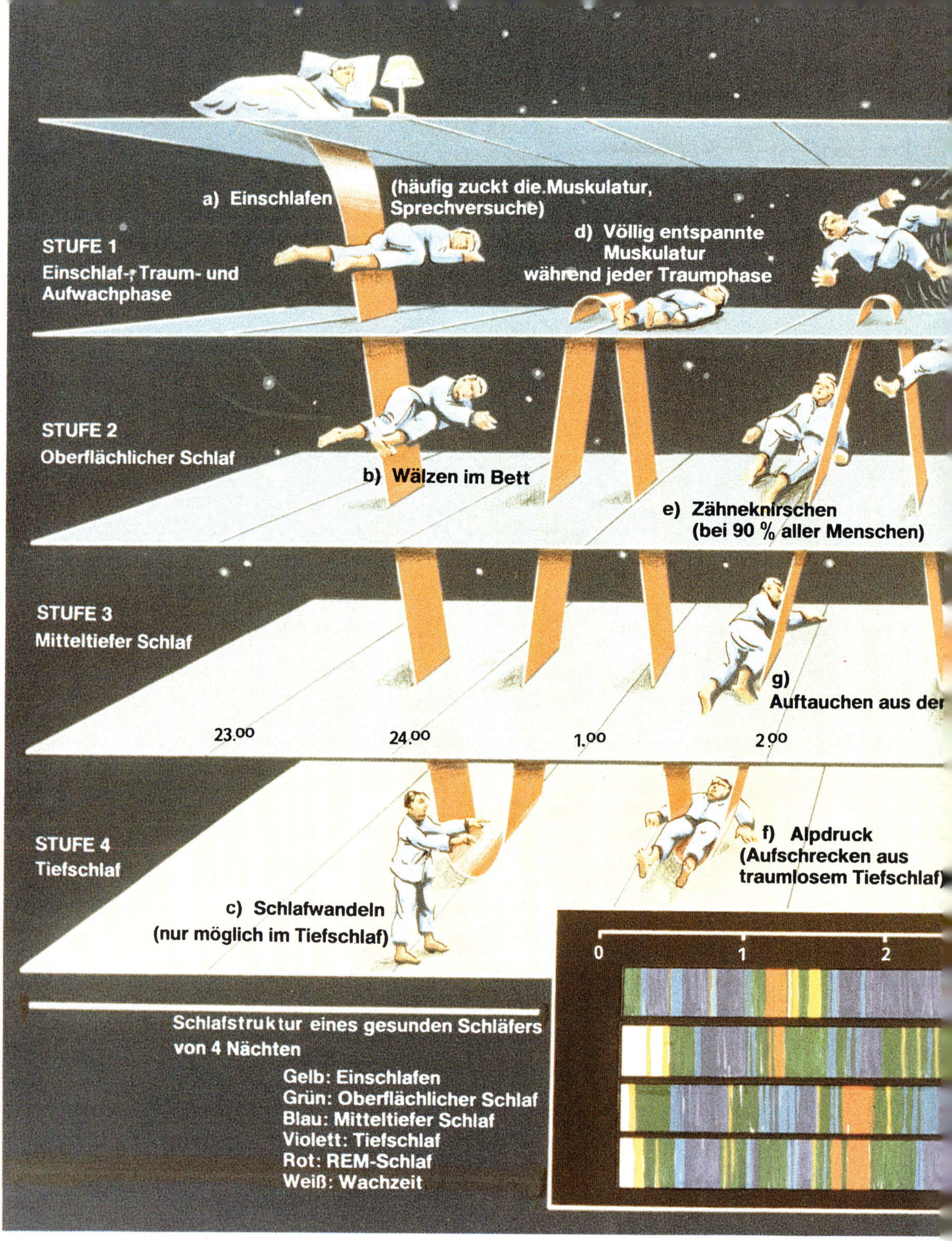
a) Einschlafen
(häufig zuckt die Muskulatur, Sprechversuche)
d) Völlig entspannte Muskulatur während jeder Traumphase
STUFE 1
Einschlaf-, Traum- und Aufwachphase
STUFE 2
Oberflächlicher Schlaf
b) Wälzen im Bett
e) Zähneknirschen (bei 90 % aller Menschen)
STUFE 3
Mitteltiefer Schlaf
g) Auftauchen aus der
23.00
24.00
1.00
2.00
STUFE 4
Tiefschlaf
f) Alpdruck (Aufschrecken aus traumlosem Tiefschlaf)
c) Schlafwandeln (nur möglich im Tiefschlaf)
0
1
2
Schlafstruktur eines gesunden Schläfers von 4 Nächten
Gelb: Einschlafen
Grün: Oberflächlicher Schlaf
Blau: Mitteltiefer Schlaf
Violett: Tiefschlaf
Rot: REM-Schlaf
Weiß: Wachzeit

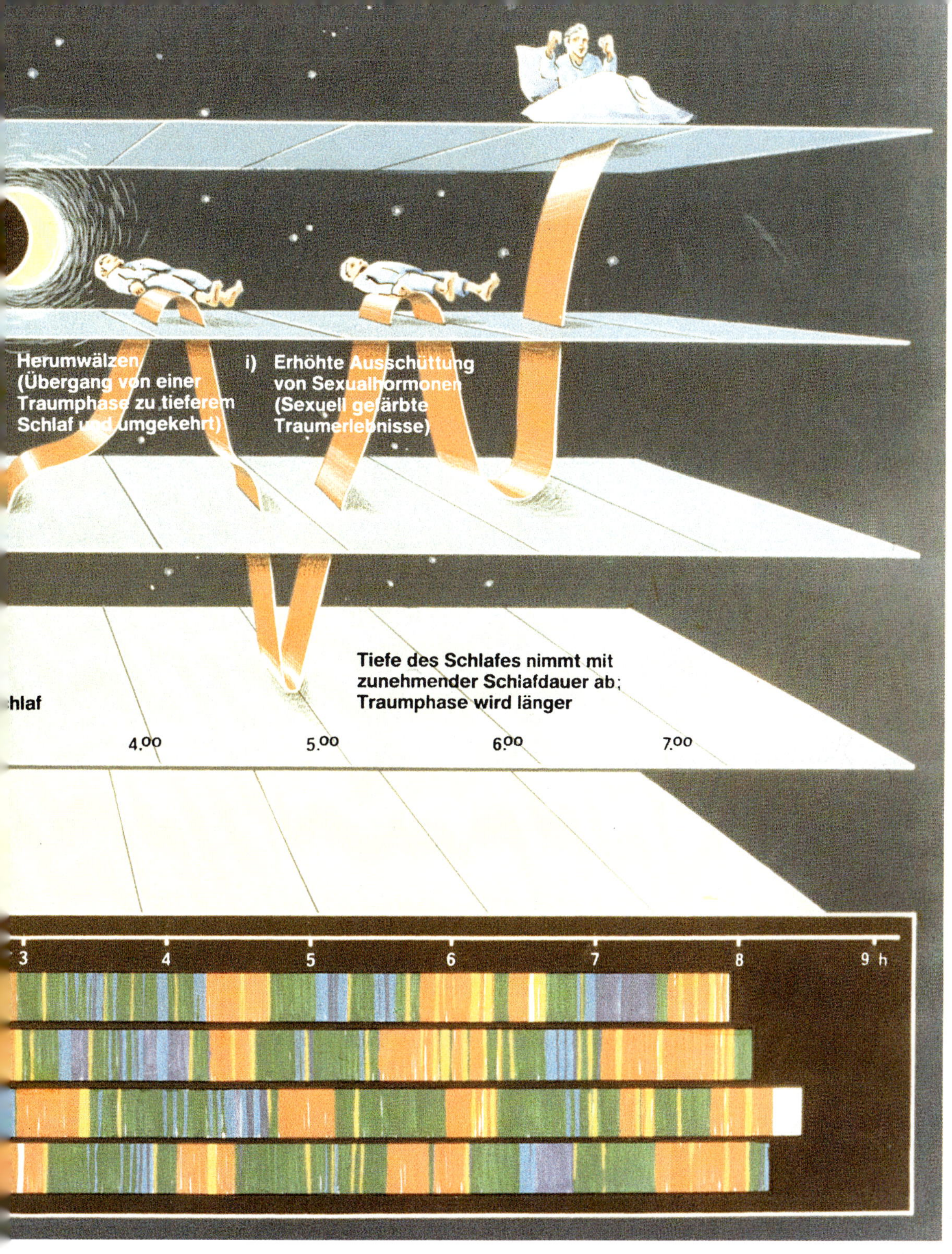

Schlafstadien einer Nacht mit möglichen Begleiterscheinungen des Schlafes (Träumen, Schlafwandeln usw.) und Schlafstruktur eines gesunden Schläfers von vier verschiedenen Nächten. Die Folge der Schlafstadien entspricht der realen Situation. Die außerordentliche Dynamik des Stadienwechsels ist deutlich zu erkennen.

Wahrnehmung, Empfindung und Motorik in den verschiedenen Stadien des Schlaf-Wach-Zyklus

Indikator	Entspanntes Wachsein	NONREM I	NONREM II	NONREM III	NONREM IV	REM
Bewußtsein	uneingeschränkt	Aufnahme von Informationen noch möglich, hypnagoge Halluzinationen	erloschen	erloschen	erloschen	erloschen
Weckschwelle	Normale Beantwortung äußerer Reize	Weckschwelle gegenüber der Umwelt erhöht	weitere Erhöhung der Weckschwelle	weiterer Anstieg der Weck-schwelle	Weckschwelle ähnlich wie Stadium III	Weckschwelle noch höher als im Stadium IV
Augen-bewegungen	schnelle und langsame	langsame	keine	keine	keine	schnelle
Motorik	Muskeltonus mittelhoch bis hoch, Reflexe erhalten, Bewegungs-artefakte	Muskeltonus mittelhoch bis hoch, Reflexe erhalten, gelegentlich Bewegungsartefakte, hypnagoge Muskel-zuckungen	Muskeltonus mittelhoch, Reflexe erhalten, gelegentlich Bewegungs-artefakte	Muskeltonus mittelhoch, Reflexe erhalten, keine Bewegungs-artefakte	Muskeltonus niedrig bis mittelhoch, keine Bewegungs-artefakte	Muskeltonus auf nahe Null abgefallen, gelegentlich Zuckungen, Reflexe erloschen
EEG	Alpha-Wellen im Wechsel mit Betaaktivität	Generelle Ver-minderung der Alphawellen, Auf-treten von flachen Thetawellen	Spindeln, K-Komplexe, Betawellen und Thetawellen	20–50 % Delta-wellen, die in Abschnitten von Thetawellen ein-gefügt sind	Deltawellen mit hoher Amplitude (größer 75, u V), Anteil 50–100 %	Betawellen mit einzelnen Alpha- und Thetawellen, Sägezahnwellen

Der REM-Schlaf tritt rhythmisch vier- bis sechsmal pro Nacht auf. Er dominiert in der zweiten Nachthälfte. Da der REM-Schlaf in erster Linie für die Erholung der geistigen Prozesse verantwortlich ist, kann man feststellen, daß die psychische Regeneration verstärkt in der zweiten Schlafhälfte erfolgt. Ein typisches Charakteristikum des REM-Schlafes ist seine rhythmische Ausgewogenheit. Zeitabschnitte von Beginn des REM- bis zum Beginn des nächsten REM-Schlafes werden als Schlafzyklen bezeichnet. Diese sind bei Schlafgestörten stark deformiert oder gar nicht vorhanden.

Bei den meisten Schlafgestörten ist der REM-Schlaf reduziert. Auch Medikamente und Alkohol reduzieren den REM-Schlaf.

Alle die objektiv registrierten Daten werden analysiert und zu einem Zyklogramm zusammengestellt (Abb. S. 45). Die Wächter des Schlafes im Schlaflabor haben nun objektiv die Ergebnisse der Nacht vor sich liegen: Sie ersehen daraus, wann der Betreffende einschlief, von welcher Dauer sein Delta- und REM-Schlaf war, wie rhythmisch die Schlafzyklen verliefen usw. Wenn dieser am Morgen erwacht, weiß er natürlich von alldem, was sich in seinem Hirn abspielte, nichts, denn sein Bewußtsein war ausgeschaltet. Er kann höchstens aus der Erinnerung sagen, ob er gut oder schlecht oder gar nicht geträumt hat. Mehr weiß der Schläfer nicht über seinen Schlaf. Der Schlafmediziner dagegen ist gut informiert, denn ihm liegen 70 Millionen Daten in Form des Schlafpolygramms vor.

Wann kommt ein Patient ins Schlaflabor?

Die Antwort ist relativ einfach: Wenn die Diagnose Schlafstörungen oder Schlaflosigkeit exakt bestimmt werden muß; das heißt, solche Patienten, die über Monate und Jahre unter einer schlechten Schlafqualität leiden. Im Schlaflabor werden auch Schlafstörungen objektiv ausgeschlossen. Es gibt Patienten, die glauben oder sogar davon überzeugt sind, daß sie nachts nicht schlafen. In der Abb. auf S. 45 sind die Schlafzyklogramme von zwei Patienten dargestellt, die behauptet hatten, die ganze Nacht nicht geschlafen zu haben. Der eine Patient hatte reale Schlafstörungen. Er hatte auch lange Wachzeiten (zirka 45 % der gesamten Liegezeit). Seine Schlafqualität war schlecht. Völlig schlaflos war er aber nicht. Der zweite Patient, der ebenfalls behauptete, die ganze Nacht nicht geschlafen zu haben, zeigte einen regelmäßig normal ablaufenden REM-Schlaf. Der Deltaschlaf war altersbedingt vermindert. Während der nahezu achtstündigen Liegezeit hatte dieser Patient nur sechsmal jeweils für die Dauer von zwei Minuten den Schlaf unterbrochen. Dieser Patient war keinesfalls ein Simulant. Wären bei diesem Patienten kein Schlafpolygramm erhoben und unkritisch Schlafmittel verordnet worden, dann hätten diese möglicherweise die bestehende normale Schlafstruktur zerstört und Schlafstörungen verursacht. Nachdem er wenige Wochen nach unseren Empfehlungen gelebt hatte, trat bei ihm die volle Schlafzufriedenheit ein, wie sie dem Schlafzyklogramm entsprach. Das ärztliche Gespräch war also ein gutes Schlafmittel.

Einige Begriffsbestimmungen

In Ergänzung des bisher Dargelegten sollen nachfolgend einige Begriffe beschrieben werden:

Der Schlaf ist ein aktiver Zustand, der rhythmisch abläuft. Er besteht aus zwei verschiedenen Funktionszuständen, dem REM-Schlaf und dem NONREM-Schlaf. Der Schlaf hat zwei Komponenten. Erstens die biologische Komponente, das sind die biologischen objektiven Parameter, die gewöhnlich einem Rhythmus unterliegen. Zweitens die psychische Komponente, die das subjektive Schlaf- und Traumerleben zum Ausdruck bringt. Schlaf und Wachsein sind eine untrennbare Einheit.

Es gibt für das Verständnis der Funktion des Schlafes folgende wichtige Termini: Unter **Schlafprofil** wird die zeitliche Beziehung zwischen Schlaf und Wachsein verstanden. Das Schlafprofil wird durch Beginn und Ende des Schlafes bestimmt. Diese Zeitpunkte werden aus der Sicht des zirkadianen Rhythmus (Tagesrhythmus) gesehen. Es gehen daher solche Parameter, wie gesamte Schlafdauer, die Beziehung von Tag- und Nachtschlaf, Anzahl der Nachtepisoden und der der einzelnen Episoden in die Bestimmung des Schlafprofils ein. Als **Schlafstruktur** wird der Vorgang des Schlafes bezeichnet, der hauptsächlich durch das elektrophysiologische Schlafpolygramm charakterisiert wird. Hierzu

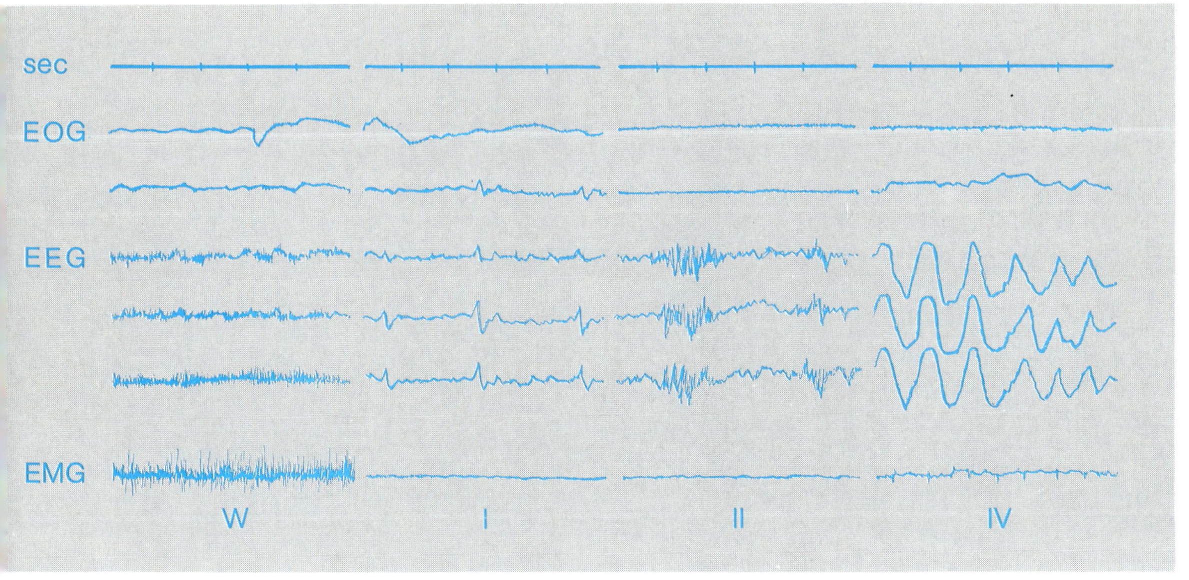

Oben:
Schlafpolygramm: Ausschnitte aus den verschiedenen NONREM-Stadien mit Ableitungen des EEG sowie des EOG und des EMG.
W = Wachzustand, I, II, IV = NONREM-Stadien

Unten:
Schlafpolygramm: Ausschnitt eines Teils einer REM-Schlafphase. Im EOG = Elektromyogramm (oben) sind die schnellen Augenbewegungen aufgezeichnet.

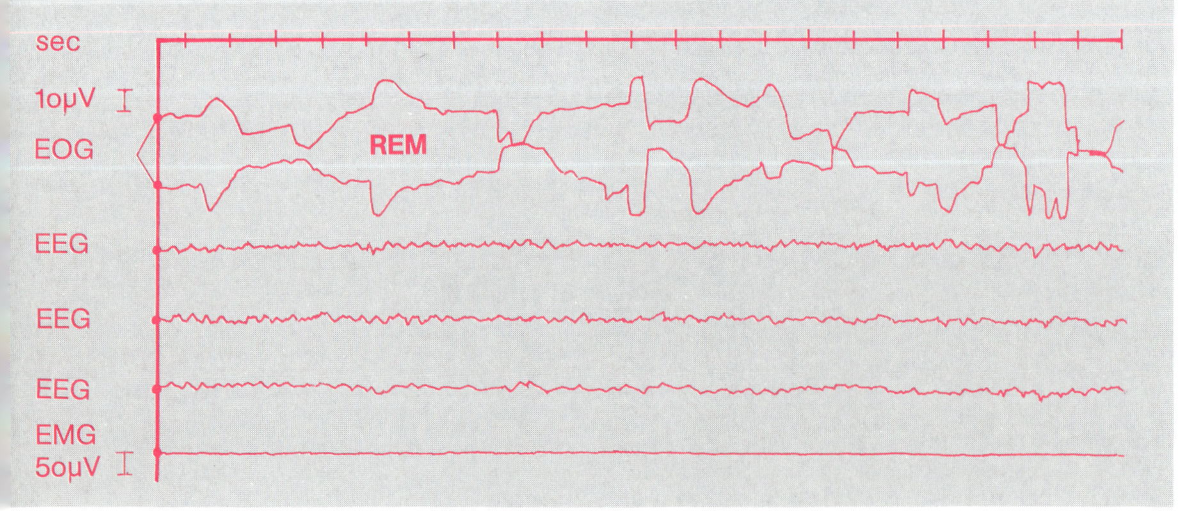

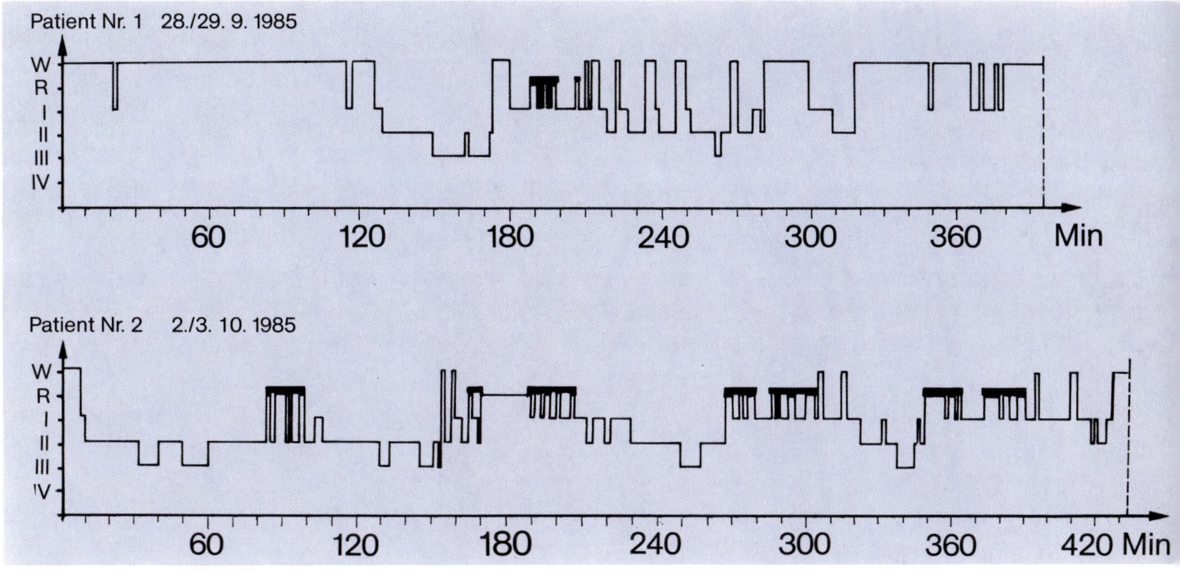

Oben:
Originale Schlafzyklogramme von zwei Patienten, die am Morgen nach dem Schlaf behaupteten, die ganze Nacht nicht geschlafen zu haben: Oben: Schlafgestörter mit ca. 4 Stunden Wachzeiten. Unten: Problemschläfer mit zirka 12 Minuten Wachzeiten.

Unten:
Schlafzyklogramm – wird auch als Hypnogramm (Schlafaufzeichnung) bezeichnet: Typischer zyklischer Ablauf der NONREM- und REM-Schlafphasen. W = Wachzustand, REM-Schlafphase I–IV NONREM-Stadien

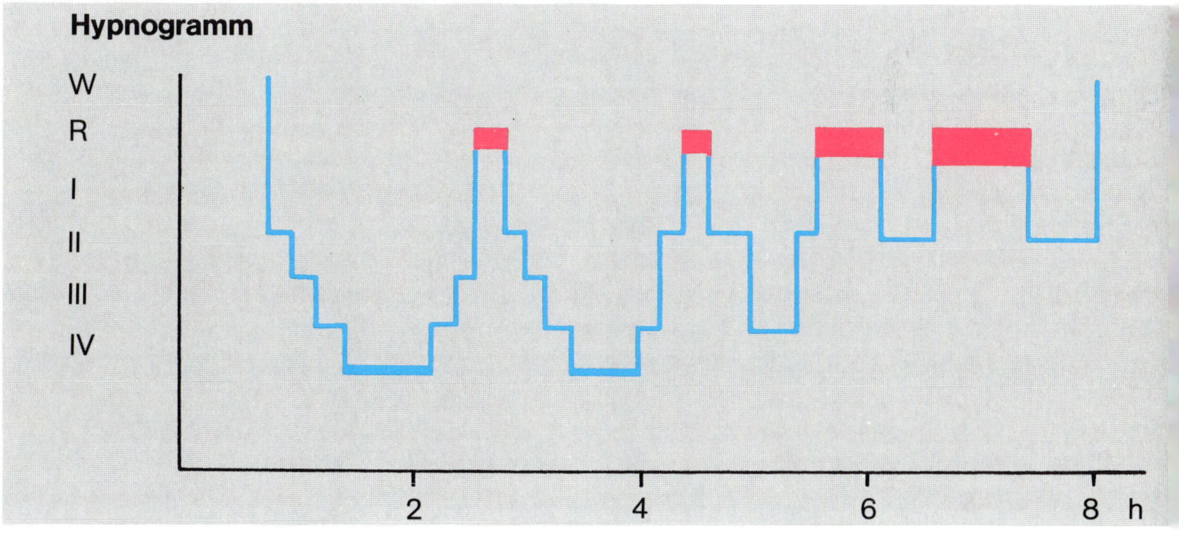

zählen die Schlafstadien, der Wechsel von NONREM- und REM-Schlaf sowie die Schlafzyklen und ihre Inhalte. Der **Schlafzyklus** wird durch die REM-Schlafzyklen bestimmt. Während der Zyklus vom Einschlafen bis zum ersten Auftreten der schnellen Augenbewegungen als REM-Latenz bezeichnet wird, werden die Intervalle von der zweiten REM-Phase zur dritten, von der dritten zur vierten usw. als Schlafzyklen charakterisiert. **Schlaftendenzen** sind Tageszeiten, in denen die Tendenz einzuschlafen sehr groß ist. Intraindividuell sollen die Zeiten der Schlaftendenz relativ konstant sein. Sie werden auch als Schlafpforten oder Schlaffenster bezeichnet, weil zu dieser Zeit der »Eingang« günstig ist. Die Zeiten der Schlaftendenz sollen sich im Vierstundenrhythmus wiederholen (1, 5, 9, 14, 17, 21 Uhr).

Der praktische Wert der Schlaftendenz besteht darin, daß das Einschlafen durch sie begünstigt wird. Problemschläfer oder Schlafgestörte sollten diese Zeitpunkte zum Einschlafen bevorzugt nutzen.

Typische Charakteristika des Delta- und REM-Schlafes

Wie bereits erwähnt, wird dem Delta- und Tiefschlaf (NONREM-Stadium III und IV) die Verantwortung für die physische Regeneration zugesprochen und dem REM-Schlaf die für die Aktivierung der psychischen Prozesse. Beide Schlafphasen haben ganz spezifische Charakteristika, von denen einige nachfolgend gegenübergestellt werden:

	Deltaschlaf	REM-Schlaf
EEG	Deltawellen	flache Thetawellen ähnlich denen des Einschlafstadiums
EOG	keine Reaktion	schnelle Augenbewegungen
EMG	verminderte Aktivität	keine elektrischen Muskelpotentiale
Wachstumshormon	erhöht	normal
Proteinsynthese	leitet REM-Schlaf ein	sehr aktiv
Traumerlebnis	wenig ausgeprägt	stark ausgeprägt
Vegetative Funktionen und Stoffwechsel	verminderte Aktivität »Sparflamme«	hohe Aktivität
Geschlechtshormone	normal	erhöht
Schlafwandeln	stark	nicht
Sprechen im Schlaf	artikuliert	lallen

Sind Träume wirklich nur Schäume?

»Träume sind Schäume«. Wie oft hat man diese Redensart schon gehört oder mehr oder weniger gedankenlos auch ausgesprochen? Was steckt dahinter?

Schon die einfache Frage nach der Bedeutung dieser ganz alltäglichen Redewendung wirft weitere Fragen auf. Zum Beispiel die, ob wir nur nachts im Schlaf oder auch bei Tage, im Wachzustand träumen können? Wir Menschen haben in der Tat die Fähigkeit, in verschiedenen Funktionszuständen zu träumen. Am Tage können wir mittels schöpferischer Phantasie das träumerische Gedankenspiel bei vollem Bewußtsein pflegen. Mancherlei Wunschträume können das Ergebnis sein oder aber auch künstlerische Reflexionen, die mancher Maler auf die Leinwand gebannt, mancher Komponist (man denke nur an Robert Schumanns berühmte »Träumerei«) in Noten gesetzt hat.

Im Schlaf entstehen dagegen Träume, die vom Gehirn bei Ausschaltung des Bewußtseins erzeugt werden und uns erst danach ins Bewußtsein kommen.

Schließlich gibt es auch noch Traumerscheinungen, die beim Übergang vom Wachsein zum Schlaf bzw. beim Erwachen auftreten. Die Fachleute bezeichnen sie als hypnagoge bzw. hypnopompe Halluzination. Wenn wir nachfolgend vom Traum sprechen, so meinen wir ausschließlich den während des Schlafes. Dieser wiederum ist eine Realität und sein Verlauf hängt eng mit der ganz individuellen Verarbeitung von früheren und gegenwärtigen Erlebnissen und Informationen ab. Sogar die im frühkindlichen Alter unbewußt aufgenommenen Informationen können sich im Traum des Erwachsenen widerspiegeln.

Früher glaubte man – und manche glauben es auch heute noch –, daß im Traumerleben gewissermaßen verschlüsselte Botschaften zu finden seien, deren Deutung Aufschluß über vergangene und künftige Ereignisse im Leben des Träumenden geben könnte. So versuchten und versuchen manche Menschen, ihr Verhalten nach ihren Träumen zu orientieren. Die Geschichte kennt dafür viele Beispiele. Im alten Orient war eine derartige Lebensauffassung weit verbreitet, und man nimmt an, daß es bis heute in Ozeanien Eingeborenenstämme gibt, deren Lebensweise ganz von ihren Träumen bestimmt wird. Weit verbreitet waren und sind sogenannte Traumbücher, von denen Titel wie »Dreitausend Träume«, »Das Orakel des Königs«, »Morpheus«, »Schlüssel der Traumdeutung« oder »Brjussowscher Kalender der Voraussagen« hohe Auflagen erreichten. In diesen Büchern wird versucht, Traumerscheinungen zu interpretieren. »Blut« soll demnach nächste Angehörige im Sinne von Blutsverwandten betreffen; »Perlen« sollen Tränen voraussagen; Das Erklimmen eines Berges im Traum wird mit künftigem Erfolg interpretiert usw. Vergleicht man aber einmal die Interpretation ein und derselben Erscheinung in verschiedenen »Traumbüchern«, dann stellt man fest, daß die Deutungen allzu häufig recht kontrovers sind. *Traumdeuterei ist also von ähnlichem Wahrheitsgehalt wie die Astrologie.* Man kann heute sagen: Je mehr Unkenntnis über den Traumschlaf besteht, desto größer ist die Mystifizierung des Traumerlebens.

Dennoch können uns Traumerlebnisse außerordentlich stark beeindrucken. Denn der Mensch äußert sich im Traum völlig frei, ohne jede Rücksicht auf sozial-ethische Beschränkungen. Das hat bei vielen Menschen nach einem Traum mit blutrünstigem, sexuellem oder aggressivem Inhalt oft großes Entsetzen ausgelöst. In nicht wenigen Fällen müssen die Betroffenen sich nach dem Erwachen erst vergegenwärtigen, ob das soeben Geträumte wirklich geschehen ist oder nur ein Traumerlebnis war.

Manch einem kann das nachhaltige Traumerlebnis sogar ein Schuldgefühl vermitteln, das noch Tage oder Wochen andauert. Mich konsultierte eine Patientin, die nicht mit dem Inhalt eines ihrer Träume fertig wurde, in welchem sie ihren Ehemann im Schlaf getötet hatte. Selbst nach Monaten noch stellte sie die Frage: Wie konnte ich nur so etwas – meinen Gedanken und Gefühlen absolut Fremdes – im Traum erleben?

Wir sehen also, daß Träume subjektiv bewußt erlebte, unbewußt und unwillkürlich vermittelte Sinneseindrücke sind, die während des Schlafes mit emotionellen Reaktionen unterschiedlicher Intensität auftreten können. Sie setzen sich faktisch aus allen Sinnesqualitäten zusammen. Das Traumerlebnis ist als eine Widerspiegelung der Probleme eines Menschen zu verstehen, an die er sich häufig gar nicht oder nur fragmentarisch erinnern kann. Die Grundlage hierfür sind zu Gedächtnisinhalten verarbeitete Informationen, d. h. konkrete Erfahrungen, die das Individuum im Laufe seines Lebens gesammelt und bewußt oder unbewußt gespeichert hat. Daher müssen wir Träume als eine Realität unseres Lebens sehen, die, wie das Schlaferleben, Erlebnisse außerhalb des Wachzustandes sind und die andererseits nur »bewußt erlebt« werden, wenn ein bestimmter Wachzustand vorliegt, d. h. wenn wir uns daran erinnern können. Und noch etwas ist wichtig: Bei der Betrachtung des Phänomens Traum müssen wir die Traumschlafphase – also den REM-Schlaf – als die biotische Komponente vom Traumerleben als der psychischen Komponente unterscheiden. Die REM-Schlafphase ist bei allen gesunden Menschen vorhanden. Aber nicht alle Menschen können nach jeder Nacht von Traumerlebnissen berichten. Wir wollen das im folgenden etwas näher untersuchen.

Die biotische Komponente des Traumes: Der REM-Schlaf

Die naturwissenschaftliche Erforschung des Träumens begann nach der Entdeckung des REM-Schlafes durch die amerikanischen Schlafforscher Aserinski und Kleitmann im Jahr 1953. Kleitmann stellte damals die Hypothese auf, daß damit das Träumen zu erklären sei. Entsprechende Experimente bestätigten diese Hypothese. Sie ergaben, daß z. B. 27maliges Wecken während des Auftretens von schnellen Augenbewegungen in 20 Fällen die detaillierte Beschreibung von Traumerlebnissen zur Folge hatte. Der Gegenbeweis wurde damit angetreten, daß in der Phase des Schlafes, in dem keine schnellen Augenbewegungen im EEG registriert wurden, 23mal geweckt wurde. In 19 Fällen konnten sich die so Erweckten an nichts erinnern. In den anderen Fällen waren schwache Eindrücke eines möglichen Traums vorhanden. Es wurde allerdings auch immer wieder – wenn auch seltener – nach dem Wecken aus dem Tiefschlaf von Träumen berichtet, so daß ein absolutes Gleichsetzen von REM- und Traumschlaf wohl nicht erlaubt ist. Andererseits scheint klar zu sein, daß bei Traumerlebnissen mit konkretem optisch-motorischem Inhalt die Hirnrinde erforderlich ist. Dies ist im REM-Schlaf wahrscheinlicher, weil in dieser Phase das EEG dem Einschlafstadium mehr ähnelt, als es beim Tiefschlaf der Fall ist. Hier hat die weitere Forschung also noch viele offene Fragen zu beantworten. Es ist aber eine unumstrittene Tatsache, daß der REM-Schlaf für die Reproduktion geistiger Prozesse unbedingt erforderlich ist. Das soll durch die Beschreibung eines weiteren Experimentes verdeutlicht werden.

Eine freiwillige Versuchsperson wurde stets bei Beginn des REM-Schlafes geweckt. Wenn die Versuchsperson dann wieder einschlief, begann sich unverzüglich ein neuer Schlafzyklus zu formieren. Nach ca. 90 Minuten trat, wie erwartet, der REM-Schlaf auf. Ein erneutes Wecken bewirkte dann abermals die Formierung eines neuen Schlafzyklus. Da in der ersten Nacht ein Verlust an REM-Schlaf aufgetreten war, kam dieser in der nächsten Nacht häufiger vor, d. h., die Intervalle, in denen die Versuchsperson geweckt werden mußte, wurden immer kürzer. Diese Prozedur dauerte sieben Nächte lang. Dabei ist in den einzelnen Nächten folgende Anzahl von Zyklen festgestellt worden (bei einem etwa achtstündigen Schlaf):

1. Nacht	6 Zyklen
2. Nacht	10 Zyklen
3. Nacht	17 Zyklen
4. Nacht	21 Zyklen
•	
•	
7. Nacht	24 Zyklen

In den nun folgenden Erholungsnächten trat während eines acht Stunden dauernden Schlafes eine Gesamtzeit der REM-Schlafperioden von zwei Stunden und 40 Minuten auf. Das wiederholte sich in der darauffolgenden Nacht noch einmal. Nach etwa einer Woche war der normale prozentuale REM-Schlaf wieder nachweisbar. Andere Untersuchungen bestätigten dieses Ergebnis.

Daraus läßt sich nun die zu verallgemeinernde Schlußfolgerung ziehen, daß entzogener REM-Schlaf nachgeholt wird, weil er offensichtlich für die geistige und körperliche Erholung unentbehrlich ist.

Daß unsere Versuchsperson mit zunehmendem REM-Schlafentzug Symptome einer akuten Neurose zeigte, unterstreicht diese Feststellung.

Was aber geschieht während des REM-Schlafes? Vieles spricht dafür, daß – gewissermaßen im Zeitraffer – die am Tage aufgenommenen Informationen analysiert, selektiert und gespeichert werden. Die erhöhte Proteinsynthese und eine gesteigerte Durchblutung des Gehirns während dieser Schlafphase unterstützen diese Annahme.

Im Gegensatz dazu treten bei REM-Schlafreduzierung, z.B. nach dem Genuß großer Mengen Alkohol, Erinnerungs- und Konzentrationsverlust sowie eine allgemeine Verminderung der geistigen Leistung auf.

Nach willkürlichem REM-Schlafentzug sind am Abend aufgenommene Lerninhalte geringer und mit größerer Fehlerquote am nächsten Tag zu reproduzieren. Die bisherigen Erkenntnisse sprechen dafür, daß es zu Verdichtungen der Informationen während des REM-Schlafes kommt. Gleichzeitig werden die entsprechenden Zuordnungen ähnlicher Gedächtnisinhalte im »Speicher« vorgenommen. Da der Mensch am Tag während seines Wachseins im Durchschnitt 16 Stunden (= 960 Minuten) Zeit hat, entsprechende Mengen von Informationen aufzunehmen, müssen diese in 80–100 Minuten REM-Schlafzeit beim Erwachsenen durchgespielt, selektiert und im bestimmten Umfang gespeichert werden. Es steht also nur ein Zehntel der Zeit zur Informationsverarbeitung gegenüber der Zeit zur Informationsaufnahme zur Verfügung. Unwichtige Informationen werden gewöhnlich eliminiert. Während dieser Informationsverarbeitung wird der Mensch offensichtlich in einen stärkeren emotionellen Zustand versetzt als am Tag. Hierbei scheinen die Hormone, besonders die Sexualhormone, eine Rolle zu spielen. Ausgeprägte emotionelle Zustände fördern nämlich das Einprägen von Informationen ins Gedächtnis. Starke emotionelle Erlebnisse, die man in der Kindheit oder im Jugendalter hatte, prägen sich häufig so stark ein, daß man sie niemals wieder vergißt. Erinnert sei nur an den ersten Kuß oder die erste Liebesumarmung. Diese spezifische Funktion des menschlichen Gehirns wird auch während des REM-Schlafes benutzt, um die Informationen ins Langzeitgedächtnis zu überführen. Bei der richtigen Zuordnung von Informationen ins Gedächtnis scheint auch der Umstand mit entscheidend zu sein, daß jeder Mensch auf der Basis seiner spezifischen genetischen Anlage ein Verhaltensprogramm aufbauen kann. In dieses werden nur Informationen neu aufgenommen, die zu dem Code des spezifischen Verhaltensprogramms passen. Hierbei spielt die Tatsache eine Rolle, daß das menschliche Gehirn nach dem kybernetischen Prinzip des Vorwärtsspiels arbeitet. Beim Speichern von Informationen ins Gedächtnis sind viele biochemische Systeme beteiligt. Dazu gehören die Überträgerstoffe (Transmitter), die die Fortleitung der Erregung von Nervenzelle zu Nervenzelle bewirken oder hemmen können.

Werden die Verhältnisse der Transmitterkonzentrationen in der Gewebsflüssigkeit infolge von Durchblutungsstörungen und ungenügender Versorgung der Hirnzellen mit Sauerstoff und Glukose (Traubenzucker) verschoben, dann kann es zu Störungen in der Speicherung der Informationen ins Gedächtnis kommen. Infolgedessen können Leistungseinschränkungen und Verhaltensstörungen ausgelöst werden. Auch Schlafstörungen können auftreten.

Veränderungen der Konzentration bestimmter Transmitter können den REM-Schlaf reduzieren. Menschen mit reduziertem REM-Schlaf haben gewöhnlich einen erhöhten Kortisolspiegel (Streßhormon). Kortisol seinerseits hemmt den REM-Schlaf.

Weitere wichtige Merkmale des REM-Schlafes

Entwicklung

Der Mensch verändert im Laufe des Lebens seinen prozentualen Anteil am Gesamtschlaf. Das soll in folgender Tabelle zum Ausdruck gebracht werden:

Lebensalter	Anteil von REM-Schlaf am Gesamtschlaf in %
Frühgeborene	80 %
Neugeborene	50 %
2. Lebensjahr	30 %
16. Lebensjahr	20 %
Erwachsenenalter	14 %

Daraus wird ersichtlich, daß der REM-Schlaf beim Neugeborenen mit 50 % vom Gesamtschlaf sehr hoch ist. Das hängt damit zusammen, daß das neugeborene Kind mit Beginn der Geburt in der Auseinandersetzung mit der Umwelt eine beträchtliche Menge von Informationen aufzunehmen und zu verarbeiten hat.

Die häufig vertretene Auffassung, ein Baby bemerke bestimmte Umweltreize (z. B. laute Musik, Fernsehsendungen) nicht, ist ein Irrtum. Das Kleinkind benötigt aber zur gesunden Entwicklung Reize der menschlichen Liebe und der Nestwärme. Sie fördern die geistige Entwicklung. In manchen Familien ist es üblich, schreiende Kinder ins Nebenzimmer zu schieben, damit die Eltern ihre Ruhe haben. Bei diesen Kindern wird der REM-Schlaf stark reduziert. Geschieht dieses »Abschieben« häufiger, werden bei solchen Kindern bereits Grundlagen für Fehlverhalten und Neurosen gelegt. Derartige veraltete und falsche »Erziehungsmethoden« sollten eigentlich schon aus unserem Leben verschwunden sein.

Überschuß nach Schlafentzug

Nach Schlafentzug zeigt sich beim nachfolgenden Schlaf in der nächsten Nacht ein Überschuß an REM-Schlaf (REM-»rebound«). Das heißt, das Gehirn versucht den Verlust an REM-Schlaf durch Nachholen im nächsten Schlaf zu kompensieren. Freiwilligen wurde der REM-Schlaf für die Dauer von ein bis zwei Wochen entzogen. Es stellte sich heraus, daß diese Versuchspersonen zunehmend stärkere Verhaltensabnormitäten zeigten, die einer akuten Neurose ähnlich waren (Kopfschmerzen, geistige Leistungseinbuße, Konzentrations- und Gedächtnisminderung, Gereiztheit, Aggressivität u. a.).

Schlafmittel und Alkohol

Zahlreiche der gegenwärtig gebräuchlichen Schlaf- und Beruhigungsmittel reduzieren bei Dauereinnahme den REM-Schlaf, stören den Rhythmus der Schlafzyklen und haben nach ihrem Absetzen einen REM-Überschuß (REM-»rebound«) zur Folge. Das heißt, diese Medikamente bewirken den gleichen Effekt wie Schlafentzug. Für die Beurteilung der Qualität eines Schlafmittels stellt der REM-Überschuß ein wichtiges Kriterium dar. REM-Überschuß wird auch nach langzeitig erfolgendem Alkoholgenuß nachgewiesen.

Bei Entzugskuren zeigten Alkoholiker bis zu 80 % Anteil an REM-Schlaf vom Gesamtschlaf. Den Verlust an REM-Schlaf infolge der Einnahme von Schlafmitteln oder des Genusses von Alkohol versucht das Gehirn durch Überschuß wieder auszugleichen. Bei monate- oder jahrlanger Einnahme dieser Mittel ist aber der Verlust kaum aufzuholen.

Wenn man bedenkt, daß der REM-Schlaf für die Erholung der psychischen Prozesse verantwortlich ist (diese Tatsache hat dem REM-Schlaf auch die Bezeichnung »Putzlappen der Seele« eingebracht), so liegt es klar auf der Hand, daß langzeitig eingenommene Schlafmittel oder/und Alkohol die geistigen Funktionen erheblich einschränken können.

Rechtshänder träumen mit der rechten Hirnhälfte

Es ist seit langem bekannt, daß unsere Hirnhälften arbeitsanteilig funktionieren. Jede kann für sich spezifische Funktionen ausüben. Dabei unterscheidet man eine dominante Hemisphäre (Hirnhälfte) und eine subdominante. Beim Rechtshänder ist die linke Hirnhälfte dominant, beim Linkshänder die rechte. Die dominante Hirnhälfte soll vorwiegend analytische Funktionen vollziehen. Sie ist für das logische Denken, für die Sprache und für das Schreiben, also für rationale Funktionen, verantwortlich. Die subdominante Hirnhälfte ermöglicht die emotionelle, gefühlsbetonte Funktion. Sie gewährleistet eine synthetische ganzheitliche Erfassung und Verarbeitung komplizierter Zusammenhänge. Sie ist für die Realisierung anschaulich konkreter Wahrnehmungen entscheidend.

Aufgrund dieser Tatsache wurde vermutet, daß für den Traum vorwiegend die subdominante Gehirnhälfte tätig ist. Diese Hypothese konnte bestätigt werden. Es zeigte sich, daß während des REM-Schlafes die elektrische Hirnaktivität in der subdominanten Hirnhälfte weitaus größer ist als in der dominanten und daß an der Verbindungsstelle zwischen den beiden Hirnhälften die elektrische Aktivität nahezu Null war. Daraus wurde die Schlußfolgerung gezogen, daß die subdominante Hirnhälfte für das Träumen verantwortlich ist und es keine Verbindungen zur dominanten Hirnhälfte während des Traumschlafes gibt. Bei Linkshändern zeigte sich die umgekehrte Verhaltensweise. Patienten, bei denen die Verbindungsstellen zwischen den beiden Gehirnhälften infolge Krankheit, Verletzung oder chirurgischer Eingriffe getrennt worden sind, können sich nur selten oder gar nicht an Träume erinnern. Daraus wird ersichtlich, daß infolge der fehlenden Verbindung von der subdominanten zur dominanten Hemisphäre der Trauminhalt nicht in die andere Hirnhälfte gelangt. Somit ist die Verbalisierung des Erlebten nicht möglich, und die Traumerinnerung bleibt aus.

Die psychische Komponente des Traumes: Das Traumerleben

Infolge der Entdeckung des REM-Schlafes und der in diesem Zusammenhang aufgestellten Hypothese, daß dieser die Grundlage für das Träumen darstellt, sind viele Untersuchungen durchgeführt worden, die mehr Wissen um das Traumgeschehen brachten. Wenn die Ergebnisse von Dr. Kleitman real sind, müßte eigentlich jeder gesunde Mensch »träumen«, weil bei ihm der REM-Schlaf nachgewiesen werden kann. Die Praxis zeigt aber, daß manche Menschen mit normalem REM-Schlaf-Anteil überhaupt keinen Traum erleben. Ist deshalb die Hypothese falsch?

Das hängt einfach damit zusammen, daß
• zum Traumerlebnis ein bestimmter Grad der Vigilanz (Wachheit) vorhanden sein muß, damit die Informationen ins Bewußtsein gelangen;

Der deutsche Schlafforscher Jovanovic hat weitere Untersuchungen über die Häufigkeit der Erinnerung an den Traum mit zunehmend zeitlichem Abstand von der REM-Phase durchgeführt. Die Tabelle zeigt die Ergebnisse:

Zeitpunkt des Weckens	**Erinnerungs-häufigkeit in %**
Sofort nach Beginn der REM-Phase	81,3 %
5 Minuten nach Beginn der REM-Phase	90,2 %
10 Minuten nach Beginn der REM-Phase	83,0 %
20 Minuten nach Beginn der REM-Phase	94,0 %
Kurz nach Ende der REM-Phase	83,2 %
5 Minuten nach Ende der REM-Phase	71,9 %
10 Minuten nach Ende der REM-Phase	53,2 %
20 Minuten nach Ende der REM-Phase	47,1 %
30 Minuten nach Ende der REM-Phase	8,9 %
Kurz vor Beginn der nächsten Traumphase	5,2 %

• das Erinnerungsvermögen an Träume von der Fähigkeit eigener Selbstbeobachtung, vom Gedächtnis und von der Phantasie des einzelnen abhängt.

Der amerikanische Wissenschaftler Goodenough und seine Mitarbeiter überprüften die Hypothese von Kleitman. Sie stellten zwei Gruppen von »Träumern und Nichtträumern« zusammen. Diese Probanden wurden während des REM-Schlafes geweckt. Das Ergebnis war überraschend. Alle Untersuchten, ganz gleich ob »Träumer« oder »Nichtträumer«, konnten sich an Träume erinnern, wenn sie in der REM-Schlafphase geweckt wurden. Die Untersucher schlußfolgerten daraus, daß alle gesunden Menschen träumen, daß es aber hierbei »Traumerinnerer« und »Traumnichterinnerer« gibt.

Erinnerungsvermögen im Traumerlebnis

Diese Ergebnisse lassen darauf schließen, daß die Erinnerung eine wesentliche Rolle für das Erleben eines Traumes spielt. Das Erinnerungsvermögen hängt eng mit dem Gedächtnis und dem augenblicklichen Wachzustand zusammen. Einerseits werden Trauminhalte bzw. Teile davon aus dem Langzeitgedächtnis abgerufen; andererseits wird heute die Meinung vertreten, daß der Trauminhalt im Kurzzeitgedächtnis gespeichert wird. Durch den nachfolgenden NONREM-Schlaf soll die Übernahme in das Langzeitgedächtnis verhindert werden, wodurch sich das dargestellte Erinnerungsvermögen in der Zeitbeziehung zum REM-Schlaf erklären ließe. Die Gedächtnisvorgänge setzen einen hohen Aktivitätszustand verschiedener Gehirnstrukturen voraus. Deshalb finden wir im REM-Schlaf ein spezifisches EEG, das dem des Einschlafstadiums sehr ähnlich ist und somit dem Wachzustand oder dem Übergang von Wach- zum Schlafzustand nahekommt. Außerdem ist ein herabgesetzter Muskeltonus und eine hohe Aktivität der vegetativen Funktionen (Stoffwechsel, Herz-Kreislauf, Hormone) zu beobachten. Diese Funktionen bewirken, daß einerseits die Muskulatur keine Energie verbraucht und andererseits ein hoher Anteil von Energie für das Gehirn bereitgestellt werden kann. Das heißt, die Bedingungen während des REM-Schlafes sind so eingestellt, daß dem Gehirn mehr Energie zugeführt werden kann, als während des Wachseins und der Tätigkeit am Tage. Der Anstieg der Proteinsynthese während des REM-Schlafes stellt eine weitere Bestätigung dafür dar, daß sich während des REM-Schlafes Gedächtnisfunktionen abspielen. Die wichtigsten Funktionen des Gedächtnisses sind das Abspeichern und das Abrufen von Informationen, das Wiedererkennen und das Erinnern.

Da Gedächtnisleistungen am Tage von vielen individuellen Faktoren abhängig sind, untersuchte der deutsche Psychologe Tögel Beziehungen zwischen Persönlichkeitseigenschaften und Traumerinnerung.

Er kam zu folgenden Ergebnissen:

- Menschen mit höheren Intelligenzquotienten erinnern sich besser als solche mit einem niedrigeren;
- eine hohe Punktzahl in Kreativitätstests, korreliert mit dem häufigen Erinnern an Träume;
- Frauen können sich besser als Männer an Träume erinnern;
- Abnahme der Fähigkeit des Traumerinnerns mit zunehmendem Alter;
- Menschen mit oberflächlichem Schlaf haben eine höhere Erinnerungsquote als solche mit tiefem Schlaf.

Obgleich sich viele Menschen an das Traumerlebnis erinnern können, sollen viele Träume keine Erinnerung hinterlassen. Es besteht auch die Auffassung, daß sich der Mensch nur an Träume der letzten REM-Schlafphase erinnern kann. Belegt wird diese Aussage mit folgenden Untersuchungsergebnissen: Versuchspersonen war die Aufgabe gestellt, jedesmal, wenn sie geträumt hatten, dieses aufzuschreiben und dann weiterzuschlafen. Wenn sie am Morgen gefragt wurden, konnten sie gewöhnlich über den Traum aus der letzten REM-Phase berichten. Die auf den Zettel aufnotierten Träume vorangegangener Zyklen konnten bei den meisten Versuchspersonen nicht in Erinnerung gebracht werden. Sie wurde jedoch dann ausgelöst, wenn ihnen der Zettel vorgelegt wurde. Diese Erscheinung wird darauf zurückgeführt, daß das Traumerleben im Kurzzeitgedächtnis repräsentiert war, aber die Überführung ins Langzeitgedächtnis blockiert wurde. Dafür wird die Unterbrechung des Zustroms von bestimmten Neurotransmittern verantwortlich gemacht, die während des REM-Schlafes auftritt.

Des weiteren wird die Auffassung vertreten, daß es »Traumunterdrücker« gibt, die verstärkt dazu neigen, ihre Träume zu vergessen, um sich mit dem Inhalt der Träume nicht auseinandersetzen zu müssen. Zu dieser Auffassung gab es Gegenstimmen mit folgenden Argumenten: In unserer Zeit gibt es kaum Menschen, die sich für ihre Träume verantwortlich fühlen und infolgedessen überhaupt keinen Anlaß haben, unangenehme Träume zu verdrängen. Wie diese Ergebnisse zeigen, ist vieles noch im Fluß, und längst sind nicht alle Probleme des Traumerlebens und des Traumschlafes geklärt.

Sinnliche Merkmale des Traumerlebens

Eine weitere Frage ist die Beteiligung der verschiedenen Sinnesqualitäten am Traumerleben. Wie bereits oben erwähnt, können sich alle Sinne in irgendeiner Weise am Traumerleben beteiligen. Manche treten einzeln, andere dagegen miteinander kombiniert auf. An erster Stelle steht die bildliche Wahrnehmung (85 %). Es wird daher auch vom Traumbild gesprochen. Es kann schwarzweiß und farbig geträumt werden. Dann folgt der Hörsinn (55 %). Man kann von Musik, vom Gewitterdonner, von menschlichen Stimmen träumen. Auch Träume, die das Gleichgewichtsorgan betreffen, werden häufiger beschrieben (12 %). Hierzu gehören die sogenannten Flugträume, die bei den Hexenbeschreibungen und -verfolgungen eine Rolle gespielt haben. Jeder kennt das Bild der Brockenhexe, die auf einem Besen reitend durch die Gegend fliegt. Auch Fall- und Drehträume werden vermerkt.

Im Traum kann man sogar Kälte oder Wärme, weiche oder harte Berührungen erleben (10 %). Schließlich können wir im Traum Gerüche und Geschmack erleben (4 %). Blumenduft und lukullische Mahlzeiten können im Traum erscheinen.

Motorik im Traum

Darüber hinaus gibt es auch motorische Merkmale, also solche, die die Bewegung betreffen. Der Träumende kann sich selbst fortbewegen und sieht auch die Bewegung von Personen, Tieren und Gegenständen. Es gibt auch Träume, in welchen die Fortbewegung blockiert ist, zum Beispiel, wenn man vor einem wilden Tier fliehen will, tragen einen die Beine einfach nicht. Dieser Effekt ist auf den im Traum stark herabgesetzten Muskeltonus zurückzuführen.

Die kognitiven Merkmale des Traumerlebens

Sie bringen eine mehr oder weniger stark ausgeprägte Verzerrung der Realität zum Ausdruck. Der Traum ist gewöhnlich bizarr oder stellt Fragmente von Denk- und Handlungsvorgängen dar. Zu den kognitiven Merkmalen des Traumerlebens gehören im einzelnen:

Die Orientierung. Sie unterliegt radikalen Brüchen mit der Orientierung im Wachsein. Personen können erscheinen und wieder verschwinden. Sie können sich auch verwandeln oder verflüchtigen oder nebelhaft verschwinden und wieder auftauchen.

Intellektuelle Funktionen. Diese sind gleichfalls im Traumerleben verändert. Die Fähigkeit zur Kritik geht im Traumerleben verloren. Unlogische Vorgänge, gegen die ein Mensch im Wachsein opponieren würde, werden gelassen hingenommen. Häufig fehlt auch die Einsicht, besonders dann, wenn es darum geht zu entscheiden, ob es ein Traumerlebnis oder ein reales Erlebnis ist. Selbst wenn man feststellt, daß der Mord, den man im Traum begangen hat, nicht real ist, kann

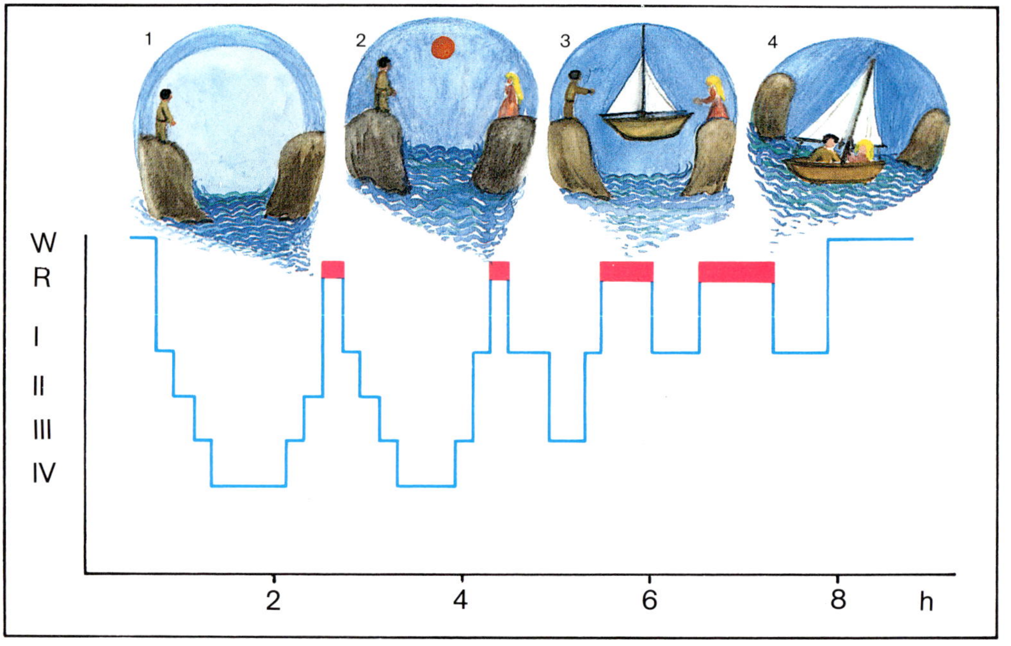

Träume äußern sich in einer ganz besonderen Vielfalt, z. B. kann ein Mensch bei seinen Träumen sämtliche Sinnesorgane einsetzen (Sehen, Hören, Geschmack, Gleichgewicht). Es besteht die Möglichkeit in Fortsetzungen zu träumen. Die REM-Phasen bieten hierfür die Grundlage.

dieses Erlebnis nachhaltig über Tage und sogar Wochen die Gedanken beeinflussen.

Auch die **Urteilsfähigkeit** ist im Traum gestört. Hemmungslos vollzieht man Handlungen, ohne sich darüber Rechenschaft abzulegen.

Emotionale Merkmale des Traumes. Die emotionalen Merkmale des Traumes treten gewöhnlich stark hervor. Man ist mit einbezogen in das Geschehen. Das Grundgefühl des Traumerlebens sind beim Gesunden vorwiegend positive Emotionen. Aber Konflikte, Ängste, Alkoholgenuß und Tabletteneinnahme können diesen Zustand schnell ändern. Es gibt daher Träume mit stark negativ emotionellen Inhalten, die sogenannten **Alpträume.** Dem Volksglauben nach ist der Alp (auch Alb) ein Gespenst, welches sich auf die Brust des Schläfers setzt und bedrückende Träume verursacht.

Die moderne Schlaf- und Traumforschung charakterisiert die Alpträume als Angstträume ausgeprägtester Intensität. Alpträume treten größtenteils bei Menschen mit krankhaften Zuständen auf, vor allem bei Erkrankungen der Atmungsorgane und des Herz-Kreislauf-Systems. Auch fettsüchtige Menschen berichten über häufige Alpträume.

Bei ihnen ist gewöhnlich infolge des Übergewichts die Atmung eingeschränkt, und das Herz wird durch Fettpolster eingeschnürt. Bekannt ist des weiteren, daß Alpträume bei regelmäßigem Alkoholgenuß und bei permanenter Einnahme von Schlaftabletten vermehrt auftreten.

Überhaupt können **Medikamente** den Trauminhalt beeinflussen. Thymoleptika, Medikamente mit einer antidepressiven Wirkung, können Fall- und Alpträume provozieren. Amphetamin, ein Mittel mit stark erregender Wirkung, verstärkt das Phantastische im Traumerleben. Bekannt ist auch, daß mit LSD (Lysergsäurediathylamid) traumartige Zustände hervorgerufen werden können.

Träume in Fortsetzungen. Es wird immer wieder berichtet, daß manche Menschen in Fortsetzungen träumen können. Das ist in der Tat möglich. Es wurde ja bereits darauf hingewiesen, daß der REM-Schlaf in Zyklen abläuft und sich während eines Nachtschlafes vier- bis achtmal wiederholt. Aufgrund dessen ist es möglich, die im ersten REM-Zyklus begonnenen Trauminhalte in den weiteren Zyklen fortzusetzen. Das wird vor allem unter solchen Umständen stattfinden, wenn sich ein Mensch sehr intensiv mit bestimmten Problemen beschäftigt und Schwierigkeiten hat, mit diesen fertig zu werden.

Träume bei Blinden. Besondere Aufmerksamkeit wird der Möglichkeit des optischen Träumens von Blinden gewidmet. Der amerikanische Arzt Dr. Berger und seine Mitarbeiter haben drei Gruppen von Blinden untersucht. In der ersten Gruppe waren Blindgeborene, die zweite Gruppe umfaßte in früher Kindheit Erblindete, und in der dritten Gruppe waren jene eingeordnet, die im Alter von ca. 40 Jahren erblindet sind. Als Ergebnis dieser Untersuchungen zeigte sich, daß Personen aller Gruppen zu träumen vermögen. Optische Traumbilder erleben aber nur diejenigen der zweiten und dritten Gruppe, das heißt die, die sekundär erblindet sind.

Träumen Frauen anders als Männer? – war eine weitere Frage, die zu wissenschaftlichen Untersuchungen veranlaßte. Folgendes ergab sich dabei:

11 % der Frauen und 29 % der Männer haben kontinuierlich sich fortsetzende oder sich wiederholende Träume;

69 % der Frauen und 87 % der Männer träumen von fremden Personen;

33 % der Frauen und 12 % der Männer träumen von ihren Ehepartnern;

31 % der Frauen und 14 % der Männer träumen von den Eltern;

22 % der Frauen und 22 % der Männer träumen vom Tod.

Sexträume

Ein weiteres und ein weites Feld der Traumforschung sind sexuelle Träume. Hierzu hat Sigmund Freud mit seiner Theorie festgestellt, daß Träume Ausdrucksformen verborgener (innerer) sexueller Triebe der Persönlichkeit darstellen. Das gesellschaftliche Tabu über sexuelle Probleme führt seiner Meinung nach zur Traumzensur. Diese veranlaßt dann ein Traumerlebnis mit einer sexuellen Symbolik. Träume von Baumstämmen, Schirmen, Messern, Stöcken usw. interpretierte er als Symbole des männlichen Gliedes. Das weibliche Geschlechtsorgan symbolisiert sich in

Dosen, Schachteln, Kästen, Schränken, Räumen usw. Ein Traumerlebnis, welches z. B. das Einbringen eines Luftschiffes in eine Halle symbolisierte, interpretierte Freud als Geschlechtsverkehr.
Umfangreiche Untersuchungen haben bewiesen, daß im REM-Schlaf die Erektion des männlichen Gliedes und der weiblichen Klitoris erfolgt. Bei Männern, die über einen Sextraum während des REM-Schlafes berichten konnten, war die Erektion des Gliedes besonders ausgeprägt. Auch bei Mädchen und Frauen zeigte sich, daß Sexträume mit einer besonderen Erektion der Klitoris und mit Kontraktionen der Scheide einhergingen.
Derartige Erscheinungen wurden auch bei Träumen mit sexueller Symbolik beschrieben. Diese Ergebnisse stellen eine Bestätigung der Freudschen Auffassung dar.

Traumerlebnisse in der medizinischen Diagnostik

Zu diagnostischen Zwecken werden Träume besonders bei psychischen Erkrankungen mit herangezogen. Sie können das Bild der Diagnostik einer Krankheit abrunden helfen. Keinesfalls ist eine spezifische Traumdiagnostik angezeigt. Psychoanalytisch ausgerichtete Kliniken messen den Träumen jedoch noch relativ große Bedeutung bei. Der Wert der Einbeziehung von Trauminhalten in die Diagnostik ist heute umstritten.

Prognostische Träume vor Ausbruch einer Krankheit: In der Literatur werden immer wieder Beispiele von prognostischen Träumen vor dem Ausbruch einer Krankheit beschrieben. Als Beispiel angeführt sei folgendes: Ein junger Mann, der häufig an einer Mittelohrentzündung erkrankte, hatte stets wenige Tage vor dem Ausbruch einen Traum, in welchem er eine Wendeltreppe schnell hoch- und herunterlief. Der russische Traumforscher Kassatkin hat sich mit dieser Frage näher beschäftigt und Beispiele gesammelt, in denen er den Zeitraum des Traumes und des Krankheitsausbruchs nachwies. So findet man in seiner Zusammenstellung folgendes Beispiel: Ein Offizier träumte, er sei im Krieg und werde am rechten Unterbauch verwundet. Einen Tag später mußte er mit einer Blinddarmentzündung in die Klinik gebracht werden. Aus nachfolgender Tabelle sind einige von Kassatkin verallgemeinerte Beispiele angeführt.

Krankheit	Zeitraum zwischen dem prophetischen Traum und Krankheitsbeginn
Hautkrankheiten	einige Stunden
Angina	einige Stunden
Zahnschmerzen	einige Stunden
Blinddarmentzündung	einige Stunden
Bronchitis	einige Stunden
Gastritis	ca. 1 Monat
Arterielle Hypertonie	2–3 Monate

Beobachtungen von anderen Autoren bestätigen Zusammenhänge zwischen prophetischem Traum und Krankheitsausbruch. Inwieweit man derartige Informationen wirklich in die medizinische Diagnostik einbeziehen kann, muß heute noch offen bleiben.

Mikroträume

Müde vom Tagesstreß haben Sie sich zur üblichen Schlafenszeit in Ihrem Bett in die richtige Lage gebracht, um einen erholsamen Schlaf zu genießen. Sie sind bereits beim Einschlafen und plötzlich – einhergehend mit einem Schreckerlebnis – geht ein Zusammenzucken durch Ihren Körper, das häufig mit dem Gefühl, in die Tiefe zu fallen, und mit traumartigen Erscheinungen verbunden ist. Hellwach sinnen Sie darüber nach, was für eine krankhafte Erscheinung das sein kann. Ängstlicher und besorgter werden Sie, wenn Ihnen dies beim nächsten Start zum Einschlafen ein weiteres Mal widerfährt. Sie gehen zum Arzt und wollen wissen, ob sich in dieser Weise der Tagesstreß auswirke. Sie werden dann etwa folgende Antwort erhalten:

Obgleich bei stark gestreßten Menschen diese Erscheinungen öfter auftreten können als in Durchschnittsfällen, besteht keine Besorgnis bezüglich eines nervösen Leidens. Es handelt sich um eine völlig normale Erscheinung beim Übergang vom Wachsein zum Schlaf.

Diese wurde in der Mitte des vergangenen Jahrhunderts (1848) von dem französischen Physiologen Alfred Maury beschrieben und als **Hypnagoge** bezeichnet. Dieser Begriff bedeutet soviel wie: zum Schlaf hinführend. Die traumartigen Erscheinungen findet man auch beim Aufwachen. Sie haben die Bezeichnung **hypnopompe** Erlebnisse, also vom Schlaf wegführende Erscheinungen. Zur Hypnagoge gehören drei Symptome, deshalb als symptomatische Trias bezeichnet, die aber nicht unbedingt alle drei gleichzeitig auftreten müssen.

Myoklonie (Zusammenzucken mit einem schreckhaften Erlebnis). Zu spürbaren Begleiterscheinungen beim Einschlafen gehört ein plötzliches heftiges Zusammenzucken, an dem zahlreiche Muskeln beteiligt sind. Der im Einschlafen begriffene Mensch erwacht gewöhnlich dabei schreckhaft.

Fallträume. Beim Einschlafen hat der Mensch das Gefühl, daß er plötzlich in die Tiefe fällt. In vielen Fällen geht dieser Erscheinung die Myoklonie voraus. Der Falltraum führt häufig zum Erwachen.

Hypnagoge Halluzinationen, auch als Mikroträume oder hypnagogische Träume bezeichnet. Es handelt sich hierbei um schnellablaufende traumartige Prozesse, die sich häufig an Denkprozesse, die im Nochwachzustand beim Einschlafen ablaufen, anschließen, aber gewöhnlich nicht als logische Fortsetzung, sondern meistens von bizarrer Art. Üblicherweise sind es optische und akustische Sinneserlebnisse, aber auch andere Sinnesqualitäten (Gleichgewicht, Bewegung, Geruch) können einbezogen werden, die zu keinem aktuellen Umweltreiz in Beziehung zu bringen sind. In diesen Fällen erlebt man Lichtblitze, wellenförmige Abläufe, geometrische Figuren, Personen. Aber auch ganze Handlungsszenen, wie beim Träumen, werden beobachtet. Manchmal glaubt man, jemanden im Zimmer zu sehen, der plötzlich dahinhuscht und schnell wieder verschwindet. Aber auch akustische Erscheinungen, wie Stimmen, Geräusche, Gespräche, kann man vernehmen. Schließlich werden von den Betreffenden auch seltsame Begriffe erfunden, Bemerkungen gemacht oder Gespräche mit imaginären Personen geführt.

Aufgrund entsprechender Untersuchungen weiß man heute, daß die hypnagogischen Mikroträume auch bei starker Schläfrigkeit oder schläfriger Benommenheit, zum Beispiel bei einer solchen, die einem ermüdeten Menschen beim Lesen eines Buches überkommt, erscheinen können. Aber auch ein Minischlaf kann unter bestimmten Umständen mit einem Mikrotraum eingeleitet werden. Derartige Traumerlebnisse werden aber auch beim Wecken aus dem NONREM-Schlaf der Stadien II–IV beobachtet.

Der amerikanische Schlafforscher Kales und seine Mitarbeiter unterschieden echte Träume und Denkerlebnisse (Mikroträume). Sie stellten die Ergebnisse ihrer Weckversuche an über 100 Versuchspersonen in einer Tabelle zusammen, die nachfolgend angeführt werden soll:

Erlebnis	**Wecken im:**	
	REM-Schlaf	NONREM-Schlaf Stadien II–IV
echte Träume	81 %	7 %
Denkerlebnisse (Mikroträume)	2 %	30 %
keine Erlebnisse	17 %	70 %

Die Mikroträume sollen also am häufigsten während der NONREM-Stadien III–IV vorkommen. Nebenbei ist noch zu bemerken, daß zu Beginn des REM-Schlafes Muskelzuckungen im Elektromyogramm registriert werden können. Es wird angenommen, daß diese Mikroträume als bewußte Erlebnisse von der Hirnrinde bzw. von dem limbischen System produziert werden. Sie sollen dann entstehen, wenn die Hirnrindenbezirke (das Bewußtsein) die Kontrolle über die tieferliegenden Zentren (Unbewußtes) verliert. Es handelt sich hierbei offensichtlich um eine Entkopplung von körperlichen und geistigen Prozessen, die wir auch beim Schlafwandeln feststellen können.

Meine Meinung zu den Hypnagogen ist folgende: Es handelt sich um Umschalterscheinungen des Gehirns, die beim Übergang von einem Funktionszustand des Gehirns zu einem anderen auftreten. Bekanntlich durchläuft der Mensch innerhalb eines 24-Stunden-Tages drei Zustände der Hirnfunktionen: Wachsein, Schlaf (NONREM-Schlaf) und Traum (REM-Schlaf). Jeder Übergang von einem Zustand in den anderen verläuft offensichtlich, um bildlich zu sprechen, nicht waagerecht, wie die Zustände selbst, sondern kurzzeitig senkrecht, wofür das Gefühl des Eintauchens, des Hinabgleitens oder des Hineinfallens steht.

Ähnliche Erscheinungen werden übrigens bei der Transzendentalen Meditation (indischer Herkunft: Ayurveda) beobachtet. Auch dabei wird das Auftreten von Thetawellen im EEG beobachtet. Es liegen zahlreiche Befunde vor, die bezeugen, daß Einschlafstörungen erfolgreich durch die Meditation zu beseitigen sind.

Ich vertrete dazu die folgende Hypothese: Bei Patienten mit Einschlafstörungen sind die

Beim Wechsel von einem Kardinalzustand zum anderen erfolgen im Gehirn Umschaltungen, die von spezifischen Erscheinungen begleitet sind. Der Übergang vom Wachen zum NONREM-Schlaf wird als Hypnagoge bezeichnet. Der Übergang vom NONREM-Schlaf zum Wachsein als Hypnopompe. Auch bei den Umschaltungen vom NONREM-Schlaf zum REM-Schlaf und umgekehrt treten Umschaltungsphänomene auf.

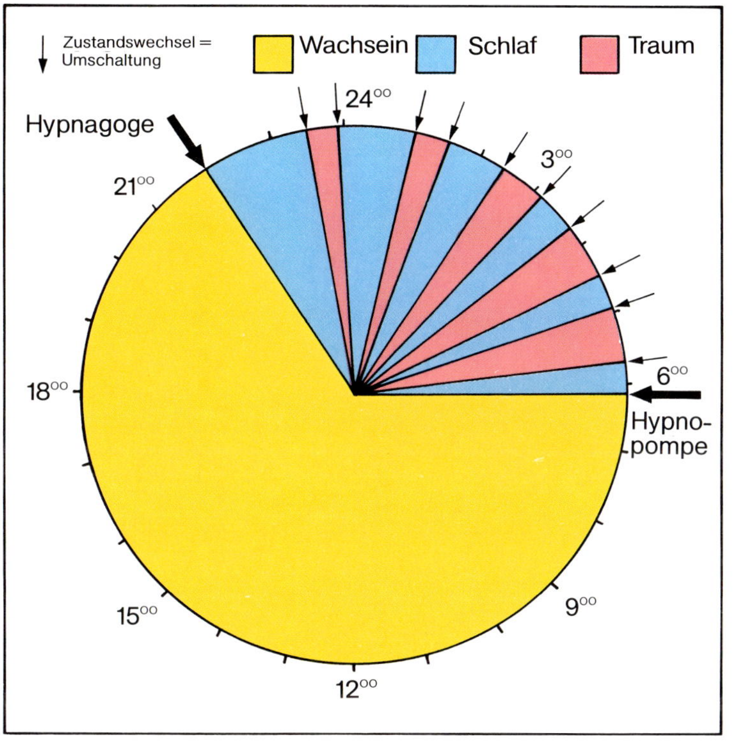

Umschaltfunktionen vom Wach- zum Schlafzustand blockiert. Durch Meditation werden diese Blockierungen aufgehoben und somit die Schlafstörungen vermindert oder sogar beseitigt.

Tiefere Kenntnisse von diesen Umschalterscheinungen der Hypnagogen bzw. Transzendenzen könnten für die Behandlung von Schlafstörungen neue Wege eröffnen. Wenn wir nun auch noch wüßten, welche Neurotransmitter während der Hypnagogen aktiv werden, wäre zusätzlich auch ein Weg zu einer effektiveren Behandlung der Einschlafstörungen mit körpereigenen Stoffen geöffnet. Bis zu dieser Erkenntnis werden jedoch noch langwierige Forschungen nötig sein.

Geistige Leistungen im Schlaf

Wenn ich in der Schule Gedichte zu lernen hatte, gaben mir meine Großeltern den Rat, vor dem Schlafengehen das Gedicht noch einmal laut vorzulesen, dann das Buch unter das Kopfkissen zu legen und an das Gedicht denkend einzuschlafen. Morgens nach dem Erwachen sollte ich das Buch unter dem Kopfkissen hervorholen und das Gedicht noch einmal laut lesen. War es ein langes Gedicht, wie z. B. Schillers »Glocke«, dann weckte mich Großmutter sogar ein halbes Stündchen früher. Mir schien dies damals eine gute Methode, Gedichte zu lernen. Erst Jahrzehnte später wurde mir klar, daß mich meine Großeltern zur »Hypnopädie«, zum Lernen im Schlaf, angeregt hatten.

Hypnopädie – Lernen im Schlaf

Eine im Jahr 1923 in den USA erschienene Mitteilung über das Erlernen des Morsealphabets im Schlaf in einer Marineschule in Florida erregte viele Gemüter und erweckte Wunschträume, ohne Anstrengungen im Schlaf lernen zu können. Dieser Wunsch scheint aber schon sehr alt zu sein, denn aus Berichten über das alte Griechenland erfuhren wir, daß Privatlehrer ihren schlafenden Schülern jene Texte im Schlaf einflüsterten, bei denen sie am Tage Schwierigkeiten hatten, sie sich einzuprägen. Aufsehen erregte auch Ende der 30er Jahre eine Doktorarbeit des sowjetischen Psychiaters A. M. Swjadostsch mit dem Thema: »Die Wahrnehmung der Sprache während des natürlichen Schlafs.« Er wies nach, daß Schlafende, denen man Texte aus Erzählungen, Fremdwörterbüchern oder Lehrbüchern vorlas, deren Inhalte wahrnehmen. Diese Versuchspersonen berichteten nach dem Aufwachen, daß sie sich mit Gedanken beschäftigen, von denen sie nicht wußten, wie diese in ihren Kopf gekommen sind.

In weiteren Untersuchungen wurde festgestellt, daß sinnvolle, aber auch sinnlose Texte sich besser ins Gedächtnis einprägen, wenn ein Nachtschlaf zwischen Einprägen und Wiedergabe liegt. Der sowjetische Wissenschaftler G. A. Manow führte folgende Untersuchungen durch: Er teilte Versuchspersonen in zwei Gruppen, die sich sinnvolle und sinnlose Texte einprägen mußten. Die Wiedergabe des erlernten Textes wurde acht Stunden später gefordert. Bei der einen Gruppe lagen acht Stunden Wachsein am Tage, bei der anderen acht Stunden Schlaf in der Nacht dazwischen. Das Ergebnis zeigte, daß der Verlust des erlernten Stoffes, besonders der sinnlosen Texte, in den Tagesstunden viel ausgeprägter war als in den Fällen, bei denen Nachtschlaf die acht Stunden zwischen Einprägen und Wiedergabe überbrückte. Das heißt, während des Schlafes war das Einprägen intensiver als während des Wachseins. Wie ist dies möglich? Die Antwort auf diese Frage ist relativ einfach. Eine gute Merkfähigkeit hängt von drei Faktoren ab:

- vom Wachheitsgrad;
- von dem zu lernenden Inhalt. Dieser muß

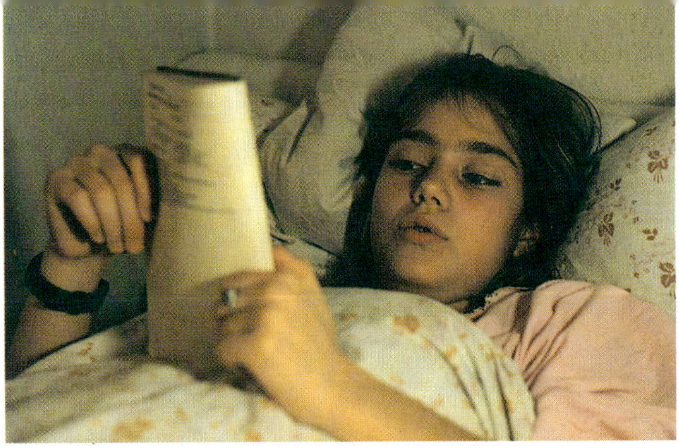

Vor dem Einschlafen: Text intensiv lesen.

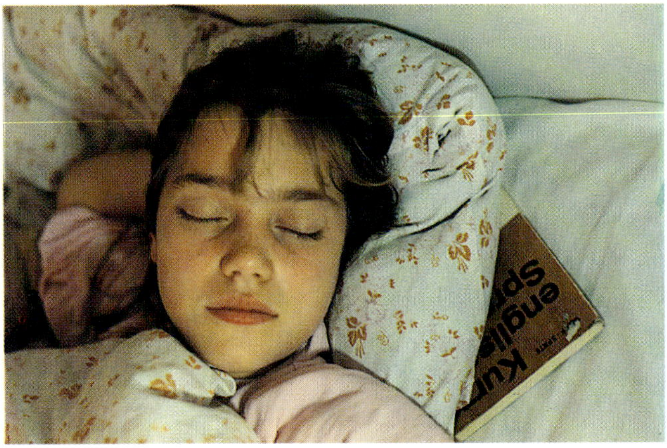

Nun kann ruhig und erholsam geschlafen werden. Das Buch unter dem Kopfkissen ist eine psychische Stütze.

Nach dem Erwachen wird der Text noch einmal gelesen und seine Einprägung überprüft.

Für die Leistungskontrolle gut vorbereitet geht es in den neuen Tag hinein.

für das Individuum bedeutsam sein, damit eine gut ausgeprägte emotionelle Erregbarkeit vorhanden ist.

- von der Überführung der Information vom Kurzzeit- ins Langzeitgedächtnis.

Wenn man ein Gedicht lernen soll, hat man natürlich vor dem Schlaf noch einen genügenden Wachheitsgrad. Wer ehrgeizig ist und in der Schule eine gute Note erreichen will, hat allemal die entsprechende Motivation, die durch eine ausgeprägte emotionelle Erregbarkeit bestimmt wird. Die aufgenommenen Informationen kommen zunächst in das Kurzzeit- und Mittellangzeitgedächtnis. Die Überführung ins Langzeitgedächtnis vollzieht sich vorwiegend im REM-Schlaf. Somit wird ein besseres Einprägen gewährleistet und dem Vergessen entgegengewirkt. Im Wachzustand fehlt nicht nur der REM-Schlaf, der die Überführung der Information ins Langzeitgedächtnis bewirkt, sondern es kommen während der achtstündigen Zeit zwischen Einprägen und Wiedergeben viele neue Informationen hinzu, die möglicherweise sogar für den einzelnen wichtiger sind als das im Experiment Erwähnte, das dann leicht aus dem Gedächtnis wieder verdrängt wird. Deshalb werden sinnlose Silben am Tage ganz besonders schnell vergessen.

Wie wird die Hypnopädie praktiziert?

Die Erkenntnisse über das bessere Einprägen von Wissensstoff während des Nachtschlafes wurden durch die Hypnopädie genutzt. In der Praxis lief der Prozeß folgendermaßen ab: Die Lernenden wurden nur zugelassen, wenn sie über einen guten psychischen und physischen Gesundheitszustand verfügten. Schlafgestörte waren auf jeden Fall ausgeschlossen. Weiterhin hatten die Lernenden die Aufgabe, am Abend nur leichte Kost zu sich zu nehmen und vor dem Schlafengehen Blase und Darm zu leeren. Vor dem Schlafengehen hatten die Lernenden den Text noch einmal oder zweimal laut vorzulesen. Dann begann die Bettruhe. Der Lernende war aufgefordert, sich physisch und psychisch gut zu entspannen. Danach lief ein Tonband an, von dem der zu lernende Text auf den Einschlafenden einwirkte. Mit zunehmender Einschlafdauer wurde der gesprochene Text immer leiser wiedergegeben, bis Schweigen einsetzte. Am Morgen vor dem Wecken wurde das Tonband erneut eingestellt. Nach dem Wecken mußte der Lernende den Text noch einmal laut lesen. Dann gab es den üblichen Morgenablauf. Im Laufe des Vormittags bzw. Nachmittags erfolgte die Überprüfung des eingeprägten Wissenstoffes. Derartige Kurse liefen, je nachdem wieviel Informationen zu bewältigen waren, für die Dauer von zwei bis vier Wochen.

Mit der Hypnopädie ist es jedoch nicht möglich, logische Zusammenhänge zu lernen. Vielmehr dient sie dazu, Texte, Vokabeln, Schemata, Tabellen usw. einzuprägen. Gewöhnlich ist die Hypnopädie aber geeignet, den gesamten Lernprozeß zu unterstützen oder jemanden schnell in ein neues System oder Programm einzuführen, z. B. den Eisenbahnschaffner mit dem neuen Fahrplan bzw. den Briefträger, der ein neues Gebiet übernimmt, mit Straßen und Namen vertraut zu machen; dem Fremdenführer wichtige Daten einer Stadt ins Gedächtnis zu bringen. Für das Erlernen von Fremdsprachen hat die Hypnopädie beim Einprägen von Vokabeln gute Hilfe leisten können. Es mußten aber stets die oben angeführten Bedingungen streng eingehalten werden. Am besten vollzog sich das Lernen nach der hypnopädischen Methode unter Internatsbedingungen. Hier konnte Wachseins- und Schlaflernen von den Lehrern gut kontrollierbar abgestimmt werden.

In den 50er und 60er Jahren erlebte die Hypnopädie ihre Blütezeit. Sensationelle Meldungen gingen um die Welt: Mitarbeiter eines amerikanischen Auskunftsbüros sollen im Schlaf in kurzer Zeit Bezeichnungen und Lage von 16 000 Straßen New Yorks erlernt und Eisenbahnschaffner nach wenigen Nächten die Fahrpläne auswendig beherrscht haben. Nun mögen Spitzenleistungen vorgekommen sein. Die Durchschnittsleistungen lagen aber gewöhnlich weitaus niedriger.

Seit den 70er Jahren klang die Euphorie um die Hypnopädie dann wieder ab. So mancher hatte sich wohl mehr davon erhofft. Andere brachten nicht die geforderten Voraussetzungen oder die erforderliche Disziplin mit. Nicht zuletzt waren es auch Warnungen von Psychiatern und Psychologen, die in der Hypnopädie eine zusätzliche Überforderung des Nervensystems sahen und ihre Einstellung forderten. Derartige Warnungen konnten aber bisher nicht im größeren Maßstab bestätigt werden.

Wenn psychische Störungen bei dem einen oder anderen auftraten, dann waren es vorübergehende Folgen vom falschen Herangehen an die Hypnopädie. Rundfunk- und Fernsehprogramme sendeten Hypnopädiekurse. Jeder, der wollte, beteiligte sich an diesen Kursen, ohne die Grundbedingungen dafür zu berücksichtigen, darunter selbst psychisch Kranke und Schlafgestörte, welche sich natürlich mit diesen Massenkursen in die Gefahr begaben, ihr Nervensystem zusätzlich zu belasten, besonders dann, wenn das Angebot des zu lernenden Stoffes für sie zu umfangreich war.

Für die Wissenschaft war die Größe des Zeitraumes, der für die Informationsaufnahme beim Einschlafen zur Verfügung stand, von Interesse. Wie sich herausstellte, war dieser Zeitraum, mit entsprechenden individuellen Schwankungen, relativ klein.

Am günstigsten vollzog sich das Einprägen bei der Hypnopädie, wenn im EEG Alpharhythmus vorlag, der einem entspannten Wachzustand entspricht. Es war auch noch möglich, das Einprägen im Einschlafstadium vorzunehmen, d. h., wenn sich der flache Thetarhythmus des EEG entwickelt (NONREM-Stadium I).

In dieser Phase ist der Mensch gewöhnlich noch ansprechbar. Sobald sich das NONREM-Stadium II im EEG zeigt, wird die Möglichkeit, zugeführte Informationen aufzunehmen, immer geringer. Während der NONREM-Stadien III und IV ist das Einprägen blockiert. Im REM-Schlaf ist zwar eine Informationsaufnahme möglich, die Informationen verbleiben aber nur im Kurzzeitgedächtnis. Es kann also festgestellt werden, daß die Aufnahme von Informationen für das Lernen im Schlaf nur zur Zeit des Einschlafens möglich und somit von der individuellen Einschlafdauer abhängig ist.

Die Hypnopädie ist also eine durchaus ernst zu nehmende Lernmethode. Gesundheit, Disziplin und Motivation sind dafür Voraus-

setzung. Schlafgestörte sollten sie nicht anwenden. Vor psychischen Störungen infolge der Hypnopädie braucht man keine Angst zu haben, wenn alle oben erwähnten Bedingungen erfüllt sind.

Die Hypnopädie liefert einen weiteren überzeugenden Beweis dafür, daß das Gehirn während des Schlafes nicht ruht, sondern sich in einer hohen Aktivität befindet.

Wächterpunkte des Gehirns

Während des Schlafes hält das Gehirn Verbindungen mit der Umwelt aufrecht. Es gibt bestimmte hochsensibilisierte Nervenzellgruppen, die bei jedem Menschen eine spezifische Ansprechbarkeit auf bestimmte für den einzelnen bedeutsame Umweltreize ausweisen. Pawlow sprach in diesem Zusammenhang von Wächterpunkten des Gehirns. Diese sollen zum Teil angeboren, zum Teil erworben sein. Nachfolgend einige Beispiele:

Es ist bekannt, daß manche Mütter bei der geringsten Lautäußerung ihres Kleinkindes sofort an dessen Bett eilen, während sie z. B. ein Gewitter nicht wahrnehmen.

In unserem Schlaflabor untersuchten wir ein jung verheiratetes Studentenehepaar. Jeder der Partner lag in einem anderen Raum. Sobald einer der Partner sich bewegte, zeigte der andere im EEG kurzzeitig eine Weckreaktion, die wache Aufmerksamkeit reflektierte und uns die Funktion der Wächterpunkte objektiv demonstrierte. Offensichtlich können die Wächterpunkte sehr empfindlich sein, so daß sie auch durch Zimmerwände stimuliert werden können.

In den genannten Fällen übten die Wächterpunkte eine soziale Schutzfunktion aus. Es gibt auch eine erlernbare Sensibilität auf weniger bedeutsame Ereignisse. Das soll das nächste Beispiel zum Ausdruck bringen.

Gewöhnlich gilt eine vorbeifahrende S-Bahn für die Bewohner anliegender Wohnungen als Störfaktor. Ein Berliner Bürger, dessen Wohnung unmittelbar neben der S-Bahn liegt, berichtete mir allerdings, daß er immer nur dann erwachte, wenn einmal eine S-Bahn ausfiel. Dieser Mann war offensichtlich so an den Fahrplan-Rhythmus der Züge gewöhnt, daß eine Störung dieses Rhythmus eine Weckreaktion hervorrief. Wächterpunkte sollen auch Weckreaktionen bei Müllermeistern veranlaßt haben, wenn, während sie schliefen, Leergeräusche der Mahlsteine auftraten. Sie standen sofort auf und füllten Getreide nach.

Wissenschaftliche Problemlösungen im Traum

Ein weiteres Gebiet geistiger Aktivitäten im Schlaf sind geistige Leistungen, die im Traum angeregt oder gar produziert werden. Hierzu gehören z. B. wissenschaftliche Entdeckungen, Dichtungen, Musikstücke, Gemälde.

Dabei handelt es sich offenbar um Problemlösungen, die im Wachsein »angedacht« und im Traum »zu Ende gedacht« werden. Als ein belegbares Beispiel soll Otto Loewi (1873–1961) angeführt werden, der 1921 das Acetylcholin als Neurotransmitter (Überträgerstoff von Nervenimpulsen von Nervenzelle zu Nervenzelle oder von Nervenzelle zu Muskelzelle) entdeckte und dafür mit dem Nobelpreis ausgezeichnet wurde. Loewi war ein Verfechter der Hypothese von der chemischen Übertragung von Nervenimpulsen, die

um die Jahrhundertwende aufgestellt, aber 1921 noch nicht experimentell belegt worden war. Infolgedessen wurde die Hypothese von anderen Wissenschaftlern angezweifelt. Diese Widersacher regten Loewi an, sich sehr intensiv mit der Beweisführung zu beschäftigen. Er löste schließlich diese wissenschaftliche Frage durch ein spezielles Experiment, das ihm in zwei aufeinanderfolgenden Nächten im Traum einfiel. Dieses Ereignis beschrieb er wie folgt:
»In der Nacht vor Ostersonntag 1921 erwachte ich und warf einige Notizen auf einen Fetzen dünnes Papier. Dann schlief ich wieder ein. Gegen 6.00 Uhr morgens wachte ich auf, und es schien mir, als hätte ich in der Nacht etwas Wichtiges aufgeschrieben. Ich konnte es aber nicht entziffern. In der nächsten Nacht gegen 3.00 Uhr kehrte der Gedanke zurück. Es war die Versuchsanordnung für ein Experiment, das entscheiden konnte, ob die Hypothese von der chemischen Übertragung richtig war. Ich stand sofort auf, ging ins Labor und machte genau nach der nächtlichen Versuchsanordnung ein Experiment am Froschherzen.« (Zitiert nach Geisern, 1973.)
In diesem Zusammenhang soll nicht unerwähnt bleiben, daß Loewi die dazu verwendete Methode für andere Zielstellungen bereits schon benutzt hatte. Im Wachzustand war es ihm nicht möglich gewesen, die Hypothese und die Methode zur Beweisführung in Beziehung zu bringen. Durch den Traum erst wurde diese Verbindung hergestellt.
Ein weiteres derartiges Beispiel lieferte August Kekule von Stradonitz (1829–1896) bei der Entdeckung des Benzolringes. Er wußte, daß das Benzol sechs Kohlenstoffatome enthält; er wußte aber nicht, wie diese miteinander in Verbindung stehen. Krampfhaft suchte er nach einer Lösung. Eines Abends schlief er über dem Grübeln in seinem Stuhl am Kamin ein und hatte einen Traum, den er so beschrieb:
»Die Atome gaukelten vor meinen Augen, kleinere Gruppen hielten sich bescheiden im Hintergrund. Mein geistiges Auge, durch wiederholte Gesichter ähnlicher Art geschärft, unterschied jetzt gröbere Gebilde mannigfaltiger Gestaltung. Lange Reihen, vielfach dichter zusammengefügt; alles in Bewegung, schlangenartig sich windend und drehend. Und siehe, war war das? Eine der Schlangen erfaßte den eigenen Schwanz, und höhnisch wirbelte das Gebilde vor meinen Augen. Wie durch einen Blitzstrahl erwachte ich; den Rest der Nacht verbrachte ich, um Konsequenzen aus der Hypothese auszuarbeiten.« (Zitiert nach Störig, 1957.)
Auch D. I. Mendelejew (1834–1907) löste sein Problem im Traum – die Aufstellung des Periodischen Systems der Elemente. Er bemühte sich seit geraumer Zeit, die chemischen Elemente in eine entsprechende Ordnung zu bringen. Dabei versuchte er, die Größe ihrer Atome zugrundezulegen. Das führte zu keiner brauchbaren Lösung. Eines Nachts saß er in seinem Arbeitszimmer und dachte über die Ordnung der Atome nach. Wieder fand er keine Lösung und schlief ein. Dabei hatte er einen Traum, den er wie folgt wiedergab:
»Ich sah im Traum die Tabelle, in der alle Elemente so verteilt waren, wie es sein mußte. Ich erwachte sofort und schrieb alles auf ein

Stück Papier. Nur an einer Stelle erwies sich später eine Korrektur als nötig.« (Zitiert nach Pisarzhensky, 1954.)
Er hatte nämlich nach dem Traum die Elemente nach den Atomgewichten geordnet und nicht, wie bisher, nach den Atomgrößen. Nun war Mendelejew mit seiner Systematisierung zufrieden, weil sie so war, wie sie sein mußte.

Die Wissenschaftsgeschichte ist reich an verbrieften Beispielen, die davon zeugen, daß im Traum Problemlösungen möglich waren, welche bereits im Wachzustand vorbereitet worden sind.

Derartige Traum-Problemlösungen haben keinesfalls parapsychologischen Charakter. Eine Lösung wissenschaftlicher Probleme im Traum ist aber offenbar nur möglich, wenn sich der Betreffende schon vorher in vielfältiger Weise damit beschäftigt hat. Im Traum wird eine Lösung erleichtert, wenn im Wachzustand eine entsprechende Aufgabe in der Wechselwirkung von anschaulichem und logischem Denken vorbereitet wurde, die dann zur schöpferischen Leistung führt.

Auch von Künstlern gibt es ähnliche Beispiele: Zeitgenossen von Alexander Puschkin gaben an, daß viele seiner literarischen Gestalten im Traum entstanden seien. Die zum Freundeskreis von Puschkin zählende A. O. Smirnowa hat folgende Worte Puschkins aufgezeichnet:

»Ich träume manchmal Verse des Tages, im Traum sind sie herrlich. In unseren Träumen ist alles herrlich, aber wie einfangen, was du während des Traumes schreibst. Einmal weckte ich die arme Natascha und deklamierte ihr Verse, die ich gerade geträumt hatte.«

Der Arzt M. Jusefowitsch schrieb über Puschkin: »Die Verse träumte Puschkin so lebhaft, daß er nachts vom Bett aufsprang und sie gleich im Dunkeln niederschrieb.«

Eingebungen im Traum sollen auch andere Dichter gehabt haben: Von Voltaire wird erzählt, daß er die erste Variante seiner Henriade im Traum erlebt habe. Dershawin schlief ein, während er die Ode »Gott« verfaßte. Plötzlich erwachend, soll er die letzte Strophe zu Ende geschrieben haben.

Von Beethoven wird berichtet, daß er während einer Reise in der Kutsche im Traum einen Kanon gehört habe. Als er ihn aufschreiben wollte, konnte er sich nicht mehr erinnern. Bei der Weiterreise am nächsten Tag schlief er wieder ein. Er träumte erneut den Kanon und schrieb ihn danach gleich auf.

Raffael soll die Anregung zu seiner berühmten Sixtinischen Madonna im Traum erhalten haben.

Derartige Eingebungen sind aber nicht irgendwelche plötzlichen Einfälle, sondern – wie auch die Beispiele zeigen – eine schöpferische, eine kreative Leistung, die im Traum ihre Vollendung fand. Folglich arbeiten die Gedanken eines Forschers, Erfinders oder Künstlers auch im Schlaf und im Traumschlaf. Die neuen Erkenntnisse über die Mikroträume und über die nach dem Einschlafen fortgesetzten Denkerlebnisse lassen die beschriebenen »Traumentdeckungen« und »künstlerischen Traumeingebungen« in einem neuen Licht erscheinen. Es erhebt sich die Frage, ob sich z. B. die angeführten Wissenschaftler (Loewi, Mendelejew und Kekule von Stradonitz) wirklich im Zustand echter Träume befanden. Die uns bekannten Beschreibungen, die zum Teil hier angeführt worden sind, sprechen eher dafür, daß diese drei ihre Entdeckungen im Mikrotraum in Form des fortgesetzten Denkerlebnisses gemacht haben. Die Bestätigung dieser Annahme könnte uns zu neuen Methoden der kreativen Tätigkeit verhelfen, zu denen auch die Klarträume ihren Teil beitragen könnten. Ich denke, daß sich Kreativitätsforscher intensiv mit den Mikro- und Klarträumen beschäftigen sollten.

Klarträume

Bei den eben dargestellten Problemlösungen in der Traumschlafphase spielte offensichtlich der Zufall eine gewisse Rolle. Wie wäre, es aber, wenn ein Mensch in die Lage käme, willentlich sein Traumerlebnis zu beeinflussen, wenn er träumen könnte, was er möchte? Dann würde uns der Traumschlaf unvorstellbare Möglichkeiten geistiger Leistungen erschließen. Diese Möglichkeit scheint mit dem Klartraum (lucid dreams) gar nicht so unerreichbar zu sein.

Es gibt Menschen, welche die Fähigkeit besitzen, zu bestimmen, was sie träumen möchten; sie können auf den Verlauf des Traumes bewußt Einfluß nehmen. In diesen Klarträumen kann der Träumende Erscheinungen hervorrufen, die er gern sehen möchte. Der Wunschtraum ist kein Wunschtraum mehr. Der Klarträumer kann sich auch Situationen schaffen, die es in der Realität gar nicht gibt und die selbst in der Wachheitsphantasie unvorstellbar sind. Der Phantasie könnte gezielt freier Lauf gelassen werden.

Der Traumforscher Keith Hearne untersuchte Menschen, die die Fähigkeit zu Klarträumen hatten, in seinem Labor. Dabei führte er folgendes Experiment durch: Die Versuchspersonen erhielten die Instruktion, ein Zeichen zu geben, wenn sie während des Schlafes einen leichten Stromstoß am Arm verspürten. Diesen Stromreiz setzte Hearne natürlich im REM-Schlaf und löste bei 75 % seiner Versuchspersonen Klarträume aus. Folglich geht die bewußte Kontrolle des Traumes durch den Träumer vom REM-Schlaf aus.

Wenn es der Wissenschaft gelingen wird, die psychophysiologischen Grundfunktionen der Klarträume aufzudecken und Möglichkeiten zu finden, die vielen Menschen Klarträume ermöglicht, dann eröffnet sich ein neuer Aspekt für das geistig-schöpferische Schaffen des Menschen, dessen Tragweite für die Entwicklung des menschlichen Geistes sich nur erahnen läßt. Man kann nur hoffen, daß ein solcher zukünftig zu erwartender geistiger Reichtum ausschließlich zum Wohle der Menschheit genutzt wird.

Minischlaf am Tage

In den Nachmittagsstunden werden viele Menschen, besonders jene mit sitzender Tätigkeit, von einer schier unwiderstehlichen Schläfrigkeit überfallen. Da nützt keine Autosuggestion: »Bleibe munter!« und auch kein krampfhaftes Festhalten am Schreibtisch. Plötzlich fallen die Augenlider herunter, und man befindet sich in einem »Minischlaf« oder Nickerchen oder – auf englisch – in einem »Nap«. Es wird viel gelächelt über diesen »Büroschlaf«. Wer öfter dabei beobachtet wird, kommt in den Verruf, eine schlechte Arbeitsmoral zu besitzen. Es werden aber nicht nur Büromenschen betroffen. Jeden kann es überkommen, ob er im Parlament, am Computer oder am Lenkrad sitzt. Für letztere ist es besonders gefährlich, weil das Unfallrisiko steigt.

Viele bedeutende Persönlichkeiten pflegten das Nickerchen zur Erhaltung ihrer Leistungsfähigkeit. Napoleon I., der gewöhnlich nur 3–4 Stunden Nachtschlaf in Anspruch nahm, erholte sich nach Aussagen seiner Zeitgenossen zusätzlich am Tage durch mehrere Nickerchen von wenigen Minuten. Er verzichtete selbst im Sattel nicht darauf, wenn er zum Schlachtfeld ritt. Der frühere Präsident der USA, Harry Truman, machte kein Hehl daraus, daß er alle Mitglieder seines Kabinetts überlebt habe, weil er niemals auf sein Tagesnickerchen verzichtet hat. Diese Auffassung wurde 1989 in einer größeren Studie in Griechenland bestätigt. Es wurde nachgewiesen, daß Männer in streßintensiven Berufen, die regelmäßig Minischlaf am Tage praktizierten, viel seltener an Herzinfarkt erkrankten als jene, die ihn nicht ausübten.

Der Minischlaf am Tage wird daher von Fachleuten als eine gute Methode der Prophylaxe gegen Herzinfarkt angesehen. Wichtig ist hierbei, daß er regelmäßig – mindestens jeden Tag einmal – durchgeführt wird. Am sichersten ist der Effekt, wenn man sich bereits in jungen Jahren daran gewöhnt.

In vielen Vorträgen zur gesunden Lebensweise und vielen Konsultationen habe ich den Minischlaf am Tage immer empfohlen. Meine Patienten haben ihn mit gutem Erfolg praktiziert.

Vor einigen Jahren hatte ich Gelegenheit, an einer größeren Gruppe den Einfluß des Minischlafs auf die Leistungsfähigkeit von Arbeiterinnen zu untersuchen. 60 Weberinnen eines Betriebes in der Nähe von Zittau im Alter von 45 bis 55 Jahren wurde ein Minischlaf unmittelbar nach dem Mittagessen empfohlen. Sie erlernten es bald, zu diesem Tageszeitpunkt 10–15 Minuten fest zu schlafen. Diese Schlafzeit ging zwar auf Kosten der Arbeitszeit, aber dieser Kostenaufwand lohnte sich, denn der übliche Nachmittags-Leistungsknick blieb aus, d. h. es wurde nicht nur der durch den Minischlaf entstandene Zeitverlust ausgeglichen, sondern sogar eine höhere Arbeitsproduktivität erreicht. Nach Beendigung der täglichen Arbeitszeit fühlten sich die Frauen am Abend weniger abgespannt als früher. Nahezu zwei Jahre wurde diese Mittagsschlafprozedur praktiziert. Ein neuer Leiter brachte dann aber kein Ver-

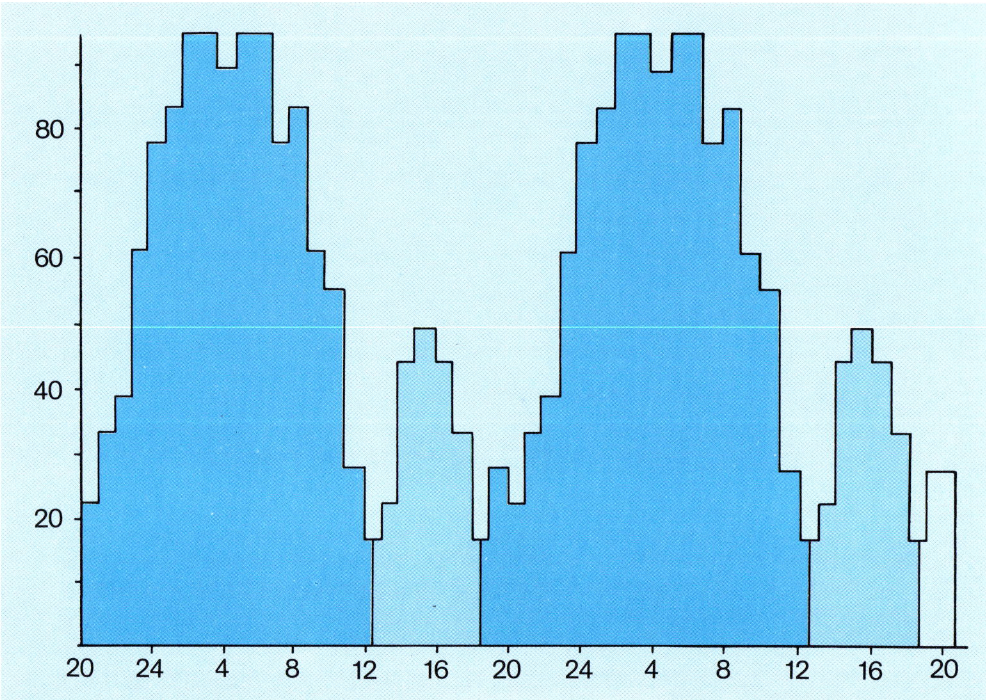

Häufigkeitsverteilung der Schlafepisoden pro Stunde über mehrere Tage in Prozent. Die Versuchspersonen lebten in der sozialen Isolation unter Bunkerbedingungen, ohne Zeitgeber und Uhr. Neben der Hauptschlafperiode in der Nacht ist eine Nebenschlafperiode geringeren Ausmaßes zwischen etwa 14.00 und 18.00 Uhr zu sehen (Aus Campell und Zulley, 1985).

ständnis dafür auf. Er vertrat die Auffassung, daß in seinem Betrieb gearbeitet und nicht geschlafen wird. Dabei lag der Erfolg auf der Hand: Produktivität und Belastbarkeit der Arbeiterinnen sind zu steigern, wenn ein Tagesnickerchen obligatorisch überall dort eingeführt wird, wo die Belastungen am Arbeitsplatz besonders groß sind. Die Arbeitsmedizin könnte von derartigen Ergebnissen ebenfalls profitieren und auch solche Berufe, für die die Tagesschläfrigkeit zum Verhängnis werden kann. Hierzu zählen Piloten, Autofahrer, Ärzte, Lokführer, Wachpersonal. Natürlich müßte die Arbeitszeit so eingerichtet werden, daß mit Einsetzen der Nachmittagsschläfrigkeit die Pause erfolgt oder der Schichtwechsel vollzogen wird. Aber auch Nachtschichtarbeiter sollten diese Erkenntnis nutzen.

Übrigens: Zum Minischlaf braucht man sich nicht unbedingt hinzulegen, er kann auch im Sitzen trainiert und durchgeführt werden. Wer versäumten Nachtschlaf nachholen möchte, sollte dies am besten nachmittags

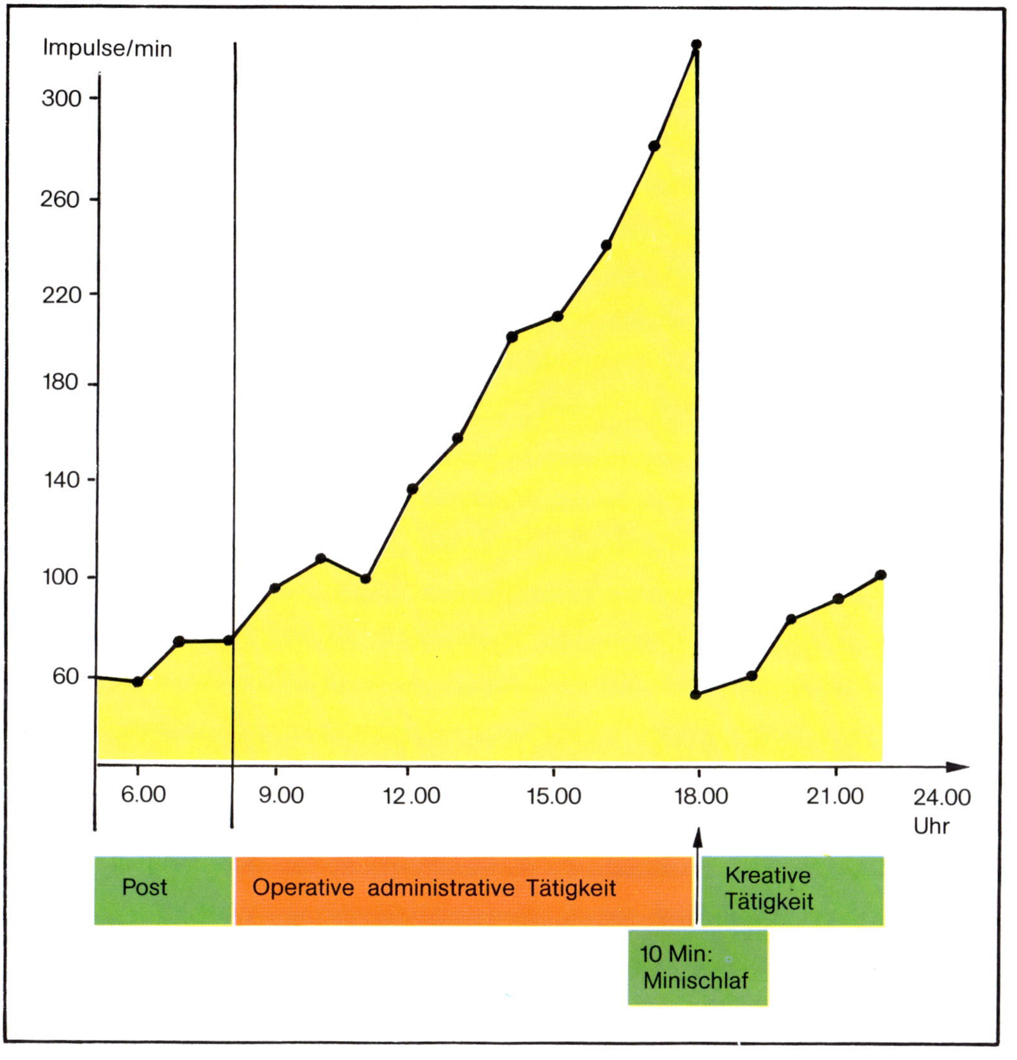

Werte der Messung von Streß und der geistigen Entspannung durch Minischlaf während eines stark belasteten Arbeitstages mittels der elektrodermalen Aktivität, die in Impulse umgewandelt wurden. Angaben in Impulse pro Minute. Selbstversuch des Autors.

zwischen 14.00 und 16.00 Uhr tun. Der Minischlaf am Tage kann sogar effektiver sein als der Schlaf in der Nacht.

Den Minischlaf kann ich aus eigener Erfahrung beurteilen. Ich praktiziere ihn bereits seit mehr als 40 Jahren. Infolgedessen ist es mir möglich, mit vier bis fünf Stunden Schlaf pro Nacht auszukommen und einen Arbeitstag von 12–16 Stunden durchzustehen.

In dem Diagramm auf S. 73 sehen Sie das Beispiel eines Selbstversuchs. Es ist die Messung des Hautwiderstandes, welcher meinen Streßwert reflektiert (Anstieg der Kurve) und meine psychische Entspannung (Abfall des Kurvenverlaufs) wiedergibt.

Als ich nach ununterbrochener Arbeitszeit etwa zwischen 17.00 und 18.00 Uhr einen hohen Grad an Streß erreicht hatte, führte ich für die Dauer von zehn Minuten einen Minischlaf durch mit dem Ergebnis, daß ich danach völlig erholt war und mit neuer Kraft an die nächste Aufgabe gehen konnte. Diese außerordentlich gute Erholung nach einem Minischlaf ist darauf zurückzuführen, daß man ohne lange Übergangsphase sofort in den Tiefschlaf verfällt. Beim Minischlaf am Vormittag soll vorwiegend REM-Schlaf, am Nachmittag dagegen Deltaschlaf dominieren. Der Minischlaf kann so tief sein, daß keine äußeren Reize das Erwachen bewirken können.

Über den Minischlaf sind in den letzten Jahren zahlreiche Untersuchungen angestellt worden. So wird die Auffassung vertreten, daß der mehrphasische Schlaf des Kleinkindes eine natürliche Erscheinung des Menschen ist. Bedingt durch die Lebensweise der Erwachsenen auf der nördlichen Halbkugel unseres Planeten, wird dieser mehr oder weniger zwangsweise in einen einphasischen überführt. Das heißt, ein Kind schläft mehrmals innerhalb eines 24-Stunden-Tages, der Erwachsene hingegen meist nur noch einmal.

Es ist bekannt, daß Säuglinge nachts für längere Zeiten wach sind, dafür am Tage zu verschiedenen Zeiten schlafen. Viele Eltern haben für diesen polyphasischen Schlaf ihrer Kleinkinder kein Verständnis, weil ihr eigener Schlaf dadurch gestört wird, und sie betrachten ein derartiges Verhalten sogar als abnorm. Das ist aber meines Erachtens eine völlig falsche Auffassung. Mit zunehmendem Alter wird dem Kind ein längerer Nachtschlaf zuungunsten des Mittagsschlafes angewöhnt. Die Befreiung von der »Last« des Mittagsschlafes gilt für das Kind als ein Schritt zum Erwachsensein. Das ist aber ein Trugschluß. Andererseits hat es sich aber auch nicht als günstig erwiesen, wenn Kinder, die sich gegen den Mittagsschlaf wehren, zu diesem gezwungen werden.

Der amerikanische Psychologe Wilse Webb (Universität Florida) vertritt folgende Auffassung: »Wie lange und wie oft der Mensch schläft, das hängt nicht von den eigentlichen Bedürfnissen ab, sondern von der Anpassung an die Lebensgewohnheiten der Gesellschaft.«

In den Ländern des südlichen Teils unserer Erde, also in den sehr warmen Regionen, ist der Mittagsschlaf noch bei vielen Menschen üblich. Sie halten »Siesta«. Während dieser Zeit sind die meisten Geschäfte geschlossen, die Arbeit ruht, und der Mensch selbst ruht auch. Diese Lebensweise scheint die natür-

liche Folge der hohen Umwelttemperatur zur Nachmittagszeit zu sein.
Der amerikanische Psychiater David Dinges (Pennsylvania Hospital) überprüfte die Behauptung, daß Klima und Mittagessen für die Nachmittagsschläfrigkeit verantwortlich seien. Er fand bei den Personen, die er in einer Klimakammer untersuchte, daß die Schläfrigkeit unabhängig von Temperatur, Mahlzeit und Persönlichkeit auftritt. Das bestätigte auch der Münchener Psychologe Jürgen Zulley. Er meinte, daß eine üppige Mahlzeit die Schläfrigkeit verstärke, aber niemals auslösen könne. Mittels elektrophysiologischer Schlafpolygraphie gelang es ihm und seiner Forschergruppe, die Schläfrigkeit in der Zeit zwischen 14.00 und 16.00 Uhr zu objektivieren. Zu diesem Zweck stellte er die Verteilung der Zahl der Schlafepisoden in Prozent pro Stunde über einen 24-Stunden-Tag zusammen. Neben den Hauptschlafperioden ist der Gipfel des Tagesschlafes deutlich zu sehen. Die Nachmittagsschläfrigkeit ist folglich eine chronobiologische Funktion, ein Teil des Systems unserer inneren Uhr.
Für den Minischlaf am Tage gibt es auch eine Beziehung zur Schlaftendenz.
Es ist bekannt, daß die Wachheit am Tage Schwankungen unterliegt und in bestimmten Zeitintervallen von ca. vier Stunden Müdigkeit bzw. Schläfrigkeit auftritt. Man bezeichnet diese Zeiten auch als sogenanntes Schlaffenster, in welches man sozusagen wie in einen Paternosteraufzug hineinschlüpfen kann. Erreicht man das Schlaffenster, dann schläft man gewöhnlich schnell ein. Für den gesunden Einschichtarbeiter am Tage sollen diese Zeitpunkte gegen 9.00–10.00; 13.00–14.00; 17.00–18.00 und 21.00–22.00 Uhr liegen.
Wenn man diese Schlaffenster, die jeder für sich persönlich finden muß, nutzt, kann man den Minischlaf auch zu anderen Zeiten am Tage durchführen.
Umstritten ist derzeit noch die Dauer des Minischlafes am Tage. Eine orientalische Weisheit besagt, daß der Tagesschlaf nicht länger als 60 Atemzüge dauern sollte. Das sind etwa vier Minuten. Meine persönlichen Erfahrungen sprechen für die Dauer von 10–15 Minuten. Wird er verlängert, kommt man in einen Trance-Zustand, aus dem man schwer wieder herausfindet, besonders dann, wenn der Betreffende einen sehr niedrigen Blutdruck hat. Jürgen Zulley empfielt für den Mittagsschlaf eine halbe Stunde bis zu einer Stunde. Er und David Dinges stellten aber ebenso – wie wir – fest, daß die Frische und Erholung sich nicht sofort nach dem Aufwachen einstellen. Zunächst einmal sei der Tagesschläfer schlecht dran, meinen sie. Ich selbst aber meine, daß dieser Zustand verhindert werden kann, wenn man den Tagesminischlaf auf die Dauer von 10–15 Minuten beschränkt. Sicherlich spielen bei der Festlegung der Dauer die Gewohnheiten und andere individuelle Besonderheiten eine Rolle. Wer einen niedrigen Blutdruck hat, sollte den Tagesschlaf lieber kürzer – statt länger – durchführen, denn während des langen Schlafens sinkt der Blutdruck weiter ab.
Im letzten Teil dieses Kapitels möchte ich zusammenfassend die Frage beantworten: Wie kann man den Minischlaf erlernen?
- *Bitte nutzen Sie für diese Übungen unbedingt die Nachmittagsschläfrigkeit; später*

können Sie auch die für Sie günstigsten Zeiten der ermittelten »Schlaffenster« verwenden.

- *Sobald Sie Schläfrigkeit verspüren und die Möglichkeit gegeben ist, legen Sie sich auf eine vorbereitete Liege. Für manchen (Schlanke) ist die Bauchlage von Vorteil. Probieren Sie, wie es am besten geht.*
- *Sorgen Sie dafür, daß während der Übung möglichst kein Störfaktor wirkt (z. B. Telefon, Eintreten von Familienangehörigen oder Verkehrslärm).*
- *Beauftragen Sie einen Familienangehörigen, er solle Sie von weitem beobachten und Sie 10–15 Minuten nachdem Sie eingeschlafen sind, wecken, damit Sie nicht in einen unbeabsichtigt langen tiefen Schlaf verfallen.*
- *Nach dem Erwachen erheben Sie sich gleich. Danach reißen Sie sich – wie beim autogenen Training – aus dem Schlaf (kurze Gymnastik oder Abwaschen des Gesichts mit kaltem Wasser fördert diesen Prozeß). Danach versuchen Sie, gleich wieder sinnvoll tätig zu sein.*
- *Je häufiger Sie diese Übung durchführen (möglichst täglich einmal), um so schneller werden Sie den Tagesminischlaf beherrschen. Etwas Geduld ist beim Üben erforderlich. Verzagen Sie aber nicht, wenn es nicht sofort oder nicht immer klappt, und bitte versuchen Sie nicht, den Minischlaf willkürlich zu erzwingen. Damit würden Sie gegen ein natürliches Prinzip verstoßen, und das Gegenteil tritt ein.*

Die Hinweise zum Erlernen des Minischlafes sind vor allem für jene gedacht, die Probleme haben, ihn durchzuführen. Es soll ja auch Menschen geben, die durchaus schlafen können, wo immer sie gehen und stehen. Hier müssen wir aber »Naturtalente« (die faktisch in jeder Situation und sogar auf Befehl schlafen können) von Kranken mit Störungen des Schlaf-Wach-Rhythmus unterscheiden.

Naturtalente für Minischlaf scheint es in bestimmten Gegenden in großer Anzahl zu geben. So jedenfalls kann man eine Beschwerdeführung des Leiters der evangelischen Altpietistischen Gemeinschaft in Württemberg, Albert Kuhn, im Januarheft 1991 dieser Vereinigung gegen das Nickerle auffassen. Herr Kuhn schreibt, daß ein Nickerle im Gottesdienst zwar entschuldbar, aber regelmäßiges Schlafen Sünde sei. Er empfahl, daß die »redenden Brüder« sich überprüfen sollten, ob Gottes Wort auch erwecklich genug verkündet wird. Als Mittel gegen das Nickerle im Gottesdienst empfiehlt er, öfter ein Lied zu singen oder die Gemeinde aufstehen zu lassen oder frische Luft durch Öffnen des Fensters hereinzulassen oder Bibelworte laut zusammen zu sprechen. Schließlich empfiehlt er dem Redner, »ruhig auch mal ein Buch hinunterfallen zu lassen oder auf den Tisch zu klopfen«. Dem wäre noch die Empfehlung zuzufügen, daß man die Zeitpunkte der Gottesdienste außerhalb der natürlichen Schläfrigkeit und der »Schlaffenster« legen und die Gemeinde veranlassen sollte, zu den chronobiologisch günstigen Zeiten ihr »Nickerle« durchzuführen.

Eine Ende der 80er Jahre vom Mannheimer Institut für geistige Gesundheit durchgeführte Studie ergab, daß sich 12 % der Jugendlichen, 14 % der Erwachsenen und 25 % der Senioren regelmäßig ein Nickerchen am Tage gönnen.

In jedem Alter schläft man anders

Von der Geburt bis zum hohen Lebensalter verändert sich unser Schlafmuster und unser Schlafverhalten beträchtlich. Die Schlafmuster eines Säuglings unterscheiden sich erheblich von denen eines Erwachsenen. Aber auch der ältere Mensch hat gegenüber dem »Mittelalter« ein anderes Schlafverhalten.

Aus epidemiologischen Untersuchungen, die wir in Berlin durchgeführt haben, geht hervor:

Die Anzahl der Kurzschläfer steigt mit zunehmendem Alter an. Ältere Menschen klagen häufiger über eine schlechte Schlafqualität als jüngere. Die Häufigkeit des nächtlichen Erwachens nimmt ebenfalls mit zunehmendem Alter zu.

Unterschiedlich sind auch die Ursachen für das nächtliche Aufwachen in verschiedenen Altersgruppen. In der nachfolgenden Tabelle sind die Häufigkeiten der Ursachen für das nächtliche Erwachen angeführt: (Studie mit 1000 Personen)

18–25 Jahre	
Streß	20,5 %
Urinlassen	20,5 %
Lärm	18,0 %
Kinder	16,6 %
Schlechte Träume	3,9 %
Zahnschmerzen	2,5%
Sonstiges	4,0 %
Keine Angaben	14,0 %

26–35 Jahre	
Kinder	30,0 %
Streß	26,0 %
Lärm	12,0 %
Urinlassen	8,3 %
Schichtarbeit	6,6 %
Kopfschmerzen	4,0 %
Schlechte Träume	2,9 %
Herz-Kreislauf-Beschwerden	2,6 %
Sonstiges	3,9 %
Keine Angaben	3,7 %

36–45 Jahre	
Streß	28,0 %
Lärm	17,0 %
Urinlassen	15,0 %
Schichtarbeit	6,1 %
Herz-Kreislauf-Störungen	5,0 %
Nervosität	3,9 %
Schlechte Träume	2,6 %
Kinder	1,3 %
Sonstiges	9,1 %
Keine Angaben	12,0 %

46–60 Jahre	
Streß	34,6 %
Urinlassen	27,4 %
Herz-Kreislauf-Störungen	8,7 %
Lärm	7,3 %
Wechseljahrsymptome	5,0 %
Nervosität	4,0 %
Sonstiges	5,2 %
Keine Angaben	7,8 %

Mit dem elektrophysiologischen Schlafpolygramm konnten gleichfalls altersabhängige Merkmale nachgewiesen werden. Dazu einige Beispiele:

- Mit zunehmendem Alter wird der Anteil des NONREM-Stadiums I am Gesamtschlaf ständig größer.
- Das NONREM-Stadium IV und der REM-Schlaf verringern ihren Anteil am Gesamtschlaf mit zunehmendem Alter.
- Schlafspindeln haben um das 30. Lebensjahr (30 ± 5) das Maximum ihrer Häufigkeit.

Wie bereits erwähnt, unterscheidet sich das Schlafpolygramm von Säuglingen erheblich von dem der Erwachsenen. Die Kleinkinder gelangen gewöhnlich innerhalb der ersten 20 Minuten des Schlafes in die REM-Schlafphase, manchmal sogar sofort mit Schlafbeginn, und das spontane Erwachen erfolgt aus dem REM-Schlaf. Bekanntlich beträgt der REM-Anteil des Neugeborenen zirka 50 % vom Gesamtschlaf. Die Dauer der Schlaf-Zyklen wird bei Kleinkindern mit 50–60 Minuten angegeben und ist somit in etwa ein Drittel kürzer als beim Erwachsenen. Frühgeborene zeigen gegenüber den Normalgeborenen einen höheren Anteil an REM-Schlaf (bis 80 %) und einen häufigeren Stadienwechsel und schlafen auch bedeutend unruhiger. Neugeborene schlafen im Mittel zirka 18 Stunden. Gewöhnlich erfolgt dieser Schlaf in 3–4 Stundenblöcken über den ganzen Tag verteilt. Das Kind im Alter von einem Jahr schläft im Mittel 14 Stunden. Mit zunehmendem Alter wird auf den Tagesschlaf verzichtet.

Im Kindesalter zeigt die Schlafdauer folgende Entwicklung: Säugling 16–18 Stunden; Kind im zweiten Lebensjahr 13,5 Stunden; Kind Ende des fünften Lebensjahres 11,5 Stunden; Kind im zehnten Lebensjahr 10,5 Stunden. 13- bis 15jährige schlafen im Mittel 8,5–9 Stunden. In diesem Alter lassen sich bereits erste Ansätze für Schlafdauertypen (z. B. Langschläfer oder Kurzschläfer) erkennen. Des weiteren sind bei Kindern folgende mit dem Schlaf verbundene Erscheinungen zu beobachten:

- Alterstypische Einschlaf-Ängste;
- Nachtängste bei Erwachen am Ende eines Schlafzyklus;
- Schlafrhythmus-Verschiebung (starke Müdigkeit und Neigung zur Schläfrigkeit am Tage);
- Erschwerte Anpassung an Veränderungen der Schlafgewohnheiten (anderes Bett, z. B. beim Umstellen vom Kinderbett auf ein normales).

In der Kindheit wird durch richtige oder falsche Erziehung eine Lebensweise geprägt, die ganz wesentlich dafür verantwortlich ist, ob schlafgesunde Kinder oder Problemschläfer heranwachsen. Mangelnde Unterscheidungsfähigkeit zwischen Phantasie und Realität, die im Schlaf eingeschränkte Zeitwahrnehmung, die Dunkelheit und die Isolierung von den Eltern nach dem Zubettgehen rufen bei Kindern Angstzustände hervor. Mißstimmung in der Familie, Vorgänge und Anweisungen, die für das Kind unverständlich sind, erhöhen diese Ängste noch. Bestimmte Einschlafgewohnheiten – die Gute-Nacht-Geschichte, das Kuscheltier, eine abgeschirmte Lampe oder eine offene Tür können helfen, die Einschlafängste abzubauen. Mit zunehmender Selbständigkeit des Kindes nehmen die Schlafängste ab. Bei älteren Kin-

dern führen späte Einschlafzeiten (Fernsehen) und frühes Wecken (Schule) zu Schlafstörungen und zur Schläfrigkeit und Müdigkeit am Tage sowie zu streßinduzierten Überlastungssyndromen.

Die Schlafstruktur entwickelt sich beim Kind schon recht früh. Es wurde festgestellt, daß die typische Charakteristik der Erwachsenen-Schlafstruktur (Abnahme der Delta-Aktivität und Zunahme des REM-Schlafes im Laufe des nächtlichen Schlafes), bei Kindern schon vom sechsten Lebensjahr an, auftreten kann. Im Alter von acht bis zwölf Jahren soll die Wach-Schlaf-Rhythmik am stabilsten sein.

Die japanischen Schlafmediziner Abe und Suzuki untersuchten 6034 Gesunde verschiedener Altersstufen nach ihren Schlafgewohnheiten. Die Befragten im Alter von 13 bis 26 gaben an, niemals morgens von selbst zu erwachen. Erst ab Mitte Zwanzig tritt früheres und selbständiges Erwachen morgens auf. Diese Tendenz entwickelt sich mit zunehmendem Alter immer stärker. Damit verbunden ist eine Zunahme von schlechterer Morgenstimmung. Diese verstärkt sich besonders dann, wenn die Liegezeit bewußt und krampfhaft verlängert wird.

Im Alter über 60 Jahre nimmt die Dauer des NONREM-Stadiums IV stark, die des REM-Schlafes allmählich ab. Die Amplituden der Deltawellen verringern sich.

Das Schlafverhalten nimmt im höheren Lebensalter spezifische Formen an. Subjektiv erleben viele ältere Menschen eine minderwertige Schlafqualität. Diese wird gewöhnlich durch zahlreiche Faktoren bestimmt, z. B. durch eine hohe Erwartung an die Schlafdauer und Schlafqualität, durch altersbedingte Leiden bzw. organische Veränderungen, so z. B. Wirbelsäulenveränderungen, Muskelschwund infolge mangelnden Trainings, Herz-Kreislauf-Störungen.

Nicht selten wird die schlechte Schlafqualität durch ausgelegene Matratzen, die in manchen Fällen Jahrzehnte alt sind, verstärkt.

Da ältere Menschen die Nacht für längere Zeit im Halbschlaf verbringen, ist bei ihnen die Zeitwahrnehmung gestört, d. h., die reale Zeit wird gedehnter erlebt. Es gibt Fälle, in denen eine Minute wie zehn Minuten eingeschätzt wurde.

Viele ältere Leute gönnen sich ein oder mehrere Tagesschläfchen. »Opas Mittagsschlaf« ist in manchen Familien ein sehr respektierter Ritus. Häufig kommt zum Mittagsschläfchen noch ein Fernsehschläfchen hinzu. Zählt man dann den Tagesschlaf von manchen älteren Menschen zusammen, dann kommen manchmal schon zwei bis vier Stunden zusammen. Es ist daher kein Wunder, wenn mancher nachts nur noch vier bis sechs Stunden schläft.

Es bedarf exakter Analysen, um bei Menschen im hohen Lebensalter altersbedingten Schlaf von echten Schlafstörungen zu unterscheiden.

Hierbei ist zu beachten, daß Schlafmittel bei einem älteren Menschen viel langsamer abgebaut werden als bei jüngeren. Durch kontinuierliche Steigerung der Konzentration der eingenommenen Mittel im Blut (Kumulation) kann es zu Arzneimittelvergiftungen kommen. Ältere Menschen sollten daher Schlaf- und Beruhigungsmittel nur mit äußerster Zurückhaltung einnehmen.

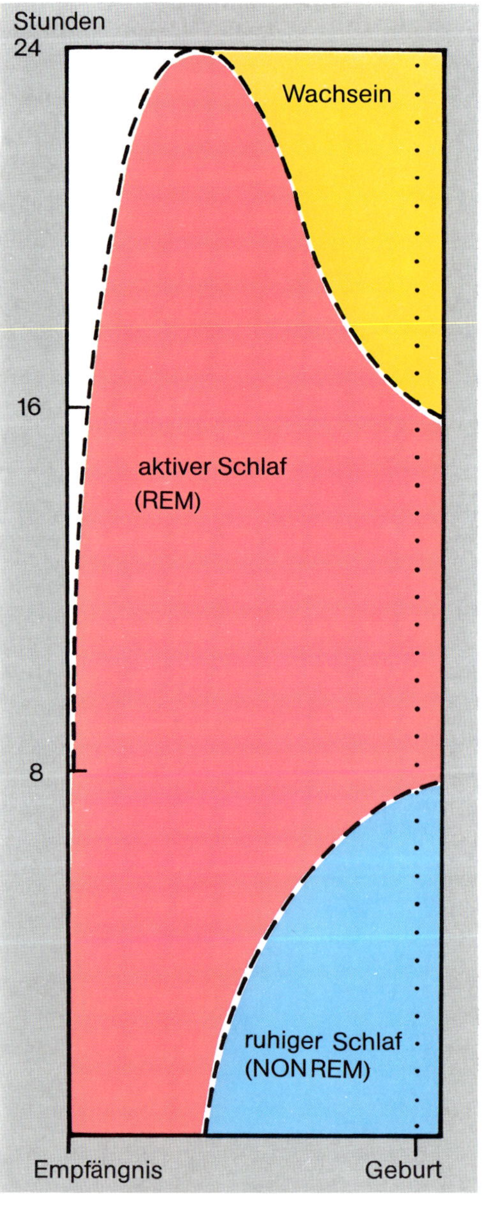

Phasen des Schlafes und des Wachseins eines Kindes während der Entwicklung im Mutterleib. Der hohe Anteil von REM-Schlaf (aktiver Schlaf) ist auffällig.

Nun haben natürlich nicht alle Senioren gleichen Alters die gleichen altersgemäßen Schlafmuster. Bekanntlich vollzieht sich das biologische Altern nicht gleichlaufend mit dem Lebensalter, und das spiegelt sich auch im Schlafverhalten wider. Das heißt, therapeutische Maßnahmen, die für den einen gut sind, können dem anderen Gleichaltrigen schaden. Schließlich sei noch erwähnt, daß Männer im Durchschnitt ein um zehn Jahre »älteres« Schlafmuster haben als Frauen. Man schläft also nicht nur in jedem Lebensalter unterschiedlich, sondern jeder ältere Mensch (und nicht nur der ältere) hat auch sein eigenes spezifisches Schlafmuster und sein entsprechendes Schlafverhalten.

Rechts oben:
Entwicklung der Schlafphasen und des Wachseins im Verlauf eines Menschenlebens (Mittelwerte in Stunden). Beachten Sie bitte den hohen Anteil von REM-Schlaf, der beim Kind als aktiver Schlaf bezeichnet wird, im ersten Lebensjahr (nach R. F. Ulrich und Mitarbeiter, 1980).

Rechts unten:
Verordnete Dosierungen von Psychopharmaka je Krankenkassenversicherten pro Tag in Abhängigkeit vom Alter und Geschlecht. Mit zunehmendem Alter werden entgegen aller wissenschaftlichen Erkenntnisse und entgegen jeglicher Vernunft in zunehmendem Maße mehr Mittel verordnet. Den Frauen werden in den Altersstufen ab 30 Jahre mehr dieser Medikamente verschrieben als Männern. Vom 50. Lebensjahr an beträgt die verordnete Menge beim weiblichen Geschlecht nahezu das Doppelte gegenüber dem männlichen. Die noch zu klärende Frage ist: Gehen Frauen mit psychischen Erkrankungen (einschließlich Schlafstörungen) eher zum Arzt oder sind sie diesen Krankheiten gegenüber anfälliger? (aus Arzneimittelverordnungs-Report des Wissenschaftlichen Instituts der Ortskrankenkassen W.I.d.O., Sept. 1990).

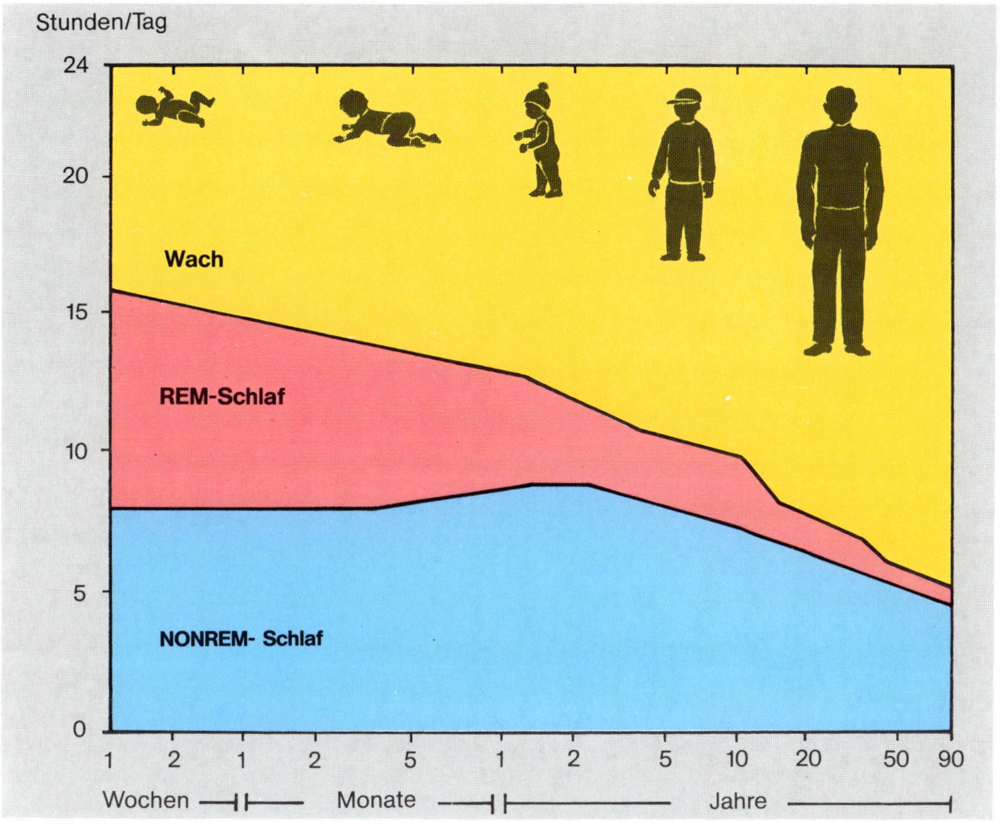

Stunden/Tag
24
20
15
10
5
0
Wach
REM-Schlaf
NONREM- Schlaf
1 2 1 2 5 1 2 5 10 20 50 90
Wochen
Monate
Jahre

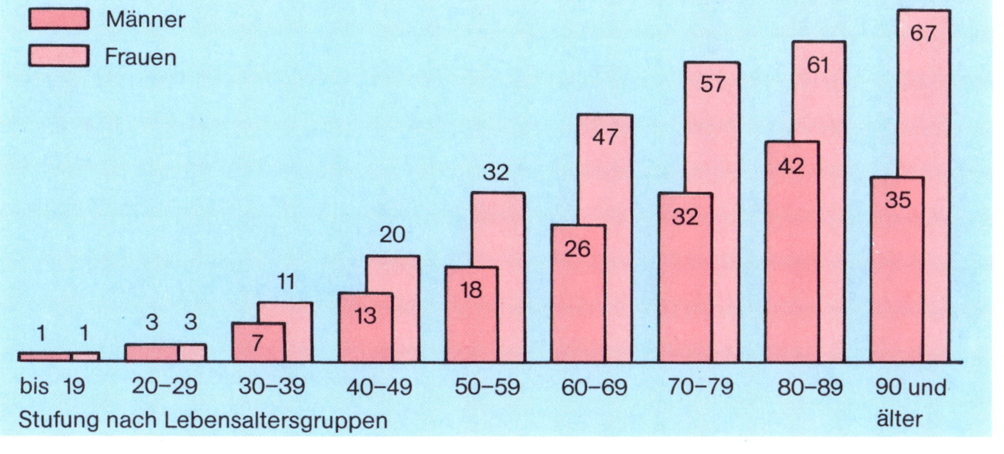

Männer
Frauen
1 1
3 3
7 11
13 20
18 32
26 47
32 57
42 61
35 67
bis 19
20–29
30–39
40–49
50–59
60–69
70–79
80–89
90 und älter
Stufung nach Lebensaltersgruppen

Die innere Uhr und der Schlaf

Die Entwicklung der Chronobiologie – also die Lehre von den Funktionen unserer »inneren Uhr« – in den 30er Jahren dieses Jahrhunderts sowie die Entdeckung des REM-Schlafes durch die beiden amerikanischen Schlafforscher Aserinski und Kleitmann im Jahre 1953 führten inzwischen zu der Erkenntnis, daß die physiologische Grundstruktur des Wach-Schlaf-Traum-Zyklus an die Hierarchie von Biorhythmen verschiedener Periodenlängen gebunden ist. In den letzten zwei Jahrzehnten sind dazu viele wissenschaftliche Ergebnisse erbracht worden, so daß man heute sagen kann, daß Schlaf und Schlafstörungen im Grunde ohne eine chronobiologische Denkweise nicht zu verstehen sind. Für die medizinische Praxis heißt das, bei Diagnostik und Therapie von Schlafstörungen müssen die biorhythmischen Funktionen mit in Betracht gezogen werden.

Wohl fast jeder Mensch hat seine speziellen Erfahrungen mit der Zeit, zum Beispiel folgende: Jeden Wochentag klingelt der Wecker um 6.00 Uhr und holt den Menschen aus dem Schlaf. Am Wochenende ist der Wecker abgeschaltet. Aber pünktlich 6.00 Uhr erwacht er. Der Zeitpunkt des morgendlichen Erwachens hat sich so eingespielt. Pawlow bezeichnet diese Erscheinung als »bedingten Reflex auf die Zeit«. Es gibt Menschen, die sind so gut auf die Zeit trainiert, daß sie aus dem Schlaf erwachen können, wann immer sie es wollen. Die zeitliche Organisation eines Organismus basiert auf dem Zusammenwirken von biologischen Rhythmen verschiedener Periodenlängen, die Zeitbereiche von Millisekunden bis zu Jahrzehnten umfassen. Diese Rhythmen sind auf allen Regulationsebenen eines Organismus nachzuweisen. Ihr Zusammenspiel unterliegt im Laufe des Lebens einer ständig sich verändernden Dynamik.

Es gibt verschiedene Klassifizierungen der biologischen Rhythmen. Der Tagesrhythmus wird als zirkadianer Rhythmus bezeichnet (zirka = etwa, dian von dies = Tag abgeleitet). Der Tagesrhythmus der verschiedensten Körperfunktionen hat eine Periodenlänge, die nicht exakt etwa 24 Stunden beträgt. Besonders, wenn äußere Taktgeber ausgeschaltet sind (z. B. bei Bunkeruntersuchungen ohne Uhr) zeigen sich Periodenlängen, die 25 Stunden und mehr, aber auch 23 Stunden und weniger betragen können. Taktgeber für den zirkadianen Rhythmus sind der Hell-Dunkel-Wechsel und soziale Faktoren, also die Lebensweise des Menschen, z. B. das regelmäßige Zubettgehen und das regelmäßige Aufstehen am Morgen. Des weiteren werden ultradiane Rhythmen beschrieben. Sie haben Periodenlängen von 1–20 Stunden. Der zirkaseptane Rhythmus (Siebentage-Rhythmus) charakterisiert den Wochenablauf vieler Körperfunktionen. Körperfunktionen unterliegen auch einem Jahresrhythmus (Annualrhythmen). Andererseits gibt es Zirkaminutenrhythmen, die Periodenlängen im Minutenbereich ausweisen. Biorhythmen verschiedener Periodenlängen sind auch im Schlaf-Wach-Traum-Zyklus zu finden.

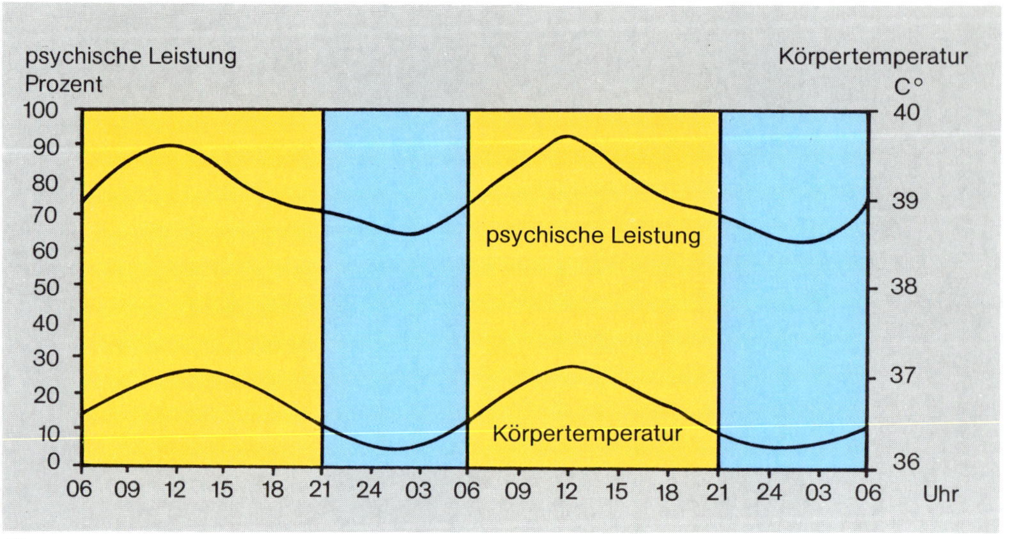

Oben:
Der zirkadiane Rhythmus der Körpertemperatur (untere Kurve) hat nachts seine niedrigsten Werte. Eine niedrige Körpertemperatur ist Voraussetzung für den gesunden Schlaf. Die höchsten psychischen Leistungen (obere Kurve) werden erbracht, wenn die Körpertemperatur die höchsten Werte ausweist und umgekehrt. Abszisse: Zeit in Stunden; Ordinate: links: Leistung in %; rechts: Grad in Celsius.

Unten:
Wochenrhythmischer Verlauf (zirkaseptaner biologischer Rhythmus) des prozentualen Anteils des REM-Schlafes pro Nacht über einen Zeitraum von 16 Tagen.

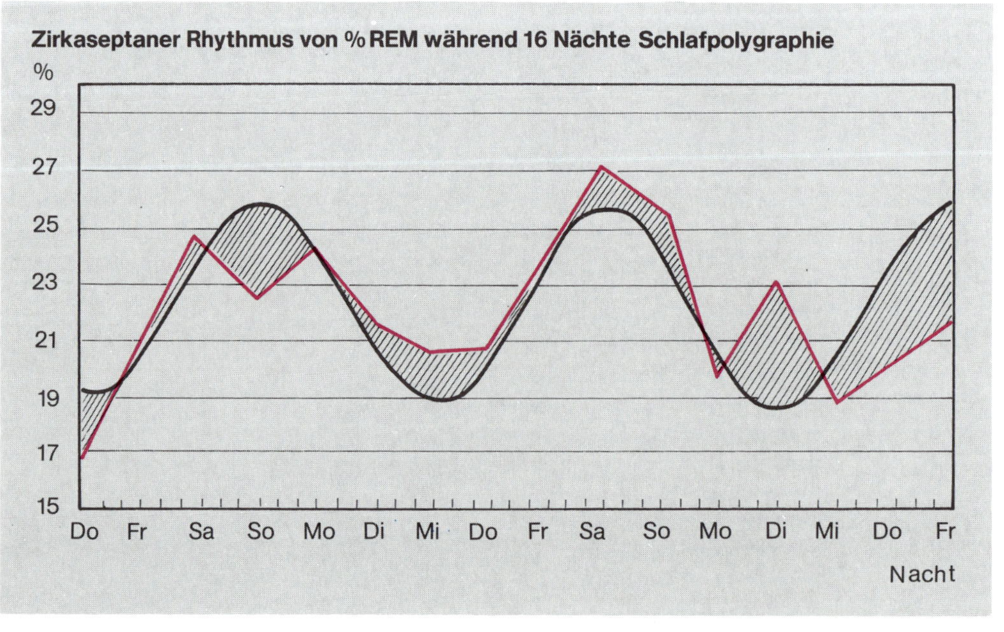

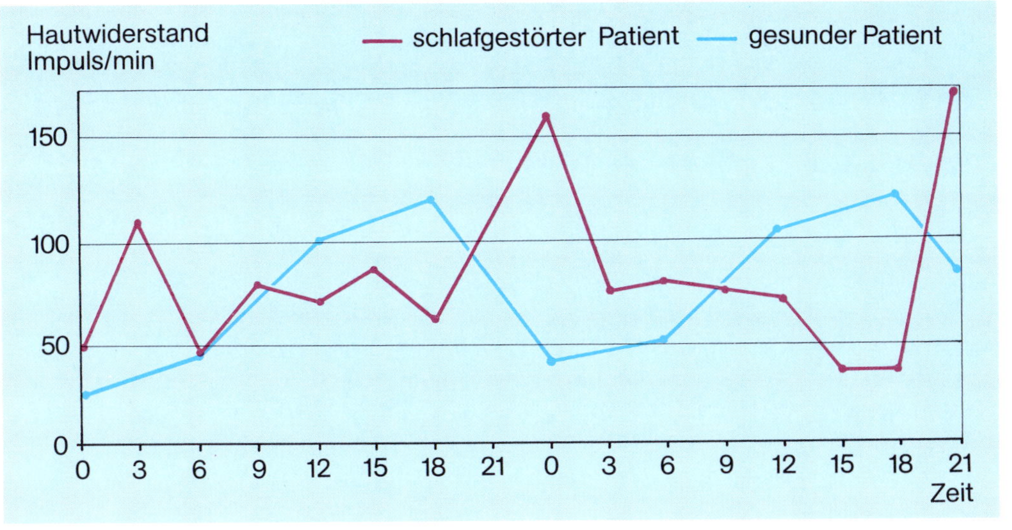

Oben:
Tagesrhythmischer Verlauf der elektrodermalen Aktivität eines Schlafgesunden (blaue Linie) und einer schlafgestörten Patientin (violette Linie). Die Patientin hat einen verspäteten Phasengang ihres Tagesrhythmus. Infolgedessen hat sie ihre Erregungsspitzen zwischen 0.00 und 03.00 Uhr und kann deshalb nicht schlafen. Wenn ihre Entspannung eintritt, muß sie aufstehen und zur Arbeit gehen. Auf diese Weise kann sich ein Teufelskreis entwickeln, der die Patienten psychisch schwer belastet, weil ein Schlafdefizit entsteht. Die Zeitangaben erfolgen in Stunden entsprechend der Uhrzeit.

Unten:
Häufigkeitsverteilung des Schlafzyklus(n) von je 72 Nächten einer Gruppe von Schlafgesunden und einer Gruppe von Schlafgestörten. Während die Gesunden eine Normalverteilung ausweisen mit dem Gipfel der Zyklenlänge zwischen 80 und 100 Minuten, ist bei den Schlafgestörten diese Gesetzmäßigkeit nicht nachzuweisen. (λ = Periodenlängen in Minuten.)

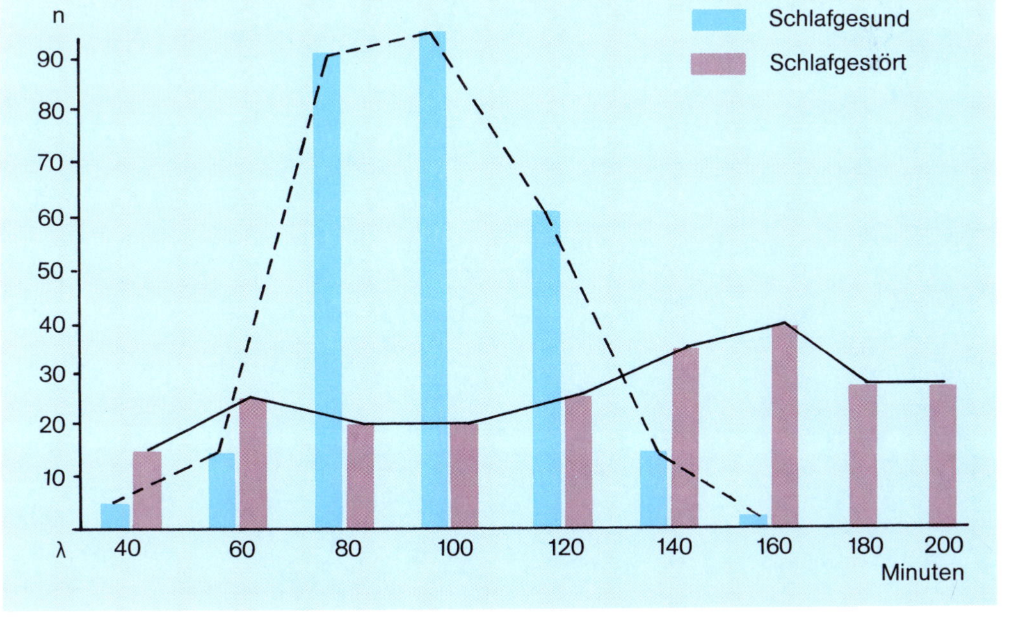

Eine Analyse der Schlafstruktur und des Schlafprofils zeigt, daß wir es mit einer Hierarchie von Biorhythmen verschiedener Frequenzbereiche zu tun haben. Die wesentlichsten sollen nachfolgend angeführt werden:

- Die kürzeste Periodenlänge der Biorhythmus-Hierarchie des Wach-Schlaf-Traum-Zyklus weisen die EEG-(Alpha-, Theta- und Delta-)Wellen aus. Sie liegen in dem Bereich der Periodenlängen von 0,1 bis 1,0 Sekunden.
- Rhythmen mit Periodenlängen von einer und mehreren Minuten erhält man, wenn man die EEG-Wellen mit speziellen biorhythmometrischen Analyseverfahren bearbeitet. Mein Mitarbeiter Ingo Fietze hat mit dieser Methodik das Wach-EEG von Schlafgestörten und Gesunden untersucht. Mittels der verifizierten Minutenrhythmen konnte er anhand des Tages-EEG Schlafgestörte von Schlafgesunden unterscheiden.
- Der NONREM-Schlaf unterliegt einem Rhythmus mit einer Periodenlänge von 70–90 Minuten. Er wird von dem REM-Schlaf unterbrochen.
- NONREM-Schlafphase und REM-Schlafphase bilden den Schlaf-Zyklus, der mit Periodenlängen von 80–120 Minuten ausgewiesen ist. Der Schlafzyklus nimmt in der Schlafdiagnostik einen wichtigen Platz ein. Hierbei wird seine Existenz, seine Länge und seine Inhalte (Anteil der einzelnen NONREM-Phasen und Dauer der REM-Phase) zugrunde gelegt. Die Analyse der Schlafzyklen ermöglicht das Unterscheiden von Schlafgestörten und Gesunden.
- Die »Schlaftendenz« weist Periodenlängen von zirka vier Stunden aus. Wie bereits erwähnt, charakterisiert die Schlaftendenz die Zeitpunkte während des 24-Stunden-Tages, zu welchen eine besondere Neigung zum Einschlafen besteht. Die Nutzung dieser Zeitpunkte für das Einschlafen ist für Schlafgestörte oder Problemschläfer wichtig.
- Der zirkadiane Rhythmus verschiedener Körperfunktionen ist mit der Schlafrhythmik synchronisiert. Bei üblicher Betrachtungsweise würde man sagen, daß der Schlaf ein Bestandteil des zirkadianen Rhythmus ist. Wenn jedoch Menschen in einem Bunker ohne Zeitgeber leben, ist festzustellen, daß sich die Schlafrhythmik von der zirkadianen Rhythmik, zum Beispiel der der Körpertemperatur, abkoppelt. Die Körpertemperatur kann unter diesen Bedingungen z. B. einen Rhythmus von 25 Stunden haben, der Schlaf dagegen einen von 36 Stunden. Der zirkadiane Rhythmus hat dennoch für den Schlaf große Bedeutung. Ich werde noch darauf zurückkommen.
- Der zirkaseptane Rhythmus (Wochenrhythmus) des Schlafverhaltens (Parameter des Schlafprotokolls) und der Schlafpolygraphie ist in unserem Institut nachgewiesen worden.

Der Wochenrhythmus demonstriert, daß der Schlaf nicht alle Tage konstant verläuft. So ist bei Gesunden die Nacht von Sonntag zum Montag durch die schlechteste Schlafqualität und die Nacht von Freitag zum Samstag durch die beste Schlafqualität charakterisiert.

Auch dieser Rhythmus hat für die Diagnostik praktische Bedeutung.

- Dem Lunarrhythmus (Monatsrhythmus) unterliegen hormonelle Funktionen. Am Bekanntesten ist der Menstruationszyklus der Frau. Da hormonelle Umstellungen während eines Menstruationszyklus auch den Schlaf beeinflussen können, soll er mit in die schlafmedizinische Betrachtungsweise einbezogen werden. *Manche Frauen beobachten vor der Menstruation eine schlechte Schlafqualität und nach der Menstruation eine bessere Schlafqualität.*

• Jahreszeitlich rhythmisches Schlafverhalten ist vor allem in der Zeit vor dem elektrischen Licht und besonders bei Menschen, die in der Landwirtschaft tätig sind, beobachtet worden. Dieser Jahresrhythmus des Schlafverhaltens äußerte sich in der Weise, daß die Bauern, Landarbeiter und Landwirte im Sommer sehr wenig schliefen und das bei größter Arbeitsbelastung, während im Winter eine lange Schlafzeit bei geringerer Arbeitsbelastung festzustellen war.

Der Tagesrhythmus und der Schlaf

Von großer Bedeutung für den Schlaf ist der zirkadiane Rhythmus der Körpertemperatur. Die Körpertemperatur steigt im Laufe des Tages an und erreicht gewöhnlich am Spätnachmittag den höchsten Wert. Danach fällt sie wieder und erreicht in der zweiten Nachthälfte die niedrigsten Werte. Die Körpertemperatur sinkt nachts auch, wenn nicht geschlafen wird. Manchmal kann sie nicht so tiefe Werte erreichen, wie sie im Schlaf vorkommen. Andererseits steigt die Temperatur auch dann am Tage an, wenn zu dieser Zeit geschlafen wird. Die Qualität des Schlafes ist dann vermindert. Niedrige Körpertemperaturwerte gewährleisten eine hohe Schlafqualität. Hohe Werte der Körpertemperatur haben eine hohe geistige und körperliche Leistungsfähigkeit zur Folge.

Niedrige Körpertemperatur schränkt die Leistung ein. Deshalb ist der Nachtschichtarbeiter trotz großer Anstrengungen nicht in der Lage, kontinuierlich hohe Leistungen zu erbringen, wie sie in der Tagesschicht erreicht werden. Diese Gesetzmäßigkeit ist darauf zurückzuführen, daß der Rhythmus der Körpertemperatur nahezu synchron an den Rhythmus des Stoffwechsels gekoppelt ist. *Da die Körpertemperatur einen sehr stabilen zirkadianen Rhythmus verkörpert, ist derjenige, der Schlafprobleme hat, gut beraten, wenn er sich regelmäßig zum gleichen Zeitpunkt schlafen legt.*

Dem Schlafmediziner ist bekannt, daß Menschen, die regelmäßig zum gleichen Zeitpunkt zu Bett gehen (z.B. 22.00 Uhr), sich gut erholen. Dagegen klagen diejenigen, die unregelmäßige Zubettgehzeiten haben, über eingeschränktes Wohlbefinden nach dem Schlaf.

In den USA wurden folgende Untersuchungen durchgeführt: Bei freiwilligen Versuchspersonen, die gewöhnlich immer zur gleichen Zeit schlafen gingen, wurde der Zeitpunkt des Schlafes in der einen Gruppe um drei Stunden vorverlagert, bei einer zweiten Gruppe um drei Stunden zurückversetzt. Während dieser Schlafzeitverschiebung war bei allen Versuchspersonen eine Verminderung der Leistungsfähigkeit am nächsten Tag zu registrieren. Noch stärker ist die Leistungseinbuße am nächsten Tag, wenn Versuchspersonen, die vorher stets zu regelmäßigen Zeiten ihre Bettruhe begannen, zur völligen Unregelmäßigkeit veranlaßt wurden.

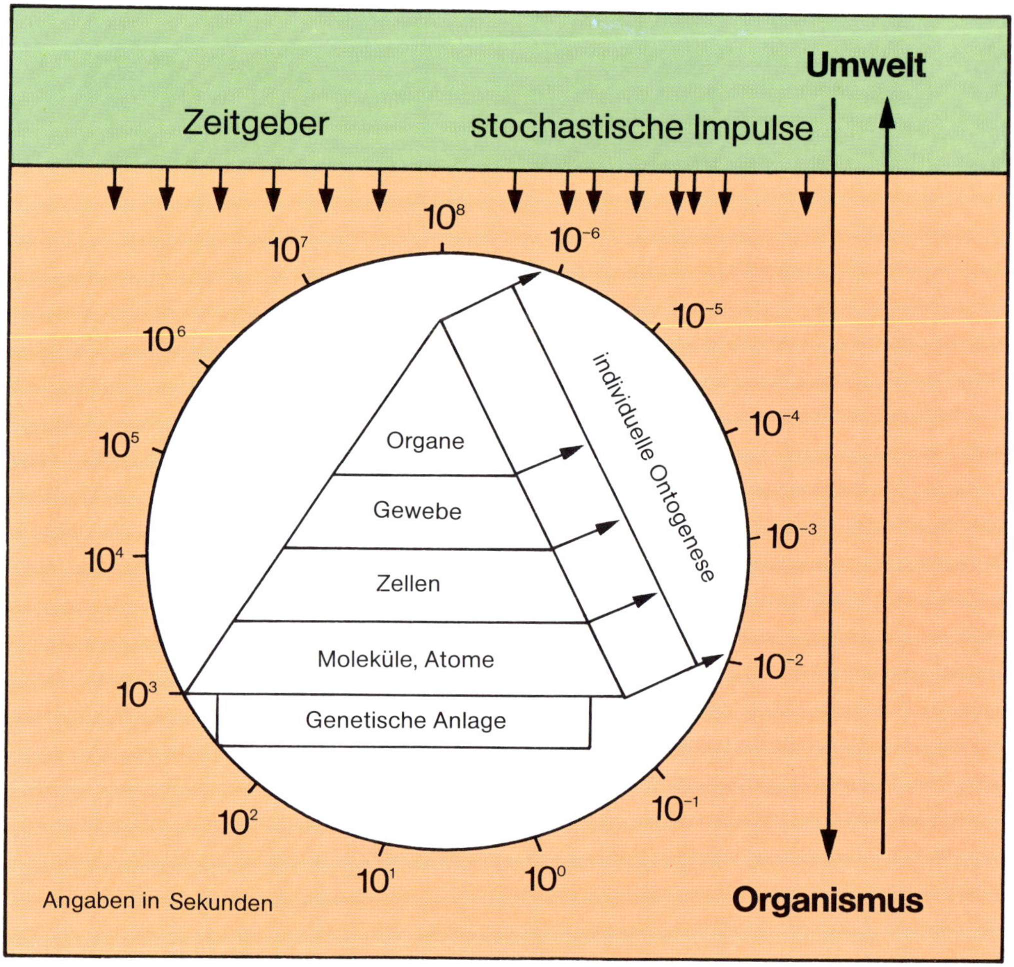

Schema des Aufbaus und des Zusammenspiels der Funktionen der Hierarchie der biologischen Rhythmen. Die Periodenlängen der biologischen Rhythmen sind nach dem Uhrzeigerprinzip angeordnet. Die Angaben erfolgen in Sekunden (z. B. 10^{10} s = 100 Sekunden = 1 Minute, 40 Sekunden). Ein großer Teil der biologischen Rhythmen ist genetisch angelegt, sie sind in allen Regulationsebenen eines Organismus nachzuweisen (z. B. in der Zelle, in Organen). Während der Entwicklung eines Individuums (Ontogenese) bilden sich weitere biologischen Rhythmen aus. Biologische Rhythmen synchronisieren mit rhythmischen Zeitgebern der Umwelt.

In seinem 1798 erschienenen Buch über die »Kunst, das menschliche Leben zu verlängern«, schrieb der bekannte Arzt Christoph Wilhelm Hufeland:

»Es glaubt nehmlich mancher, es sey völlig einerley, wenn man diese 7 Stunden schlafe, ob des Tages oder des Nachts. Man überläßt sich also am Abend so lange wie möglich seiner Lust zum Studieren oder zum Vergnügen und glaubt es völlig beyzubringen, wenn man die Stunden in den vormittag hineinschläft. Aber ich muß jeden, dem seine Gesundheit lieb ist, bitten, sich für diesen verführerischen Irrtum zu hüten!«

In diesem Zusammenhang drängt sich der Gedanke an Politiker auf, die ständig mit Flugzeugen unterwegs sind und infolgedessen unregelmäßige Schlafzeiten haben. Diese Leute dürften bezüglich der Leistungseinbuße nach derartigen Verstößen gegen die innere Uhr keine Ausnahme darstellen. Der Schlafmediziner und Chronobiologe stellt sich ernstlich die Frage, ob sie nach derartigen außenpolitischen Aktivitäten überhaupt fähig sind, schwerwiegende Entscheidungen zu treffen? Für Piloten, Ärzte, Krankenschwestern, Überlandkraftfahrer u. a. schreibt der Gesetzgeber entsprechende Vorbeugungsmaßnahmen z. B. in Form entsprechender Pausen vor. Es geht schließlich um die Sicherheit der Fluggäste oder der Patienten. Warum gilt ein derartiges Gesetz nicht für Politiker, die über Krieg oder Frieden zu befinden haben?

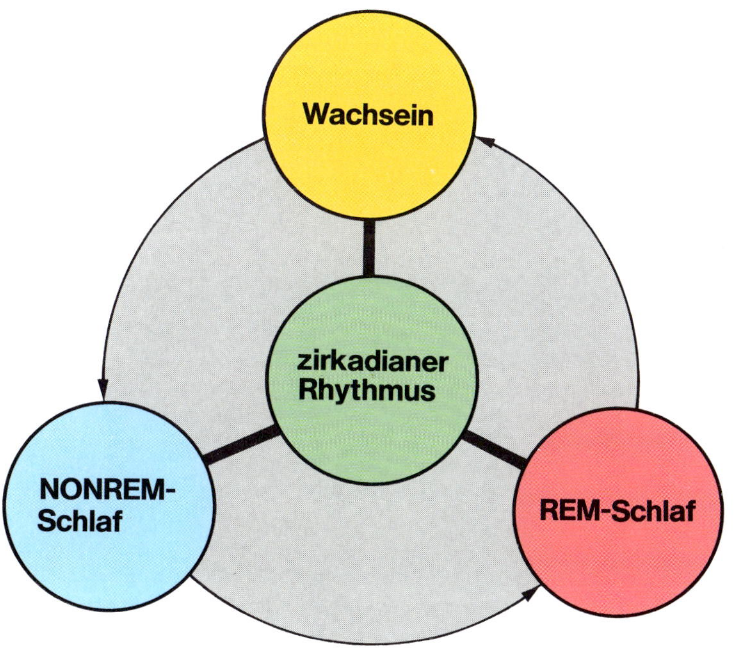

Schematische Darstellung der Regulation der drei Kardinalzustände Wachzustand, NONREM-Schlaf und REM-Schlaf im tagesrhythmischen (zirkadianrhythmischen) Verlauf. Der zirkadiane Rhythmus wird durch einen Oszillator aufrechterhalten.

Der Wochenrhythmus des Schlafverhaltens

Wie bereits erwähnt, unterliegt das Schlafverhalten wochenrhythmischen Abhängigkeiten. Bei Schlafgestörten ist dieser Wochenrhythmus in der Weise verändert, daß entweder Periodenlängen von zwei bis vier Tagen auftreten oder die Rhythmik völlig verschwunden ist. Somit ist die Wochenrhythmik ein empfindliches Maß für die Beurteilung der Schlafqualität.

Tagesrhythmische Schlafstörungen

Die neue, 1990 erschienene Klassifikation der Schlafstörungen charakterisiert als eine besondere Kategorie die zirkadianrhythmischen Schlafstörungen, d. h. solche, die durch Fehlsteuerung (Dysregulation) der inneren Uhr charakterisiert sind. Nachfolgend sollen die wesentlichsten dieser Schlafstörungen kurz beschrieben werden.

Jet-lag-Syndrom oder Zeitzonenwechselsyndrom: Beim Überfliegen von Zeitzonen gelangt man in eine neue Ortszeit, die die Lebensweise des Reisenden bestimmt. Liegen zwischen der am Wohnort bestehenden Ortszeit und der neuen Ortszeit mehrere Stunden, dann kann es Anpassungserscheinungen geben, die sich in Befindensstörungen, in Schlaflosigkeit, Appetitlosigkeit ausdrücken können. Die Leistungsfähigkeit ist eingeschränkt. Dabei spielt die Flugrichtung eine wichtige Rolle. Flüge von West nach Ost verkürzen den Tag oder die Nacht, und die von Ost nach West verlängern sie. Die Anpassung an die neue Ortszeit ist bei Flügen von West nach Ost schwieriger als bei den in umgekehrter Richtung verlaufenden Reisen.

Eine Faustregel besagt, daß die Anzahl der Stunden, der Zeitverschiebung (z. B. sechs Stunden) die Adaptationszeit an die neue Ortszeit in Tagen (z. B. sechs Tage) benötigt.

Die Anpassung an die neue Ortszeit vollzieht sich am besten, wenn man sich sofort auf den neuen Zeitgeber (neue Ortszeit) einstellt. Bei häufigen kurzzeitigen Wechseln der Ortszeit ist eine Anpassung nicht ohne Probleme. Sie können zur Störung des Befindens (Desynchronose) führen.

Schichtarbeit und Schlaf: In allen industrialisierten Ländern ist die Schichtarbeit weit verbreitet. Sie bringt für die Gesundheit des Arbeiters, besonders für seinen Schlaf, manchmal nicht unerhebliche Probleme mit sich. Es gibt zwar Menschen, besonders junge, die sich an die Schichtarbeit schnell und gut gewöhnen können; anderen dagegen wird die Schichtarbeit zur Last. Das Schlafdefizit wächst in solchen Fällen an, und der Weg zur chronischen Schlaflosigkeit ist festgelegt.

Schlafgestörte sollten Schichtarbeit möglichst meiden.

Zu den Beziehungen zwischen Schlaf und Schichtarbeit gibt es in den letzten Jahren umfangreichere Untersuchungen: Der Schlafforscher Knauth untersuchte 18 352 Schichtarbeiter. Dabei stellte er fest, daß am häufigsten ehemalige Schichtarbeiter an Schlafstörungen leiden (70–90 % der Fälle). Diese mußten häufig die Schichtarbeit wegen Schlafstörungen aufgeben. Unter Arbeitern mit ständiger Nachtschicht waren 35–55 % schlafgestört. Verschiedene andere Untersuchungen zeigen, daß Schichtarbeiter vermehrt an psychovegetativen (psychosomatischen) Beschwerden leiden (Unruhe, Kopfschmerzen, Herzbeschwerden, Schweißausbrüche, vorzeitige Ermüdbarkeit). Knauth und Akerstedt fanden heraus, daß Nachtschichtarbeiter grundsätzlich im Durchschnitt zwei Stunden weniger schlafen als Tagesschichtarbeiter.

Das Defizit an Schlaf bei Schichtarbeitern kann geringer gehalten werden, wenn die Nachmittagszeit 14.00–16.00 Uhr zum Schlafen mitgenutzt wird.

Der Tagesschlaf der Schichtarbeiter (untersucht im Schlaflabor) ist häufiger unterbrochen und zeigt einen häufigen Stadienwechsel. Nach dem vierten »Nachtschichtarbeitstag« steigt die Fehlerzahl bei der Lösung der gestellten Aufgaben an. Die Schlafmediziner sind der Meinung, daß diese Leistungseinschränkung in erster Linie auf das angehäufte Schlafdefizit zurückzuführen ist. Deshalb sollte die Schichtarbeit so organisiert werden, daß das Schlafdefizit möglichst gering bleibt.

Empfohlen wird das sogenannte »schnell rotierende Schichtsystem« mit folgendem Ablauf:
Erster Tag: Frühschicht
Zweiter Tag: Spätschicht
Dritter Tag: Nachtschicht
Danach 24 Stunden arbeitsfrei usw. Wochenenden und Feiertage gehen mit in dieses Schichtsystem ein.

Eine Studie in Schweden ergab zum Beispiel, daß ein Schichtsystem im »Rückwärtsgang« weniger belastend ist. Das bedeutet folgende Reihenfolge: Frühschicht, Nachtschicht, Spätschicht, arbeitsfrei usw.

Unregelmäßiges Schlaf-Wach-Muster: Bei Menschen mit einem irregulären Schlafmuster treten Schlafperioden zu nicht vorhersagbaren Zeitpunkten während eines 24-Stunden-Tages auf. Die Gesamtschlafdauer innerhalb von 24 Stunden beträgt gewöhnlich sechs bis acht Stunden, die Schlafzeiten sind aber völlig zerstückelt und wahllos über den ganzen 24-Stunden-Tag verteilt. Das irreguläre Schlafmuster findet man meistens bei Patienten mit chronischen hirnorganischen Krankheiten, bei denen die Zeitwahrnehmung gestört ist.

Die verzögerte Schlafphase: Sie besteht darin, daß die Hauptschlafzeit gegenüber der normalen verzögert ist. Grundlage hierfür kann ein verschobener zirkadianer Rhythmus der Körpertemperatur sein. In diesen Fällen liegt der tiefste Wert der Körpertemperatur und damit das höchste Schlafbedürfnis nicht wie üblich in der zweiten Nachthälfte, sondern am Morgen, d. h. zur normalen Aufstehzeit. Die Patienten haben eine sehr lange »Schlaflatenz« bzw. Einschlafprobleme. Morgens, wenn aufgestanden werden muß, befinden sie sich mitten in der Schlafzeit. Der Zwang, zur Arbeit gehen zu müssen, führt nach längerer Zeit naturgemäß zu einem Schlafdefizit.

Die verfrühte Schlafphase: In diesem Fall tritt die Hauptschlafphase früher auf. Das führt zu einem unwiderstehlichen Schlafzwang am frühen Abend und zu einem vorzeitigen Erwachen am Morgen.

Schlafmittel sind in den letzten beiden Krankheitsformen unangebracht. Schlafentzug mit nachfolgendem Aufbau eines neuen Schlafrhythmus, Lichttherapie und Arbeitszeitverschiebung sind empfehlenswerte Maßnahmen.

Bewegungen im Schlaf

Die motorische Aktivität, d. h. unsere vielfältigen Bewegungen, die wir mittels unseres Muskelsystems durchführen können, erfahren mit Beginn des NONREM-Schlafes eine Einschränkung. Es wird von einer »relativen« Bewegungslosigkeit gesprochen. Dennoch ist in den oberflächlichen und tiefen NONREM-Stadien die Bewegungsfähigkeit nicht völlig eingeschränkt. Im NONREM-Schlaf ist der Muskeltonus (Muskelanspannung) die Reflexerregbarkeit des Muskels, die spezifische Schlafstellung bzw. Schlaflage und natürlich die gesamte Atemmuskulatur erhalten. Sogenannte episodische Schlafaktivitäten, wie Schlafwandeln, Sprechen im Schlaf und Zähneknirschen, vollziehen sich im NONREM-Schlaf. Im REM-Schlaf sinkt die Bewegungsfähigkeit auf ein Minimum ab. Auch wenn wir die Absicht haben, uns während des REM-Schlafes zu bewegen: es geht nicht. Das erleben wir zum Beispiel im Traum, wenn wir von einer Gefahr weglaufen wollen: »Die Beine versagen.« Im REM-Schlaf ist der Bewegungsapparat, von wenigen Ausnahmen abgesehen, gelähmt.

In diesem Zustand sind nur die Atembewegungen, die schnellen Augenbewegungen, gelegentliche Zuckungen der Gliedmaßen- und Gesichtsmuskulatur in Funktion und sehr eingeschränkt Aktivitäten der Sprechmuskulatur, die nur Lallen ermöglichen. Das artikulierte Sprechen im Schlaf ist also nicht an den Traumschlaf gekoppelt. Ungeachtet der relativen Bewegungslosigkeit im NONREM-Schlaf und der weitestgehend vorhandenen »Lähmung« im REM-Schlaf, werden während des Schlafes Bewegungen durchgeführt. Beim Gesunden beträgt die Bewegungszeit etwa 1–2 % der nächtlichen Gesamtschlafzeit. Die Bewegungen im Schlaf können objektiv registriert werden

- mittels der elektrophysiologischen Schlafpolygraphie, vor allem durch das Elektromyogramm (EMG);
- mittels eines Aktografen, der die Zahl der Bewegungen und ihre Dauer registrieren kann und
- mittels der Fotografie oder des Films. Hiermit wird die Art der Bewegungen im Schlaf, d. h. neben der Quantität auch die Qualität registriert.

Nachfolgend sollen einige typische Bewegungen während des Schlafes beschrieben werden.

Muskelzuckungen (Myoklonien)

Hierbei werden zwei Typen unterschieden:

1. Typ: Massive Zuckungen, die ganze Muskelgruppen betreffen und sich in heftigen kurzen Bewegungen des Rumpfes, des Kopfes und einer Extremität äußern, entstehen gewöhnlich beim Einschlafen. Die Länge dieser Myoklonien beträgt meist ein bis zwei Sekunden. Diese Zuckungen werden häufig von hypnagogischen Halluzinationen begleitet, so daß die entstehenden Bewegungen unter Umständen dem Sinn nach mit ihnen zusammenhängen können (beispielsweise das Ausweichen vor einem fallenden Gegenstand, der Stoß mit dem Fuß nach einem Ball usw.). Die Muskelzuckungen sind Charakteristika

des Einschlafstadiums. Es ist aber auch möglich, daß dieser Typ der Muskelzuckungen Teil einer allgemeinen kurzzeitigen Aufwachreaktion als Antwort auf innere oder äußere Einflüsse ist. Hierfür gibt es also Ursachen. Sie können daher in jeder Phase des Schlafes ausgelöst werden, wenn die Reize stark genug sind, um ein Aufwachen zu bewirken. Beim 2. Typ handelt es sich um Muskelzuckungen des Gesichts, des Rumpfes und der Extremitäten. Sie können aber auch in den Augenlidern und in der glatten Muskulatur sichtbar werden und erscheinen beim Übergang von NONREM-Schlaf in den REM-Schlaf. Es wird gesagt, daß die Muskelzuckungen den REM-Schlaf einleiten. Ihre Dauer beträgt meistens weniger als eine Sekunde. Beobachtet wurde aber auch, daß diese Muskelzuckungen beim Übergang vom REM- zum NONREM-Schlaf auftreten können und auch beim Übergang vom NONREM-Schlaf zum Wachwerden. Wenn die Muskelzuckungen nicht durch irgendwelche ursächlich bekannte Reize ausgelöst werden, dann sind sie offensichtlich ein Merkmal des Umschaltens von einem Kardinalzustand (Wachsein, Schlafen, Traum) zum anderen.

Lagebewegungen während des Schlafes

Jeder Mensch ist bemüht, im Bett eine für ihn spezifische Lage zu finden, um einen erholsamen Schlaf zu erreichen. Manche bevorzugen die ausgestreckte Rückenlage, andere die Seitenlage, gestreckt oder gehockt, wieder andere schlafen am besten in gestreckter Bauchlage ein. Gewöhnlich wird aber die Einschlafstellung nicht die ganze Nacht durchgehalten. Die Stellungsbewegungen während des Schlafes zählten lange Zeit zu den aussagekräftigsten Parametern für Tiefe und Qualität des Nachtschlafes. Durch Aufzeichnung der Bewegungen während des Schlafes (Aktografie) konnte nachgewiesen werden, daß zwischen der Schlaftiefe und der Intensität der Bewegungen im Schlaf eine umgekehrte Beziehung besteht:

Je tiefer der Schlaf, desto weniger bewegt sich der Schläfer. Bewegt sich der Schlafende wenig, verringert sich bei ihm auch die Pulsfrequenz, es vergrößert sich der Hautwiderstand, und er ist psychisch gut entspannt.

Nach den Befunden des russischen Schlafforschers Golbin weist der Positionswechsel während des Schlafes einen Schwingungs- und rhythmischen Charakter auf. Bei einem gesunden Menschen kommt es gewöhnlich zweimal während eines Zyklus zu Positionswechseln, also acht- bis zehnmal pro Nacht. Der amerikanische Schlafforscher Hobson fand große Unterschiede. Manche Schlafende wiesen nur acht Bewegungen pro Nacht aus, andere bewegten sich 30mal pro Nacht.

Häufiger auftretende Wechsel der Schlaflage sind meistens Zeichen einer schlechten Schlafqualität, die durch Konflikte, Streß, Krankheiten, starken Koffeingenuß usw. hervorgerufen werden.

Es besteht die Ansicht, daß die Bewegungen im Schlaf verschiedene Ursachen haben können: Zum Beispiel kann die Bewegung durch angeborene oder erlernte Reflexe, aufgrund von Blutstaus, durch die Suche nach der Position maximaler Entspannung oder durch innere und äußere Reize ausgelöst werden. Amerikanische Schlafforscher, u. a. Allan Hobson, haben interessante Untersuchungen mit Einsatz der Fotografie zur Lage und Lagewechsel während des Schlafes vorgenommen. Er und seine Mitarbeiter untersuchten über 200 Schlafende mittels der Fotografie (Zeitrafferaufnahmen). Eine Kamera war über dem Schlafenden angebracht. Vor dem Bett stand ein Blitzgerät. Alle 15 Minuten wurde eine Aufnahme gemacht. Dieser gesamte Vorgang lief automatisch ab und störte die Schläfer erstaunlicherweise kaum. Die in 15-Minuten-Intervallen aufgenommenen Bilder wurden verglichen. Hierbei wurde festgestellt, ob der Schlafende seine Position weiter eingehalten oder verändert hatte. Gewöhnlich waren in der ersten Hälfte des Schlafes weniger Bewegungen als im zweiten Teil festzustellen. Besonders morgens, wenn es im Schlafzimmer hell wurde, nahmen die Bewegungen zu. Weiterhin konnte beobachtet werden, daß eine bestimmte Schlafhaltung niemals länger als zwei Stunden, größtenteils weniger als eine Stunde, beibehalten wurde. Bewegungslose Phasen zeigten sich vorwiegend in den ersten drei NONREM-Phasen und während des REM-Schlafes. Vor Beginn des REM-Schlafes und nach seinem Ende fanden in der Regel Lageveränderungen statt.

Bisher wurden bei der Beurteilung der Bewegungen während des Schlafes immer nur Einzelpersonen betrachtet. Gewöhnlich gehen aber die Partner gemeinsam schlafen und nehmen häufig, aneinandergekuschelt, auch eine gleiche Schlafausgangslage ein. Hier erhob sich die Frage, ob die Bewegungen beider Partner synchron ablaufen. Die von Hobson durchgeführten Untersuchungen zeigten folgende interessanten Ergebnisse: Wenn beide Partner, eng aneinanderliegend, zur gleichen Zeit einschliefen, dann durchliefen sie die NONREM-REM-Zyklen synchron, woraus sich auch eine Bewegungssynchronisation ergab. Nun kam es vor, daß einer der beiden bereits eingeschlafen war und der andere noch wach lag. In diesen Fällen wird ein Partner zum stärksten Reiz für den anderen. Das heißt, wenn der eine eingeschlafen ist und der andere sich herumwälzt, dann wird der Schlafende wieder geweckt. Das Wecken des anderen kann willkürlich, aber auch unwillkürlich erfolgen. Wenn nun beide wieder wach sind, dann ist für sie quasi der NONREM-REM-Verlauf wieder in die Nullposition zurückgestellt und beginnt von neuem. Finden beide den Schlaf, dann wird die Synchronisation eingeschaltet. Nunmehr verlaufen die Zyklen NONREM-REM-Schlaf, die Veränderungen der Lagepositionen und bewegungslose Phasen in einer relativen Koordination, d.h. in einer harmonischen Abstimmung. Dieses Zusammenspiel von zwei Menschen während des Schlafes fördert die Erholung. Solch eine Schlafsynchronisation von Paaren scheint aber nur dann vorzuliegen, wenn diese auch am Tage harmonieren. An anderer Stelle dieses Buches wurde bereits erwähnt, daß wir in zwei verschiedenen Räumen unseres Schlaflabors ein junges Ehepaar untersuchten. Hierbei stellten wir fest, daß bei der Bewegung des einen beim anderen Partner »arousal-reactions« (Aufmerksamkeitsreaktionen) im Schlafpolygramm registriert wurden. Gleichzeitig registrierten wir eine relative Koordination der Verläufe der NONREM-REM-Zyklen. Das Zusammenspiel der beiden Partner im Schlafverhalten war offensichtlich so stark ausgeprägt, daß dieses auch durch räumliche Trennung mit-

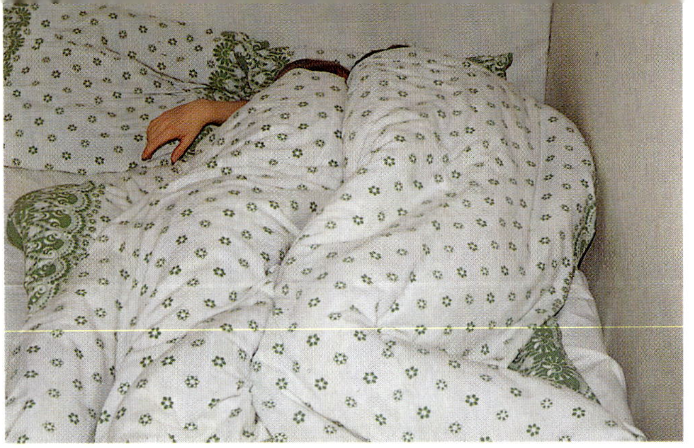

Ein harmonisches Paar reflektiert den Gleichklang des Tages auch im »abgestimmten« Liegen während des Schlafes.

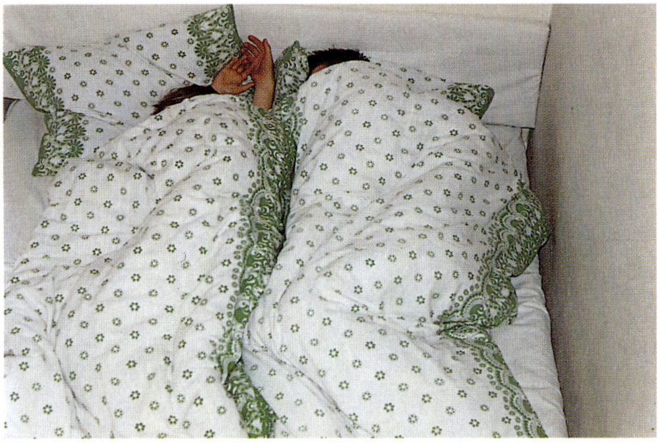

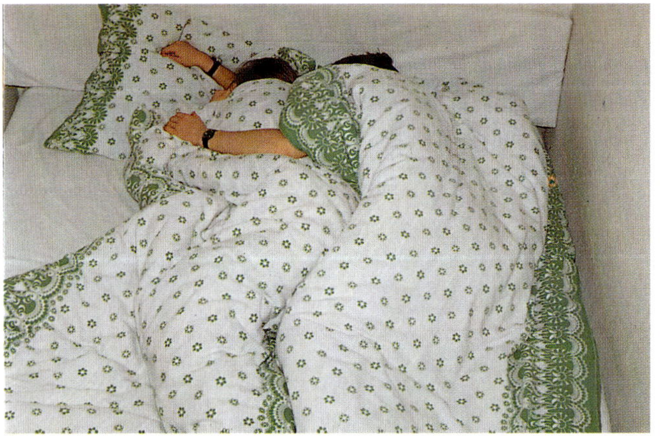

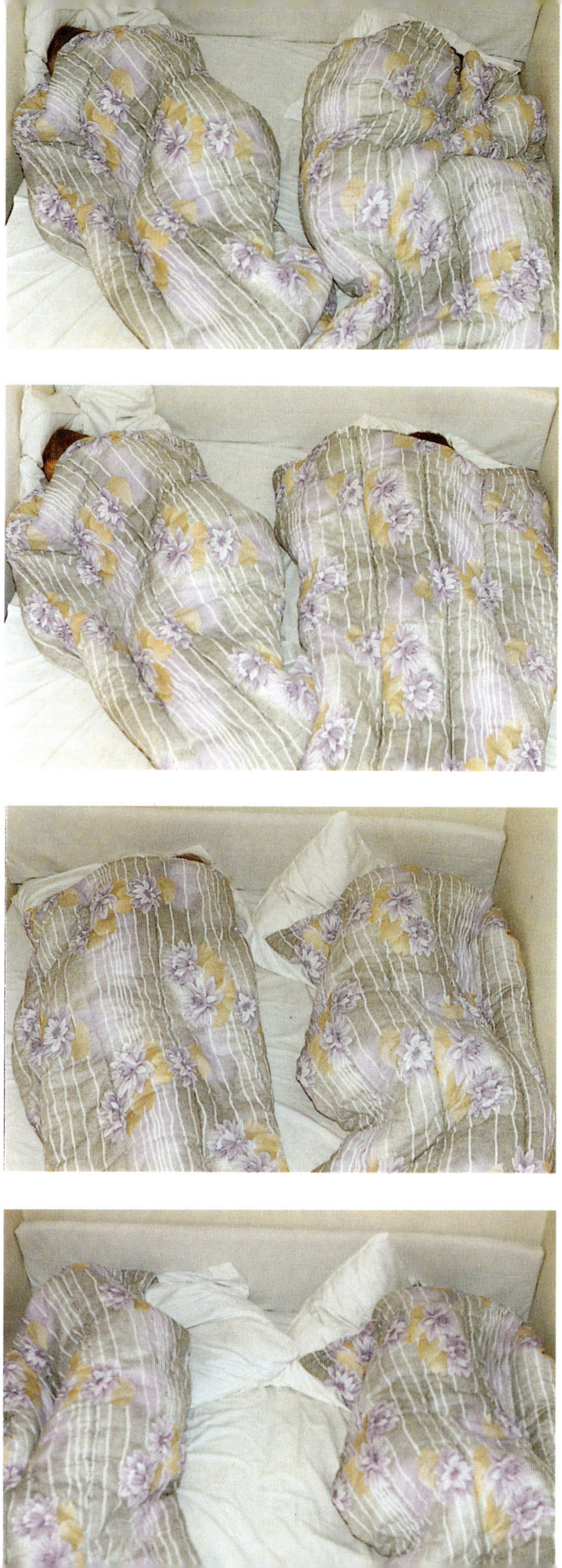

»Aversionslinien« charakterisieren ein zerstrittenes Paar auch während des Schlafes.

tels einer Wand erhalten blieb. Bei einem älteren, nicht sehr harmonisch lebenden Ehepaar konnten keine Synchronisationen im Schlafverhalten nachgewiesen werden.
Durch Partneruntersuchungen in Schlaflabors eröffnen sich neue Möglichkeiten, die psychophysische Harmonie von Ehepaaren oder anderen Partnerschaften zu testen. Das ist zwar ein teurer, aber doch relativ sicherer Test mit einer hohen Aussagekraft.

Motorische Schlafstörungen

Es gibt, außer den genannten Schlafaktivitäten, die bei jedem Schläfer auftreten können, noch sogenannte episodische motorische Schlafaktivitäten, die zu den Schlafstörungen, den Parasomnien, gezählt werden. Parasomnien stellen Erscheinungen dar, die in enger Beziehung entweder mit dem Schlafprozeß selbst zusammenhängen oder mit einem teilweise unvollständigen Erwachen aus dem Schlaf. Es werden motorische, psychische und vegetative Parasomnien unterschieden. Hier sollen nur einige motorische beschrieben werden.

Nachtwandeln oder Schlafwandeln (Somnambulismus): Während der Periode des Somnambulismus ist der Betroffene zu einer gut koordinierten Tätigkeit befähigt, stößt im Zimmer an keine Gegenstände, kann auf äußere Reize reagieren und sogar auf Fragen antworten. Dabei kann er aber auch gefährliche Handlungen ausführen, z. B. aus dem Fenster klettern. Versuche, die Aufmerksamkeit des Schlafwandlers zu gewinnen, sind meistens erfolglos. Der Moskauer Schlafforscher Alexander Wejn hat einen Patienten beobachtet, der während eines aktuellen Somnambulismus-Anfalls versuchte, durch eine geschlossene Glastür auf die Veranda hinauszugehen. Das Glas zersplitterte, er erlitt mehrere erhebliche stark blutende Schnittwunden, »erwachte« aber selbst in diesem Fall erst nach zehn Minuten. Gewöhnlich kommt es im ersten Drittel der Nächte zu Somnambulismus-Anfällen. Die Anfallsdauer überschreitet in der Regel nicht 15 Minuten, kann sich aber auch über 40 Minuten erstrecken. Der Anfall wird entweder durch spontanes, endgültiges Erwachen (in $^{1}/_{3}$ der Fälle) beendet oder durch die Rückkehr des Patienten ins Bett und die Fortsetzung des Schlafes. Normalerweise erinnert sich der Patient beim morgendlichen Erwachen nicht an den nächtlichen Somnambulismus-Anfall; es liegt eine nächtliche Erinnerungslosigkeit (Amnesie) der Episode vor.
Gewöhnlich tritt der Somnambulismus bei Kindern und Jugendlichen bis zu 16 Jahren auf, und mit dem Eintritt der Geschlechtsreife hören die Somnambulismus-Anfälle meist spontan auf. Setzen sich die Anfälle jedoch auch im Erwachsenenalter fort, dann können auch noch andere psychopathologische Veränderungen hinzutreten. Es wird angenommen, daß bei 15 % aller Kinder eine oder mehrere Somnambulismus-Episoden auftreten und man ihnen bei 6 % der Kinder fast jede Nacht begegnet. Häufiger entstehen Somnambulismen im Alter von fünf bis zwölf Jahren, vorwiegend bei Jungen.
Das Schlafpolygramm weist aus, daß das Nachtwandeln in den NONREM-Stadien III und IV auftritt. Elektrophysiologische Untersuchungen im Wachzustand haben gezeigt, daß das Wach-EEG von Patienten mit Som-

nambulismus durch einen synchronisierten Zustand charakterisiert ist, in dem sich ausgeprägte Entladungen von Theta-Delta-Wellen zeigten, die auf eine »Unreife« des Gehirns bei diesen Patienten hindeuten. Möglicherweise spielen bei der Entstehung dieses Symptoms psychisch-emotionale Persönlichkeitsbesonderheiten eine Rolle.

Bei Kindern und Jugendlichen mit episodischen Fällen von Somnambulismus besteht nicht die Notwendigkeit einer Therapie. Man sollte natürlich darauf achten, daß in der Wohnung keine Fenster geöffnet sind, aus denen das Kind hinausstürzen könnte.

Im Zusammenhang mit dem Schlafwandeln gibt es viele »Storys«, wobei man schwer beurteilen kann, was Dichtung und was Wahrheit ist. So wird berichtet, daß ein englischer Student jede Nacht aufstand, einen Kilometer Wegstrecke zu einem Fluß gelaufen ist, dort gebadet hat und wieder in sein Bett zurückkehrte. Ein italienischer Pianist soll jede Nacht vom Bett zu seinem Piano gegangen sein. Dort habe er mehrere Musikstücke angespielt und sich danach wieder in sein Bett zurückbegeben. In England soll es eine Nachtwandlerfamilie gegeben haben, die sich jede Nacht in der Küche zum Teetrinken getroffen hat. Derartige Beispiele könnten beliebig fortgesetzt werden.

Es wird heute die Auffassung vertreten, daß diese Menschen größtenteils gewohnte Handlungsabläufe des Alltages durchführen, die sich in Form einer unbewußten Gewöhnung geprägt haben. Das Schlafwandeln wird auch mit dem Vollmond in Beziehung gebracht; deshalb hat es auch die Bezeichnung Mondsüchtigkeit. Hierzu werden von den Experten verschiedene Auffassungen vertreten. Die einen meinen, daß die Schwerkraft des Mondes etwas mit dem Schlafwandeln zu tun hat. Andere nehmen an, daß die Helligkeit des Mondes zum Stimulator für das Schlafwandeln wird.

Die Erscheinung des Nachtwandelns wird als eine gespaltete Funktion des Gehirns und des Bewegungsapparates gedeutet. Man spricht auch von einer Abkoppelung der körperlichen Prozesse von den geistigen, denn während des Schlafwandelns ist das Bewußtsein völlig ausgeschaltet. Der Bewegungsapparat führt jedoch koordinierte Funktionen wie im Wachsein aus.

Nächtliches Zähneknirschen (Bruxismus): Zum Bruxismus kommt es durch eine rhythmische Kontraktion der Kaumuskeln, die von einem leisen Geräusch des Knirschens oder Schnalzens begleitet wird. Diesem Phänomen im Schlaf kann man recht häufig begegnen. Den Bruxismus trifft man bei 5 bis 15 % der Bevölkerung an, bei Jugendlichen noch häufiger. Es gibt Angaben über eine erbliche Anlage für den Bruxismus. Während des Schlafes sind mehrere Episoden von Bruxismus zu beobachten, die gewöhnlich bis zu zehn Sekunden dauern. Halten Sie länger an und sind sie sehr intensiv, kann es zu Schäden an den Zähnen und dem umgebenden weichen Gewebe kommen. Die polygraphische Untersuchung des Nachtschlafes zeigt, daß der Bruxismus üblicherweise in den Schlafstadien II zu beobachten ist. Es ist nachgewiesen worden, daß einer Bruxismus-Episode ein K-Komplex (Dreiphasenschwingung) vorausgehen und der Bruxismus bei akustischen Einwirkungen während des Nachtschlafes ausgelöst werden kann. Während des Zähneknirschens verändern sich u. a. der Puls, der arterielle Blutdruck und die Atmung. Die Entstehungsmechanismen des Bruxismus sind noch nicht geklärt.

Sprechen im Schlaf (Somniloquie): Das Sprechen im Schlaf kommt sehr häufig vor und ist in der Regel eine normale Erscheinung. Man nimmt an, daß Sprechepisoden im Schlaf im Verlauf des Lebens praktisch bei jedem gesunden Menschen auftreten. Gewöhnlich werden kurze belanglose Worte und Phrasen geäußert, doch kann das Reden im Schlaf bei Personen, die sich in sehr emotionsgeladenen oder Streßsituationen befinden, durchaus komplexer Natur und emotional gefärbt sein. Es stellte sich heraus, daß die Somniloquie gewöhnlich im Deltaschlaf auftritt, besonders in den Schlafstadien I und II. *Die Somniloquie erfordert zwar keine spezielle Behandlung, doch in den Fällen, bei denen das Sprechen sehr emotionale Inhalte hat, von einer ausgeprägten Modulation der Stimme und vegetativen Reaktionen begleitet ist und vor allem dann, wenn eine Kopplung mit emotionalen und Persönlichkeitsstörungen im Wachzustand vorliegt, können sich neurotische Veränderungen widerspiegeln, die einer psychotherapeutischen Korrektur bedürfen.*

Nächtliche Schaukelbewegungen des Kopfes oder Rumpfes: Schaukelbewegungen des Kopfes (Jactatio capitis nocturna) oder Rumpfes während des Schlafes sind – besonders bei jüngeren Kindern – schon lange bekannt. Gewöhnlich treten bis zu zehn »Schaukel«-Attacken auf, innerhalb derer sich wieder zehn bis hundert, durch kurze Intervalle unterbrochene Bewegungen feststellen lassen. Dabei liegt das Kind mit geschlossenen Augen auf dem Rücken und vollführt pendelartige Schaukelbewegungen des Kopfes von Seite zu Seite. Diese Bewegungen sind schwingend und gleichmäßig, ihre Frequenz übersteigt nicht 30 pro Minute, und eine »Schaukelepisode« dauert bis zu zehn Minuten. Morgens erinnern sich die Kinder recht gut an die »Schaukelepisode« im Schlaf. *Die rhythmischen Schaukelbewegungen im Schlaf können sich auch in einer sehr schweren Form äußern, indem sie sich über einen Zeitraum bis zu fünf Stunden erstrecken können. In solchen Fällen kann die Schaukelperiode von Erbrechen und Schwindel begleitet werden. Das Schaukeln gewaltsam zu unterbinden, gelingt nicht immer; die Kinder leisten aktiven Widerstand. Meistens bildet sich das »Schaukeln« im Schlaf bis zum ersten Lebensjahr heraus.*

Neben dem »Schaukeln« während des Schlafes zeigen sich auch stereotype, sich oft wiederholende Bewegungen in Form eines »Pochens«, wobei das Kind mit der Stirn oder der Wange auf das Kissen »schlägt« und sich mit gestreckten Armen etwas erhebt oder in Form eines »Schiffchens« bewegt, indem es sich im Schlaf auf den Bauch dreht, den »Vierfüßlerstand« einnimmt und intensiv in wechselnder Richtung zu schaukeln beginnt. Solche motorische Störungen können über Monate und Jahre Nacht für Nacht stereotyp wiederholt werden. Dabei schwanken sie in ihrer Intensität. Bei manchen Kindern erreichen sie das Ausmaß eines nächtlichen »Bewegungsgipfels«, der lange anhält und entweder durch Herausfallen des Kindes aus dem Bett und anschließendes Erwachen oder ein spontanes Aufhören und einem nachfolgenden tiefen Schlaf beendet wird.

Diese eigenartigen Störungen, die Gegenstand und Anlaß großer elterlicher Sorge bzw. zahlreicher Arztkonsultationen sind, belasten aber keinesfalls das Kind.

Die polygraphischen Untersuchungen des Nachtschlafes zeigen, daß das »Schaukel-Phänomen« im Schlaf meistens im REM-Schlaf entsteht, aber vorwiegend im Deltaschlaf zu registrieren ist (NONREM-Stadium III und IV). Es gibt die Auffassung, daß die »Schaukel«-Bewegungen einen Zustand verstärkter Angst erleichtern. Bei den Kindern kann eine bestimmte psychische Abhängigkeit von dem jeweiligen Bewegungsakt bestehen, was sich in einer bestimmten Neigung zur Wiederholung und einer dabei empfundenen gewissen Befriedigung äußert. Die Ausbildung dieses Phänomens hängt mit Streßfaktoren zusammen und ist bei Kindern mit Veränderungen in der Gefühls- und Persönlichkeitssphäre zu beobachten.

Den Eltern wird empfohlen, dieser Erscheinung nicht zu viel Aufmerksamkeit zu schenken. Anderenfalls fühlt sich das Kind dazu stimuliert. Psychotherapie ist in manchen Fällen angezeigt.

Bewegungen der Beine im Schlaf (nächtlicher Myoklonus): Diese nächtliche Erscheinung besteht aus sich periodisch wiederholenden Beinbewegungen, die nur während des Schlafes entstehen und gewöhnlich im mittleren oder höheren Lebensalter vorkommen. Im allgemeinen sind beide Beine an den Bewegungen beteiligt, obwohl auch nur bei einem Bein rhythmische Bewegungen beobachtet werden. Die Bewegungen entstehen gewöhnlich in einem Intervall von 20 bis 40 Sekunden. Nicht selten führen die Bewegungen zum Erwachen, und sie können bei häufigem und intensivem Auftreten wegen des oftmaligen Aufwachens von einer Schlaflosigkeit begleitet werden bzw. von Schläfrigkeitsanfällen am Tage. Ihrem Charakter nach unterscheiden sich die nächtlichen Beinbewegungen erheblich von den physiologischen Muskelzuckungen beim Einschlafen. Die nächtlichen Beinbewegungen entstehen gewöhnlich im Deltaschlaf (NONREM-Schlaf-Stadium III und IV) und sind häufig (13 %) bei Patienten mit Schlaf-Wach-Störungen (Schlafapnoen, Narkolepsie, Insomnie bei Arzneimittelmißbrauch usw.) zu beobachten.

Unruhige Beine während des Schlafes: Das Syndrom der unruhigen Beine besteht in dem dringenden Bedürfnis, infolge ausgeprägten Kribbelns (Parästhesien) der unteren Extremitäten – gewöhnlich zwischen dem Knie und dem oberen Sprunggelenk – die Beine zu bewegen. Manchmal zwingen die Mißempfindungen den Patienten, das Bett zu verlassen und sich zu bewegen. Gewöhnlich dominieren diese Empfindungen in der ersten Nachthälfte, und gegen Morgen schläft der Patient noch ein. Dieses Syndrom kann infolge des chronischen Schlafdefizits zu Schlaflosigkeit in der Nacht und zu Schläfrigkeit am Tage führen. Die periodischen nächtlichen Beinbewegungen sind häufig mit einer peripheren Neuropathie (Nervenerkrankung) und Störungen der Mikrozirkulation des Blutes in den Beinen bei Menschen mittleren und höheren Alters gekoppelt.

Schlaflähmung oder Schlaferstarrung: Die nächtliche Lähmung äußert sich in der Unmöglichkeit, bei vollkommen klarem Bewußtsein irgendeine Bewegung auszuführen; sie tritt für einen kurzen Zeitraum beim Übergang vom Schlaf zum Wachzustand auf (Aufwacherstarrung). Dabei entsteht oft ein ausgeprägtes Angstgefühl. Ein ähnliches Phänomen kann am Morgen nach dem Konsum einer größeren Alkoholmenge am vorangegangenen Abend auftreten. Es gibt Hinweise auf Erbanlagen für diese Erscheinung. Bei einem in jeder Hinsicht gesunden Menschen können solche Episoden im Verlauf seines Lebens mehrfach auftreten. In der isolierten Form erfordert die Aufwacherstarrung keine Therapie, treten sie jedoch häufiger auf, sollte der Arzt konsultiert werden.

Gehört Schnarchen zum Schlaf?

Das Schnarchen ist eine weitverbreitete Begleiterscheinung des Schlafes mit unangenehmem Geräusch für den Schnarcher und vor allem für seine nächsten Mitmenschen. Schließlich können Schnarchgeräusche eine Lautstärke von 60–80 Dezibel (dB) erreichen. Es gibt aber auch Spitzenwerte bis zu 100 dB. Aus diesem Grund sind Partner von Schnarchern nicht zu beneiden. Sie ersinnen oft raffinierte Kniffe, um dessen Schnarchen einzuschränken.

Da bekannt ist, daß Schnarchen in Rückenlage am häufigsten auftritt, band eine Frau ihrem Mann jeden Abend die Hände am Bett fest, damit er nicht in die Rückenlage zurückfalle. Eine Frau, die bereits zweimal wegen ihres Schnarchens geschieden worden war, verhinderte das in der dritten Ehe, indem sie sich jeden Abend ein Holzscheit auf den Rücken band und sich auf diese Weise nicht für längere Zeit in die Rückenlage begeben konnte. Andere verwenden einfachere Methoden. Auch ein Tuch um den Brustkorb, mit dem Knoten auf den Rücken gebunden, vermeidet die Rückenlage. Ein beliebtes Mittel der Partner von Schnarchern ist Ohropax.

Nicht selten sind Partnerinnen von Schnarchern schlafgestört und bedürfen ebenfalls einer ärztlichen Behandlung. Der Schnarcher kann sich, wenn er laut genug schnarcht, auch selbst wecken, und es kommt dann zu einem nicht erholsamen »Schaukel«-Schlaf, der zwischen Wachsein und oberflächlichem Schlaf pendelt.

Atemstillstand (Schlafapnoe)

Lange Zeit wurde das Schnarchen belächelt und von den Medizinern nicht allzu ernst genommen. Seitdem man weiß, daß Schnarchen ein wichtiges Symptom einer bestimmten Art von Schlafstörungen ist, nämlich der Schlafapnoe, wird den Schnarchern große Beachtung seitens der medizinischen Wissenschaft und Betreuung geschenkt. Apnoe heißt wörtlich übersetzt »Nicht atmen, Atemstillstand«. Menschen mit Schlafapnoe haben nämlich – neben regelmäßigen Atemzügen – Atemstillstandszeiten von 30–50 Sekunden Dauer. Dieser zeitweilige Atemstillstand ist für den Patienten nicht ungefährlich. Bei längeren Schlafapnoe-Episoden (über 50 Sekunden) kann völliger Atemstillstand auftreten. Wenn die Schlafapnoe über mehrere Jahre besteht, dann treten verschiedene Folgeerscheinungen auf. Dazu zählen Herz-Kreislaufkrankheiten, vor allem Bluthochdruck. Einschränkung der physischen und psychischen Leistungsfähigkeit, und erhebliche Veränderungen in der Persönlichkeitsstruktur stellen sich ein.

Bei Schlafapnoe-Patienten entsteht ein zerhackter Schlaf und somit eine schlechte Schlafqualität. Infolgedessen treten am Tage spontane Schlafanfälle auf. Diese können die Ursache für Verkehrsunfälle sein (2 % der Verkehrsunfälle in den USA werden durch unbehandelte Schlafapnoe-Patienten verursacht). 5–8 % der erwachsenen Bevölkerung leiden an Schlafapnoe. Meistens erkranken

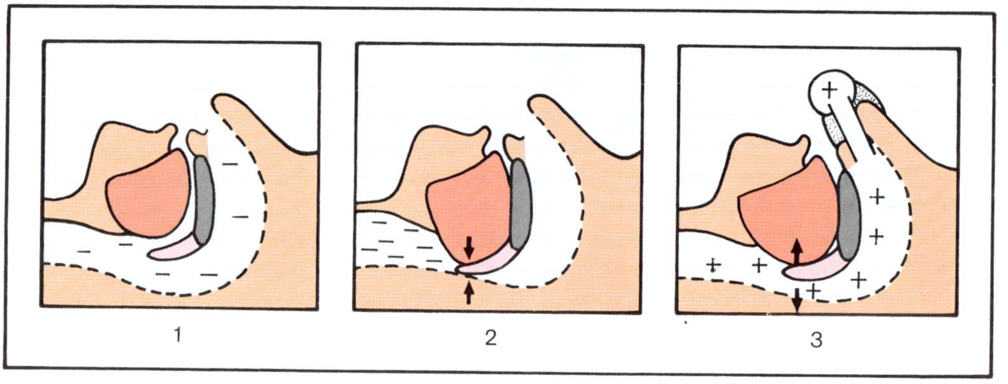

1. Beim gesunden, nicht schnarchenden Menschen verhindert der Tonus der Rachenmuskulatur die Verlegung des Atemweges während der Einatmungsphase im Schlaf und Wachsein. Der Atemweg bleibt frei. Dieser Zustand ist beim Schnarcher und Patienten mit Schlafapnoe nur beim Wachsein vorhanden.
2. Beim Schnarcher und Schlafapnoe-Kranken erschlafft im Schlaf die Muskulatur und führt mit dem Einatmungsdruck zum teilweisen oder völligen Verschluß des Atemweges. Infolgedessen entsteht das Schnarchgeräusch oder Atemstillstand (Schlafapnoe).
3. Ein Luftstrom des NCPAP-Gerätes über eine Nasenmarke, der kontinuierlich zugeführt wird, hält den Atemweg frei. Der Druck des Luftstromes ist individuell einstellbar.

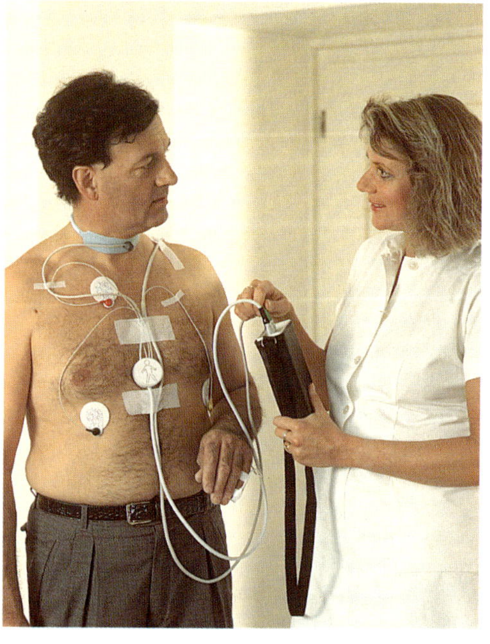

Rechte Seite:
Das NCPAP-Gerät zur Beseitigung der Schlafapnoe im Einsatz.
Oben links: Die Nasenmaske ist aufgesetzt; der Schlaf kann beginnen.
Unten: Ohne Schnarchen und Schlafapnoe gewährleistet das NCPAP-Gerät einen gesunden Schlaf.
Oben rechts: Der Fernkraftfahrer mit Schlafapnoe braucht nicht mehr auf die Behandlung zu verzichten, wenn er unterwegs ist. Er kann das Gerät in jeder Ruhesituation einsetzen. Infolgedessen fährt er sicherer und mit weniger Unfallrisiko.

Links:
Das MESAM-Gerät zur Kontrolle des Schnarchens und zur ambulanten Diagnostik der Schlafapnoe ist angelegt. Mit diesem geht der Patient nach Hause, und in gewohnter Umgebung werden das Schnarchen (über ein Mikrophon), das EKG, der Sauerstoffgehalt des Blutes (am Finger gemessen) und die Bewegungen während des Schlafes registriert und in einem Speicher registriert. Am nächsten Morgen bringt der Patient das Gerät zurück ins Schlaflabor. Hier werden die Daten mittels eines Computers analysiert. Daraus kann der Arzt seine Befunde entnehmen.

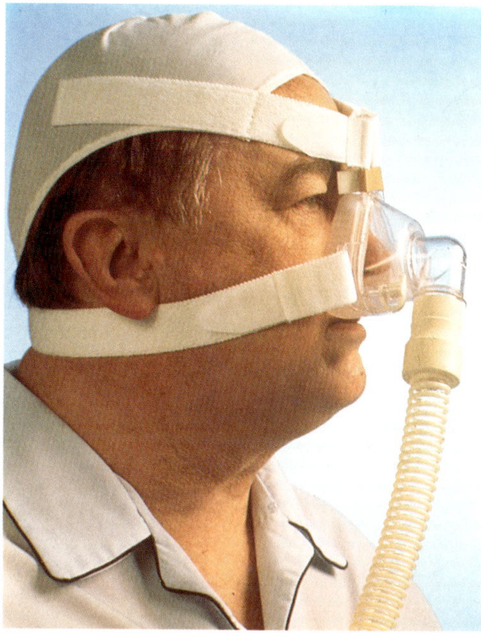

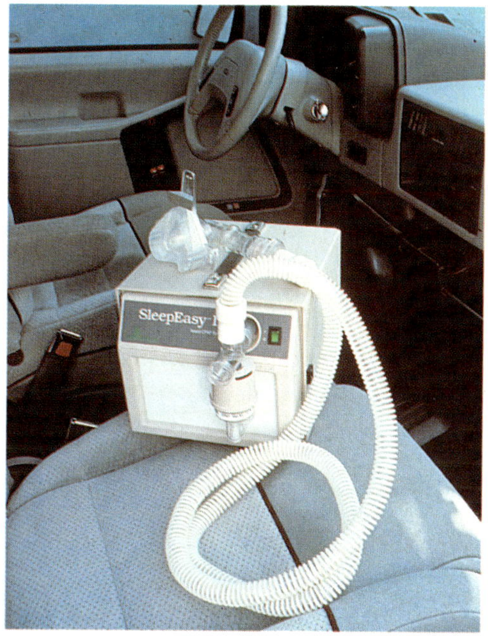
SleepEasy

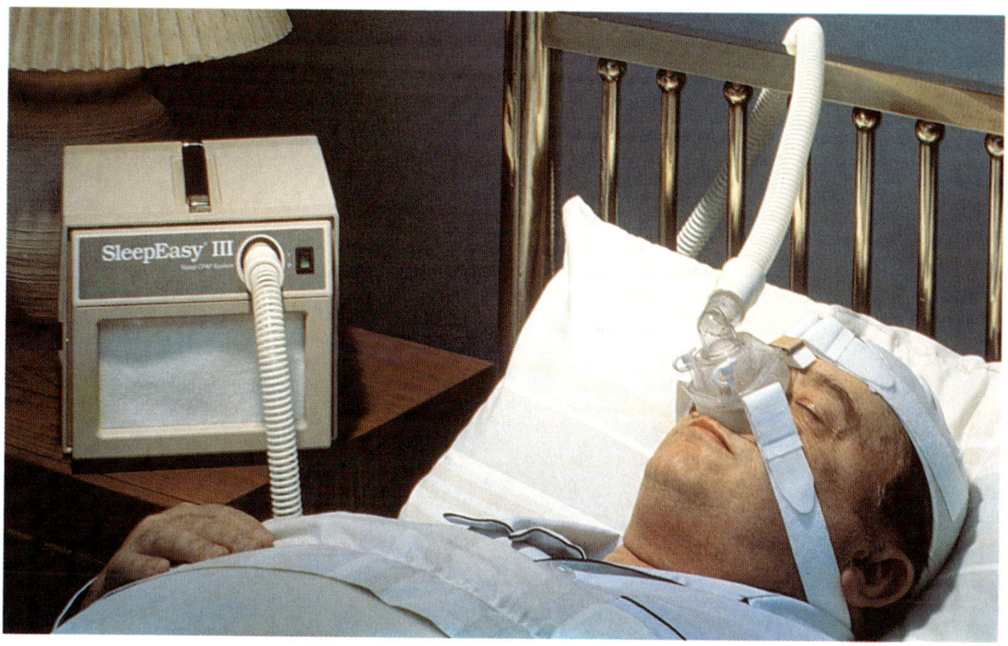
SleepEasy III

Männer im Alter über 50 Jahre (Verhältnis Männer zu Frauen 10:1).

Wer schnarcht, sollte deshalb stets von seinem Partner die Atemzüge beobachten lassen. Nicht jeder Schnarcher hat eine Schlafapnoe, aber jeder Patient mit Schlafapnoe schnarcht. Eine ärztliche Kontrolle ist jedem Schnarcher angeraten.

Definition des Schnarchens

Obgleich das Interesse am Schnarchen, seiner Ursache und seiner Bekämpfung seit langem sehr groß ist, wurde die wissenschaftliche Untersuchung erst im Jahr 1975 begonnen. Das Schnarchen wird als ein schlafbedingtes akustisches Phänomen charakterisiert, »welches bei unvollständiger Verlegung der oberen Atemwege durch Vibrationen in den Weichteilen des Rachens entsteht« (Pirsig). Heute wird das Schnarchen als akustisches Symptom unter praktischen Aspekten wie folgt unterteilt:

- gelegentliches Schnarchen;
- chronisches oder habituelles Schnarchen ohne pathologische Apnoe;
- Schnarchen als Symptom des Schlaf-Apnoe-Syndroms.

Epidemiologische Untersuchungen weisen einen relativ hohen Anteil an Schnarchern in der erwachsenen Bevölkerung aus. Unter 5713 erwachsenen Einwohnern der Republik San Marino fand der Schlafmediziner Lugaresi 19% chronische Schnarcher. Bei einer Studie in Kanada fand man, daß mit zunehmendem Alter die Schnarcher ständig zunehmen. In der Gruppe der 70jährigen waren 84% Schnarcher bei den Männern und 73% bei den Frauen.

Bei den Schnarchern über 40 Jahre wurde eine arterielle Hypertonie (Bluthochdruck) doppelt so häufig festgestellt als bei Nichtschnarchern. Schnarchende Männer, die rauchten und übergewichtig waren, hatten viermal häufiger als Nichtschnarcher eine arterielle Hypertonie.

In welchen Schlafstadien wird geschnarcht?

Das Schnarchen wurde auch in Abhängigkeit zu den Stadien der Schlafstruktur untersucht. Lugaresi stellte mit seinen Mitarbeitern fest, daß Schnarchen in den NONREM-Stadien 2–4 anschwillt und im REM-Schlaf wieder abnimmt.

Schnarchmuskeln

Bei der Registrierung der Anzahl der Schnarchperioden wurden im Mittel 1015 Schnarchgeräusche pro Nacht, d.h. 154 pro Stunde bei Gewohnheits-Schnarchern nachgewiesen. Das Schnarchen soll von 23 Muskelpaaren im Rachenabschnitt bewirkt werden. Dies sind größtenteils kleine Muskeln, die Kontraktionszeiten von drei bis fünf Millisekunden haben. In ihrer Schnelligkeit werden die »Schnarchmuskeln« nur von den Augenmuskeln übertroffen.

Körperlage beim Schnarchen

Der infolge des Schlafes zurückgesunkene Zungengrund begünstigt das Schnarchen, besonders in Rückenlage.

So wurde festgestellt, daß 83% der Schnarcher in Rückenlage, aber teilweise auch in rechter bzw. linker Seitenlage schnarchten.

Neben der Funktion des zurückgefallenen

Zungengrundes beim Schnarchen ist auch die Nasenpassage der Luft zu berücksichtigen. Vergleichsuntersuchungen von Versuchspersonen mit freier und verstopfter Nase zeigten, daß bei Nasenverstopfung alle Versuchspersonen schnarchten, bevorzugt in der Rückenlage.

Bei übergewichtigen Schnarchern dürfte die Lage keine Rolle spielen, sie schnarchen in jeder Position. Bei allen noch widersprüchlichen Befunden kann festgestellt werden, daß die Rückenlage bei Normalgewichtigen eine Auslösefunktion für das Schnarchen und Apnoe-Episoden ausübt.

Bei Schnarchern wurden folgende typische Befunde erhoben:

Mundhöhle: Plumpe große Zunge, welche bei offener Mundhöhle die Gaumenstruktur in bestimmter Weise verdeckt. Kieferkompression, harter Gaumen, mangelnder Bißschluß zwischen Ober- und Unterkiefer.

Weicher Gaumen: Das »Schnarcherzäpfchen« ist überlang und durchhängend. Morgens zeigt es oft Ödeme. (Das Gaumenzäpfchen ist durch Flüssigkeitsansammlung verdickt.) In manchen Fällen ist der weiche Gaumen von Schnarchern dünn und muskelarm, narbig oder durch Erkrankungen gelähmt.

Rachenschleimhaut: Schleimhautüberschuß im Rachen. Wird der Würgereflex ausgelöst, faltet sich die Schleimhaut.

Mandeln: Übergroße Rachenmandeln, die sich in der Mitte berühren, sollen besonders bei Kindern Schnarchen auslösen.

Nase: Knorpelige Gerüstverbiegungen, allergisch geschwollene Schleimhäute.

Verursacher des Schnarchens

Für das Verursachen des Schnarchens werden zahlreiche Faktoren angeführt, von denen nachfolgend wesentliche aufgezählt werden sollen:

- genetische Faktoren (Schnarcherfamilien);
- neuromuskuläre Erkrankungen;
- Lebensalter;
- Übergewicht;
- Schlafentzug;
- Schlaftiefe;
- Alkohol;
- Rauchen;
- Medikamente (Beruhigungs- und Schlafmittel);
- erhöhter Nasenwiderstand;
- Rachenmandeln;
- große Gaumenmandeln;
- große Zunge;
- kleiner Unterkiefer;
- Kehlkopf-Tiefstand;
- mechanische Faktoren;
- negativer Einatmungsdruck;
- Halsbeengung;
- Rückenlage;
- Lungenvolumen.

Was kann gegen das Schnarchen getan werden?

So vielfältig wie die Ursachen für das Schnarchen sind, so vielfältig sind auch entsprechende Behandlungsverfahren. Deshalb kann es keine allgemeingültigen Empfehlungen geben. Folgende Ratschläge sind daher immer für den spezifischen Fall, bezogen auf die Ursache, gedacht. Zu den sogenannten konservativen Methoden zählen:

- Reduzierung von Nahrung bei Übergewichtigen;
- keine Schlafmittel;
- Reduzierung des Alkoholgenusses bei solchen, die regelmäßig trinken;

Merke!
Ein Nichtschnarcher kann durch Alkohol zum Schnarcher, ein Schnarcher zum Schlafapnoekranken und ein Schlafapnoekranker zum Todeskandidaten werden.

- Nichtrauchen;
- Einsatz von Weckmitteln zur Veränderung der Körperlage, in welcher geschnarcht wird;
- Halskrawatten und Kinnbinden;
- Stellungsregulation der Zunge und Zähne;
- nasale kontinuierliche Überdruckbeatmung bei Vorliegen von Schlafapnoe;
- Psychotherapie in bezug auf die Einhaltung einer schnarchlosen Körperlage;
- Behandlung der Ehepartner der Schnarcher;
- Schutzmaßnahmen gegen Schnarchen des Partners, vor allem zur Bekämpfung des Schlafdefizits.

In angezeigten Fällen sind entsprechende Operationen durch den Hals-Nasen-Ohrenspezialisten angeraten. Der Pariser Arzt Dr. Yves-Victor Kamami hat kürzlich eine von ihm erfolgreich praktizierte Methode zur Behandlung des Schnarchens vorgestellt. Hierbei wird der durch das vergrößerte Gaumenzäpfchen verengte Rachenraum durch Bedämpfen mit Kohlendioxyd-(CO_2-)Laser erweitert. Diese Methode wird mit örtlicher Betäubung ambulant durchgeführt. Infolgedessen ist dieser Eingriff viel schonender für den Patienten, als die operative Behandlung, die in Vollnarkose vorgenommen wird und einen stationären Klinikaufenthalt bedingt.
Im Handel werden viele Mittel gegen Schnarchen angeboten. Vor Anwendung derartiger Mittel sollte der Arzt befragt werden.
Zur Diagnose der Schlafapnoe werden Symptom-Bewertungsbögen verwendet (siehe Seite 109). Wenn die Antworten des Symptom-Bewertungsbogen auf eine Schlafapnoe hindeuten, dann wird eine ausführliche allgemein-klinische Untersuchung und dann eine Langzeitregistrierung (1–3 Nächte) mit dem Datenspeichergerät »MESAM« zur Messung der Parameter EKG, Sauerstoffgehalt im Blut, Schnarchen und Aktograph durchgeführt. In manchen Fällen wird auch der Blutdruck registriert.
Wird bei einem Patienten die Schlafapnoe diagnostiziert, dann wird er in einem Schlafdiagnostischen Labor auf die sogenannte NCPAP-Therapie eingestellt (NCPAP = **N**asal **C**ontinuous **P**ositive **A**ir **P**ressure = nasale kontinuierliche positive Überdruckbeatmung). Dieses Gerät, das durch einen kontinuierlichen Luftstrom den Rachenraum während des Schlafes offenhält, ist derzeit das Mittel der Wahl bei der Behandlung der Schlafapnoe. Da eine Daueranwendung erforderlich ist, wird das Gerät zum häuslichen Gebrauch übergeben. Die Arbeitsdauer des Gerätes beträgt acht bis zehn Jahre. Die Krankenkassen tragen dafür die Kosten (5000 DM – Stand 1991).

SYMPTOM-BEWERTUNGS-BOGEN

Zutreffendes auf Vorder- und Rückseite sorgfältig ausfüllen bzw. ankreuzen; wenn der Platz nicht ausreicht, legen Sie bitte einen zusätzlichen Bogen bei.

Nachname: .... Vorname: ....

Geburtsdatum: .... Heutiges Datum: ....

Postleitzahl: .... Wohnort: ....

Straße .... Telefon: ....

Körpergröße: .... cm Gewicht: .... kg

Zuletzt ausgeübter Beruf: ....

Von wem wurden Sie an uns überwiesen bzw. verwiesen?

....

Wie sind Sie krankenversichert? (nichtzutreffendes durchstreichen)

privat/gesetzlich bei der ....

Leiden Sie unter Einschlafschwierigkeiten?	☐ Ja, seit .... Jahren ☐ Nein
Nehmen Sie Schlafmittel?	☐ Ja, seit .... Jahren ☐ Nein
Falls bekannt: Haben Sie Bluthochdruck (Hypertonie)?	☐ Ja, seit .... Jahren ☐ Nein
Wenn Sie Ihre Blutdruckwerte kennen, dann geben Sie diese bitte rechts an:	.... zu .... (syst.) (diast.)
Schnarchen Sie?	☐ Ja, seit .... Jahren in .... Nächten pro Woche für ca. .... Stunden ☐ Nein

Kommt es vor, daß Sie laut und unregelmäßig schnarchen?	☐ Ja, seit .... Jahren ☐ Nein
Neigen Sie dazu, gegen Ihren Willen tagsüber einzuschlafen (z. B. bei Besuchen, im Kino oder während der Mahlzeiten?	☐ Ja, seit .... Jahren ☐ Nein
Sind bei Ihnen auffällige, länger als ca. 10 Sekunden dauernde Atemstillstände während des Schlafes bemerkt worden?	☐ Ja, seit .... Jahren ☐ Nein
Für Führerscheininhaber (jährliche Fahrtstrecke ca. .... km): Haben Sie Mühe, beim Autofahren wach zu bleiben?	☐ Ja, seit .... Jahren nach .... min. Fahrt ☐ Nein
Hatten Sie in den letzten drei Jahren Verkehrsunfälle, bei denen Ihre Einschlafneigung eine Rolle spielte?	☐ Ja, ... Unfälle ☐ Nein, keine Unfälle

---

Schildern Sie bitte kurz Ihre Hauptbeschwerden bzw. den vordringlichsten Grund für die Vorstellung bei uns:

....

Haben Sie bisher andere Ärzte oder Kliniken wegen dieser Beschwerden aufgesucht?	☐ Nein ☐ Ja, und zwar:

Bitte genaue Anschrift angeben: ....

....

Bitte nach vollständigem Ausfüllen an folgende Adresse schicken:

Schlaflabor der
Charité, Humboldt-Universität Berlin

Ziegelstraße 5–9
Berlin
O-1040

Warum gähnen wir? Warum werden wir müde?

Plötzlich überfällt es uns, das Gähnen. In jeder Situation kann es uns überkommen. Unsere Selbstbeherrschung geht meistens als Verlierer aus diesem inneren Zweikampf hervor. Schließlich beabsichtigen wir ja nicht, unseren Mitmenschen zu zeigen, daß wir müde sind. Mit zugepreßtem Mund versuchen wir, das Gähnen zu unterdrücken. Es nutzt nichts, es setzt sich unweigerlich durch. Das Gähnen ist eine Funktion, die immer mit der Müdigkeit und dem Schlaf im Zusammenhang gebracht wird. In der Tat, wenn abends das Gähnen sich meldet, dann ist es für viele Menschen ein Signal, ins Bett zu gehen. Gähnen kann aber auch morgens auftreten, obgleich man eine Nacht mit durchschnittlicher Schlafqualität hinter sich hat. Es trifft häufig den »Morgenmuffel«. Aber auch Langeweile und schlecht gelüftete Räume veranlassen zum Gähnen. Gähnen wird als ein tiefer Atemzug charakterisiert, der den Kreislauf anregt und einen vermehrten Sauerstoffbedarf decken soll. In manchen Situationen werden wir durch das Gähnen anderer veranlaßt, gleiches zu tun. Es ist ansteckend, heißt es in solchen Fällen. Soziale Expression sagen die Fachleute dazu. Obgleich der Mensch von der Geburt bis zum Tod vom Gähnen befallen wird, ist diese alltägliche Erscheinung noch relativ wenig wissenschaftlich untersucht. Über seine neurobiologischen Mechanismen weiß man kaum etwas. Es bestehen folgende Vorstellungen über das Auslösen des Gähnens:

- Gähnen als Vorläufer des Schlafes im Sinne der Ankündigung, daß es nun Zeit sei, schlafen zu gehen;
- Gähnen als Ausdruck allgemeiner Müdigkeit ohne besondere Ursache;
- Gähnen als Zeichen einer Unterforderung der geistigen und körperlichen Prozesse, z. B. bei Langeweile und sitzender Tätigkeit oder sitzender Freizeitgestaltung (Bewegungsarmut);
- Gähnen als ein Signal für Mangel an Sauerstoff im Gehirn. Dieser tritt auf, wenn man sich in einer sauerstoffarmen Umgebung befindet (schlecht gelüftete Räume) oder bei arterieller Hypotonie (zu niedrigem Blutdruck) oder bei schlechter Aufnahme des Sauerstoffs im Blut trotz normalen Angebots an frischer Luft;
- Gähnen als Folge einer geistigen Überlastung wegen übermäßigem Sauerstoff- und Energieverbrauch, z. B. bei chronischem Streß und chronischen Konflikten;
- Gähnen als eine soziale Expression;
- Gähnen als Folge von Hunger (Mangel an Glukose/Traubenzucker);
- Gähnen als Folge einer kurzzeitigen oder langzeitigen körperlichen Belastung (z. B. Treppensteigen für Untrainierte).

Das Gähnen ist nicht nur eine Erscheinung beim Menschen, sondern wird auch bei allen Säugetieren, z. B. beim Affen, Hund und bei der Katze beobachtet. Hier überträgt der Mensch seine eigenen Erfahrungen und behauptet, das Tier sei müde. Nun beobachtet

man, daß Tiere auch nach dem Schlaf gähnen und sich hierbei recken und strecken. Derartiges Verhalten wäre eher als ein Ausdruck zur Beseitigung der Müdigkeit zu werten.
Es wurden zahlreiche Tierexperimente angestellt, in denen die Frage beantwortet werden sollte, ob Gähnen infolge Sauerstoffmangels oder Transmittermangels (Transmitter sind Überträgerstoffe an den Kontaktstellen zwischen den Nervenzellen) entsteht. Unsere Untersuchungen zeigten, daß nicht nur Sauerstoff- und Transmittermangel zum Gähnen veranlassen, sondern auch ein Mangel an anderen Energieträgern z. B. an Glukose. Wir vertreten daher die Auffassung, daß eine Veränderung des Gleichgewichts des Energie- und Transmitterhaushaltes im Organismus für das Auslösen des Gähnens verantwortlich ist. Um dieses Gleichgewicht (Homöostase) wieder herzustellen, erfolgt ein überstarker Atemzug. Dieser führt nicht nur dem Organismus mehr Luft zu, sondern regt gleichzeitig auch den Kreislauf an. Infolgedessen gelangen Energiereserven schneller an den Ort des Energiedefizits, an die Hirnzellen. Das Gehirn hat keine Reservedepots an Energieträgern und ist stets auf kontinuierliche Zufuhr angewiesen. Wenn die Zufuhr unterbrochen wird, fallen sofort viele Hirnfunktionen aus. Das Gähnen stellt daher einerseits eine Schutzreaktion dar, um den Ausfall von Hirnfunktionen zu verhindern, und ist andererseits eine Signalfunktion, um den Menschen anzuregen, etwas gegen dieses Energie- und Transmitterdefizit zu tun.
Müdigkeit tritt meist in Verbindung mit dem Gähnen auf. Sie kann beseitigt werden, indem die veränderte Homöostase des Energie- und Transmitterwechsels wiederhergestellt wird.
Müdigkeit kann durch Ruhen und Schlafen überwunden werden; aber auch durch körperliche und geistige Aktivität (z. B. kreative Tätigkeit, Spaziergänge, Sport). Wenn keine starke Erschöpfung vorliegt, sollte man das Müdesein mit intensiver Tätigkeit überwinden. Voraussetzung dafür ist, daß man Willensstärke aufbringt.
Wir kennen verschiedene Formen der Müdigkeit, z. B. eine periphere Müdigkeit der Muskulatur. Diese tritt auf, wenn bei großen sportlichen Leistungen (z. B. Radrennen) den Muskelzellen zu wenig Energiestoff angeboten wird und/oder die Abbauprodukte der Energiestoffe (sogenannte Schlackenstoffe) nicht mit dem erforderlichen Tempo beseitigt werden. Der Radrennfahrer kann das Gefühl haben, daß seine Beine »bleiern« sind. Diese Erscheinung wird auch »Hungerast« genannt. Rechtzeitige Energiezufuhr beseitigt den Hungerast. Wenn aber ein bestimmter Zeitpunkt überschritten wird, das heißt, wenn mit der Nahrungszufuhr zu lange gewartet wird, dann ist dieser Zustand der Müdigkeit vorerst nicht so leicht zu überwinden. Ähnliche Erscheinungen können auch bei einem Schwerstarbeiter auftreten, der nicht regelmäßig Nahrung zu sich nimmt.
Abgeschwächte Formen der peripheren Muskelmüdigkeit verspürt jeder, der sich am Tag körperlich belastet hat. Diese ist gewöhnlich durch den Tiefschlaf wieder zu beseitigen.
Die zentrale Müdigkeit geht vom Gehirn aus, und sie spiegelt sich sowohl in psychischen Leistungen als auch in Muskelprozessen wider. Hierbei kann ein Leistungsverlust in

den Muskeln bei relativ normalem Energiestoffwechsel eintreten.
Die zentrale Müdigkeit des Gehirns ist auf einen Mangel der Energiestoffe in den Nervenzellen zurückzuführen. Verschiedene Faktoren, z. B. auch der Wille, können für kürzere Zeit Energiereserven mobilisieren und der zentralen Müdigkeit entgegenwirken. Wenn aber die Energiemobilisierung für die Überwindung der Müdigkeit z. B. durch Medikamente (Doping) überzogen wird, kann es zum Zusammenbruch des gesamten Funktionssystems kommen. Die zentrale Müdigkeit kann auch durch monotone Tätigkeiten ausgelöst werden. Manche Menschen, die immer flotten Schrittes gehen, werden bei einem langsamen Spaziergang schnell müde.
Gähnen und Müdigkeit haben also nicht immer unbedingt etwas mit dem Schlaf zu tun. Die Müdigkeit eines Menschen mit einer arteriellen Hypotonie, die dieser am Morgen verspürt, kann zwar einerseits auf die schlechte Schlafqualität der vergangenen Nacht zurückgeführt werden, aber auch auf den sehr niedrigen Blutdruck nach dem Aufstehen.
Wenn der Blutdruck sehr niedrig ist, wäre es falsch, diese Müdigkeit durch weiteren Schlaf beseitigen zu wollen. Das Gegenteil würde eintreten. Besser ist es, den Kreislauf durch Gymnastik und andere leichte sportliche Übungen oder mit einer Tasse Kaffee in Gang zu bringen. Danach wird die Müdigkeit bald verschwunden sein. Es ist also dringend geboten, festzustellen, welche Ursachen die Müdigkeit und das häufig damit verbundene Gähnen haben.
Nicht wenige Fragen sind zum Gähnen und zur Müdigkeit noch offen. So auch die Antwort auf die Frage, warum Gähnen »ansteckend« ist. Hierfür gibt es zwar Erklärungen, aber keine wissenschaftlichen Belege. So wird behauptet, daß das Aufreißen des Mundes beim Gruppenverhalten des Urmenschen die Schlafenszeit signalisieren sollte. Man nannte diese Prozedur »in den Schlaf gähnen«. Es wird berichtet, es solle heute noch Urvölker geben, die Mitglieder ihres Stammes, die schlecht einschlafen können, »eingähnen«.
Es gibt auch eine Müdigkeitskrankheit, in der Fachsprache als chronisches Müdigkeitssyndrom (CMS) bezeichnet. Die Patienten leiden an chronischer Müdigkeit, Erschöpfung und Muskelschmerzen. Eine Forschergruppe der Universität von Kalifornien in San Franzisko stellte kürzlich fest, daß bei diesen Patienten eine Überproduktion eines bestimmten Typs von Immunzellen besteht. Infolgedessen befindet sich das Immunsystem in einem ständigen Alarmzustand, woraus der Erschöpfungszustand resultiert. Diese Müdigkeitskrankheit hat Ähnlichkeit mit Erscheinungen, wie wir sie bei einer Grippe oder anderen Erkrankungen kennen. Mit dem Schlaf hat sie nichts zu tun. Die kalifornische Forschergruppe hat sich das Ziel gestellt, gegen diese bisher kaum bekannte Form von chronischer Müdigkeit ein neues Medikament zu entwickeln.

Blutdruck im Schlaf

Beim Gesunden gibt es bezüglich des Blutdruckes im Schlaf zwei Aspekte zu berücksichtigen. Wir können seinen Verlauf einerseits während des gesamten Schlafes beurteilen, d. h. unabhängig von den Schlafphasen. Andererseits ist es möglich, den Blutdruck in Beziehung zu NONREM-Schlaf und REM-Schlaf zu sehen.

Betrachten wir den Blutdruck in seinem schlafphasenunabhängigen Verlauf, dann können wir beobachten, daß nach etwa eineinhalb bis zwei Stunden die tiefsten Druckwerte erreicht wurden. Das ist in etwa im zweiten Schlafzyklus der Fall. Danach steigt er zunächst langsam kontinuierlich wieder an und hat zum Zeitpunkt des Erwachens, spätestens aber nach dem Aufstehen, seine normale Ausgangslage wieder erreicht. Messungen, die wir an zehn Personen vor dem Einschlafen und 80 Minuten nach Beginn des Einschlafens vornahmen, ergaben folgende Werte:

Vor dem Schlaf:	
systolischer Druck	122,5 ± 2,7 Torr.
diastolischer Druck	82,1 ± 2,6 Torr.

80 Minuten nach dem Einschlafen:	
systolischer Druck	106,8 ± 4,1 Torr.
diastolischer Druck	72,5 ± 2,7 Torr.

Wir sehen also in den ersten 80 Minuten einen beträchtlichen Abfall des Blutdruckes. Dieser hängt damit zusammen, daß zu diesem Zeitpunkt die Aktivität des sympathischen Nervensystems am geringsten ist. Bei Vergleichen des Blutdruckes während des NONREM- und REM-Schlafes ist gewöhnlich festzustellen, daß die Werte im NONREM-Schlaf unter dem Ausgangsniveau vor dem Einschlafen und die des REM-Schlafes im oder über diesem Ausgangsniveau liegen. Beim Schlafgesunden mit normalem Blutdruck ist normalerweise auch eine gute Schlafqualität zu erwarten.

Nun gibt es aber krankhaft bedingte Abweichungen des Blutdruckes. Diese können durch Erhöhung oder Verminderung der Blutdruckwerte zum Ausdruck gebracht werden. Im ersten Fall wird die Bezeichnung arterielle Hypertonie, im zweiten arterielle Hypotonie angewendet.

Unter unseren schlafgestörten Patienten befanden sich etwa ein Drittel mit einer arteriellen Hypertonie und etwa ein Drittel mit einer arteriellen Hypotonie.

Hierbei stellte sich heraus, daß diese beiden Gruppen unterschiedliche Muster des Schlaf-Wach-Zyklus auswiesen. Bei den **Hypertonikern** stehen die Schlafstörungen im Vordergrund ihrer Schilderungen. Häufig erfahren sie erst beim Schlafmediziner, daß sie einen hohen Blutdruck haben. Objektiv liegen verlängerte Einschlafzeiten und häufigeres nächtliches Erwachen vor. Meistens schläft der Hypertoniker wieder ein. Sein Schlaf ist oberflächlich und zerhackt. Es fehlt die entsprechende Erholung, weil die Schlafzyklen nicht vollständig ablaufen. Die verlängerten Einschlafzeiten gehen gewöhnlich mit hohen Erregungszuständen einher. Je weniger der

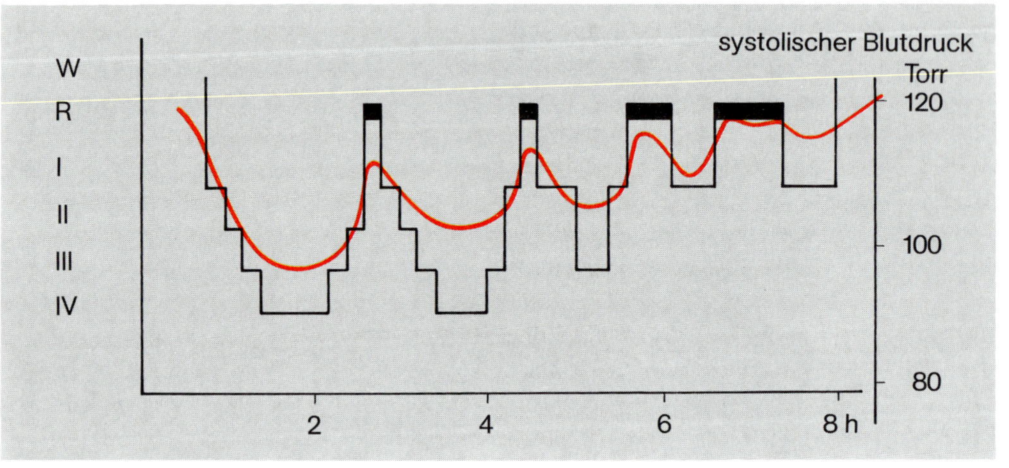

Schematische Darstellung des systolischen Blutdruckverlaufes während des Schlafes eines Gesunden. Der systolische Blutdruck ist der bei der Messung zuerst erfaßte Wert. Er entsteht bei der Kontraktion (Zusammenziehen) des Herzens, wodurch das Blut herausgedrückt wird.
(W = Wachzustand; R = REM-Schlaf; I–IV = NON-REM-Stadien.)

Schlaf eintritt, um so erregter wird der Hypertoniker. Das nächtliche Erwachen ist häufig mit Alpträumen, Angstschweiß und Herzrasen verbunden.

Der Hypertoniker hat gewöhnlich einen relativ guten Start am Morgen und kommt gut und schnell in Gang. Spätestens nach dem Mittagessen tritt aber zunehmend Erschöpfung und Leistungsschwäche auf. Bei längerem Bestehen des beschriebenen pathologischen Schlafmusters kann sich bald Bettangst ausbilden, wodurch sowohl die Schlafstörungen als auch der Bluthochdruck verstärkt werden. Der Hypertoniker spricht gewöhnlich relativ gut auf psychotherapeutische Maßnahmen an. Beachtet werden muß hierbei, daß manche blutdrucksenkenden Mittel – besonders bei Dauereinnahme – den Schlaf hemmen können.

Schlafgestörte Patienten mit einer **Hypotonie** haben bezüglich des Einschlafens und des nächtlichen Erwachens verschiedene Variationen auszuweisen. Im ersten Fall schlafen diese Patienten bald ein. Nach zwei bis drei Stunden erwachen sie mit starken Erregungszuständen und Herzrasen und finden nicht wieder in den Schlaf, besonders dann, wenn sie weiterhin im Bett liegen bleiben. Dieses Erwachen ist infolge des niedrigen Blutdruckes auf eine Mangeldurchblutung im Gehirn zurückzuführen. Daraus resultiert für die Hirnzellen ein Mangelangebot an Sauerstoff und Glukose.

Das Erwachen stellt eine Notfallsreaktion des Gehirns dar, womit ein weiteres Absinken des Blutdruckes und damit eine Gefährdung der Gesundheit und des Lebens des Schlafenden abgewendet wird.

Im zweiten Fall kommen die Patienten so gut wie nicht in den Schlaf. Sobald sie sich ins Bett legen, sind sie hellwach. Wenn diese Patienten längere Zeit im Bett liegen bleiben, wird ihr Wachzustand immer ausgeprägter. An Schlaf ist dann kaum noch zu denken. In diesen Fällen ist der Blutdruck und der Blutfluß im Gehirn bereits nach dem Hinlegen so niedrig, daß noch vor dem Einschlafen die Notfallsreaktion vom Gehirn eingeleitet wird. Hier kann der Einstieg in einen Teufelskreis beginnen, der schwer zu durchbrechen ist: Einerseits ist die Notfallsreaktion etwas Positives, sogar Lebensrettendes, weil der Schlafende vor Eintreten einer für ihn bedrohlichen Situation erwacht; andererseits kann das ständige Erwachen zu einer starken Belastung werden, wenn ein Defizit an Schlaf und Erholung auftritt. Schlafdefizit wiederum intensiviert die Notfallsreaktion, weil infolgedessen der Blutdruck noch niedrigere Werte annimmt. Wir haben bei solchen Patienten nachts Blutdruckwerte von 50/30 Torr. gemessen.

In der nachfolgenden Tabelle haben wir die mittleren Blutdruckwerte von zehn Insomniepatienten mit einer arteriellen Hypotonie vor dem Einschlafen und 80 Minuten danach dargestellt.

Vor dem Einschlafen:

systolischer Druck	103,3 ± 5,1 Torr.
diastolischer Druck	70,0 ± 3,2 Torr.

Schematische Darstellung des systolischen Blutdruckverlaufes während des Schlafes eines Patienten mit arterieller Hypotonie. Der Blutdruck fällt sehr tief ab. Es kommt zur lebensrettenden Notfallreaktion und somit zum Erwachen mit Erregungszuständen, die häufig ein Weiterschlafen verhindern. (W = Wachzustand; R = REM-Schlaf; I–IV = NON-REM-Stadien.)

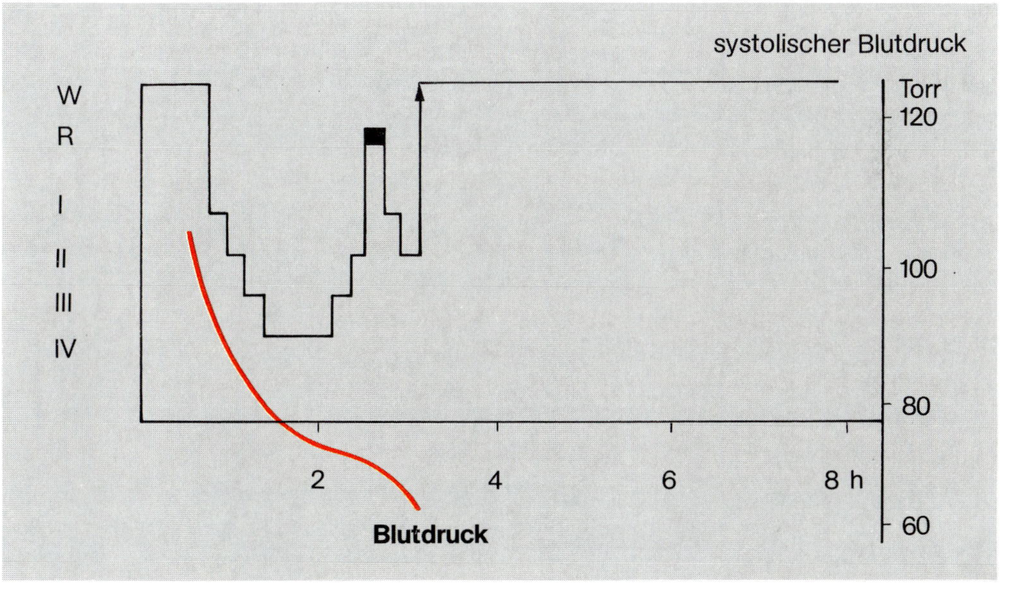

80 Minuten nach dem Einschlafen:

systolischer Druck	73,3 ± 5,1 Torr.
diastolischer Druck	49,2 ± 8,6 Torr.

Die Hypotoniker berichten über Müdigkeit, Leistungsschwäche, depressive Zustände, Wetterfühligkeit, Kältegefühl, Schweißausbrüche, Kribbeln in Armen und Beinen beim Einschlafen und auf das Herz bezogene Angstgefühle des Nachts. Am Tage kam es zu Gähnzwang und plötzlichem Einschlafen, besonders wenn monotone Bedingungen bestanden. Beschwerden des Verdauungstraktes (Völlegefühl, Durchfall, Appetitlosigkeit) traten auf. Die Hypotoniker gaben an, zuwenig zu schlafen. Morgens hatten sie Startschwierigkeiten. Die Müdigkeit am Morgen und während des Tages und die spontanen Einschlafanfälle am Tage waren die Ursache für eine ärztliche Konsultation. Die spontan auftretenden Schlafanfälle führten die Patienten gewöhnlich auf ein Schlafdefizit in der Nacht zurück. Ein großer Teil dieser Patienten gab an, daß die Schlafanfälle nach Nahrungsaufnahme (bei kleinsten Mengen), bei monotoner Umwelt, beim Lesen oder beim Zuhören anderer Menschen auftraten. Häufig gingen Gähnanfälle voraus. Auch über Halswirbelsyndrome und Halsmuskelschmerzen wurde berichtet. Manuelle Therapie und Physiotherapie brachten zeitweilige Linderung. Pharmakotherapie der arteriellen Hypotonie, die bei einigen Patienten vorgenommen worden ist, schaffte gewöhnlich nur kurzzeitige Linderung. Danach trat Wirkungsverlust auf. Häufig veranlassen diese Medikamente zwar einen Blutdruckanstieg, aber gleichzeitig können sie auch Erregungszustände stimulieren, die den Schlaf verhindern. Schlafmittel verstärkten die Schlafstörungen der Hypotoniker. Sie lehnen deshalb von selbst die Einnahme von Medikamenten dieser Art ab.

Was ist bei den schlafgestörten Menschen mit verändertem Blutdruck zu tun?

Bei Personen mit einer arteriellen Hypertonie sollte in erster Linie die Behandlung der primären Krankheit erfolgen. Beachtet werden muß hierbei, daß keine Mittel verabreicht werden, die die Schlafstörung noch verstärken. Einige blutdrucksenkende Mittel haben diese Eigenschaft. Des weiteren sind physiotherapeutische Maßnahmen angezeigt. Schlafmittel können gelegentlich zum Einschlafen verwendet werden. Jedoch keine Dauerbehandlung!

Problematischer ist die Situation bei den Insomniepatienten mit arterieller Hypotonie. Gegen das Grundleiden gibt es gegenwärtig nur eine Empfehlung: Physisches Konditionstraining und physiotherapeutische Maßnahmen. Beides soll regelmäßig, aber nicht unmittelbar vor dem Schlaf erfolgen. Die beste Wirkung ist gegeben, wenn das Training vier bis sechs Stunden vor dem Schlafengehen absolviert wird. Des weiteren ist zu empfehlen: Liegezeit im Bett so kurz wie möglich halten! Keine Schlaf- und Beruhigungsmittel einnehmen! Wenn Einschlafen oder Weiterschlafen nach dem Erwachen nicht möglich sind, sollte das Bett verlassen werden. Leichte Gymnastik und Zufuhr von Glukose (Traubenzucker) helfen häufig. Die Zufuhr von Glukose führt nicht nur zu einer besseren Versorgung der Hirnzellen, sondern stimuliert auch das Insulin, welches eine schlaffördernde Wirkung hat. Wer nicht nierenkrank ist, kann seine Füße für fünf bis zehn Minuten in kaltes Wasser geben. Dadurch werden die Blutgefäße in den Beinen verengt und somit der gesamte Blutdruck, auch der im Gehirn, erhöht. In manchen Fällen hat auch eine Tasse mittelstarken Kaffees mit Milch und Zucker kurz vor dem Zubettgehen einen guten Schlaf ausgelöst.

In jüngster Zeit habe ich heilende Wirkungen mit dem Medikament Regulton, einem blutdruckerhöhenden Mittel, erzielt. Wenn die Patienten morgens und abends je eine Tablette einnahmen, dann erreichte der Blutdruck wieder ein annähernd normales Niveau. Infolgedessen kam es bei den meisten meiner Patienten auch zu einer Verbesserung der Schlafqualität. Die lästigen Schlafunterbrechungen blieben größtenteils aus.

Abschließend soll noch eine grundsätzliche Bemerkung zur arteriellen Hypotonie gemacht werden. Bisher vertrat die Medizin die Auffassung, daß dies eine harmlose Erscheinung sei und daß man damit hundert Jahre alt werden kann, weil kein Schlaganfall zu befürchten ist. Das ist aber nur die halbe Wahrheit.

Wie wir zeigen konnten, stellt die Hypotonie eine sehr belastende Krankheit dar, wenn sie zusammen mit Schlafstörungen auftritt. Deshalb sollte sie endlich nicht mehr Stiefkind der Medizin bleiben.

Schlaf und Ernährung

Ein altes chinesisches Sprichwort lautet: »Morgens iß kräftig, mittags mäßig, und deine Abendmahlzeit verschenke an deinen Feind!« Damit wird zum Ausdruck gebracht, daß überstarke Mahlzeiten vor dem Schlafengehen den gesunden Schlaf stören können. Entsprechende Empfehlungen, z. B. abends leichte Kost, finden wir in vielen Ratschlägen zur Verbesserung des Schlafes. Leider sind unsere Kenntnisse über die Funktionen des Magen- und Darmsystems im Schlaf noch relativ gering, so daß wir wenig über die Beziehung zwischen Schlaf, Ernährung, Nahrungsaufnahme und Verdauung wissen. Nachgewiesene Beziehungen zwischen Magensäureproduktion und Zwölffingerdarmbewegung einerseits und REM-Schlaf andererseits lassen die Schlußfolgerung zu, daß ein mit Nahrung belasteter Verdauungstrakt den Schlaf stärker beeinflussen kann als ein weniger belasteter. Da die Hirndurchblutung für die Qualität des Schlafes ein entscheidender Faktor ist, die Verdauung bekanntlich diese drosseln kann – besonders nach einem üppigen Abendessen –, so ist mit Sicherheit anzunehmen, daß eine reichhaltige Abendmahlzeit kurz vor dem Schlafengehen den Nachtschlaf zu stören vermag. Aber auch die mechanische Reizung der Magen- und Darmwände durch übermäßige Nahrungsaufnahme kann am Schlafen hindern. Die Rezeptoren des Verdauungstraktes können nämlich über Rückkopplungsmechanismen den Wachzustand im Gehirn fördern. Schließlich ist zu erwähnen, daß fettleibige Menschen nach der Aufnahme größerer Mahlzeiten in ihrer Atmung eingeschränkt sind. Damit provozieren sie eine schlechte Schlafqualität und schnarchen.

Auch die Zusammensetzung der Nahrung, die Wirkung der einzelnen Nährstoffe auf die Funktionen des Nervensystems und die Kombination der Nahrung mit Schlafmitteln muß beachtet werden. Die Nahrung kann sich unter Umständen als ein Kombinationspartner zum Arzneimittel gesellen und diesem eine völlig andere Wirkungsrichtung geben. So liegen wissenschaftliche Ergebnisse vor, die auf die Zusammensetzung zwischen der Art der Nahrung und Qualität des Schlafes verweisen.

Die Aminosäure Tryptophan, eine Vorstufe des Serotonins, das vor allem den Deltaschlaf (Tiefschlaf) aufrechterhält, hat bei Frauen, die mit einer eiweißreichen Kost ernährt wurden, niedrigere Werte als bei Frauen, die sich mit kohlehydratreicher Kost ernährten. Menschen mit Eßstörungen (z. B. Anorexia nervosa = nervöse Magersucht) haben gleichfalls niedrige Werte der Tryptophankonzentrationen aufzuweisen. Sie leiden unter häufigem nächtlichem Erwachen und unter vermindertem Tiefschlaf. Eine Gewichtszunahme bei Patienten mit nervöser Magersucht führte zur Verringerung des nächtlichen Aufwachens und zur Verbesserung der Qualität des Deltaschlafes. Wird Tryptophan als Mittel gegen Schlafstörungen eingesetzt, dann hat es im Zusammenhang mit einer kohlehydratreichen Kost eine bessere Wirkung. Bei einer eiweißreichen Kost wird die Wirkung dagegen vermindert, weil die mit der Nahrung zugeführten Aminosäuren die biochemischen Transportsysteme für das Tryptophan im Blut blockieren.

Die Ergebnisse der Tryptophanuntersuchungen sind zwar gegenwärtig noch umstritten, sie geben uns dennoch Hinweise darauf, was alles in den Beziehungen Schlaf und Ernährung zu berücksichtigen ist. Des weiteren ist bekannt, daß Insulin, welches im Kohlehydratstoffwechsel eine Rolle spielt, eine schlaffördernde Wirkung haben kann. Bei Diabetespatienten wurden infolge einer niedrigen Insulinkonzentration vermehrt Schlafstörungen nachgewiesen. Andererseits können kleine kohlenhydratreiche Mahlzeiten insulin-stimulierend wirken. Untersuchungen amerikanischer Schlafmediziner bestätigen diese Erfahrung.

Sie haben festgestellt, daß ein leichtverdaulicher Imbiß, wie Kornflakes mit Milch, kurz vor dem Schlafengehen den Weg in den Schlaf bahnt.

Wenn wir das Problem Schlaf und Ernährung betrachten, dann müssen wir auch die Erkenntnisse der Chronobiologie mit berücksichtigen. Interessant sind Untersuchungen des amerikanischen Chronobiologen Franz Halberg, der Versuchspersonen über einen längeren Zeitraum die gesamte Portion einer Reduktionskost von 2000 Kcal pro Tag, einer Gruppe nur morgens und der anderen Gruppe nur abends verabreichte. Dies führte zu Verschiebungen der zirkadianen Rhythmik verschiedener Stoffwechselfunktionen und bei der Abendgruppe zu einer Gewichtszunahme anstelle der erwarteten Gewichtsreduktion, die nur bei der Morgengruppe zu verzeichnen war. Es liegt auf der Hand, daß Verschiebungen in der Rhythmik sich auch in der Schlafqualität niederschlagen können. Der Moskauer Pädiater Tabolin verabreichte Kindern mit Verdauungsstörungen nicht die übliche Diät, die seiner Meinung nach frustrierend für die Kinder ist, sondern morgens gegen 3.00 Uhr Vollkost, welche die Kinder fröhlich und mit gutem Appetit aßen. Diese Maßnahme führte zu einer weitaus schnelleren Heilung als die konservative Therapie mit Diätkost. Trotz der morgendlichen Nahrungsaufnahme, hatten die Kinder einen erholsameren Schlaf als bei der Diät.

Diese Beispiele zeigen, daß auf jeden Fall zwischen zirkadianem Rhythmus und Nahrungsaufnahme Beziehungen bestehen, die für Prophylaxe und Therapie von Schlafstörungen von Bedeutung sein können. Folgerichtig ist anzunehmen, daß auch die rhythmischen Stoffwechselprozesse im Schlaf Abhängigkeiten von der Nahrungsaufnahme haben.

Der heutige noch längst nicht vollkommene Stand der Erkenntnisse über die Beziehungen zwischen Schlaf und Ernährung läßt ungeachtet dessen folgende Empfehlungen zu:

- *Nahrungs- und Flüssigkeitsaufnahme größeren Umfanges möglichst vor dem Schlafengehen vermeiden;*
- *ein kleiner Imbiß kurz vor dem Zubettgehen kann dagegen förderlich sein. Kornflakes und Milch werden als Mittel der Wahl empfohlen.*
- *ungünstigen Wechselwirkungen zwischen Schlafmitteln und der Nahrungszusammensetzung sollte Beachtung geschenkt werden.*

Hormonmangel kann den Schlaf stören

An der Regulation des Wach-Schlaf-Traum-Zyklus sind Hormone maßgeblich beteiligt. Manche Hormone können die Schlafqualität erhöhen, andere den Schlaf hemmen. Für den Wachzustand sind vor allem zwei Hormone verantwortlich: das Adrenalin, welches durch das Nebennierenmark produziert wird, und das Kortisol, das aus Zellen der Nebennierenrinde stammt. Beide Hormone werden als Wach- oder auch als Streßhormone bezeichnet. Im Wachzustand haben wir eine hohe Konzentration an Adrenalin, die bei Stressoreneinfluß sprunghaft noch weiter ansteigen kann und hierbei auch unsere Aufmerksamkeits- und Orientierungsreaktionen erhöht. Aber auch die Muskulatur kann infolge der Adrenalinstimulation Kraftreserven mobilisieren. Das Kortisol unterstützt die Adrenalinwirkung, indem es die beständige Leistungsfähigkeit aufrechterhält. Das Kortisol unterliegt einem Wochenrhythmus. Wenn man jeweils morgens unmittelbar nach dem Aufstehen die Kortisolkonzentration im Blut mißt, dann stellt man fest, daß der niedrigste Wert am Samstagmorgen und der höchste Wert am Montagmorgen vorliegt.

Beide Wachhormone haben ihre höchste Blutkonzentration am Morgen. Am Nachmittag vermindern sie sich und sind im Schlaf nur noch in geringen Mengen nachzuweisen. Bettangst, Erzwingenwollen des Schlafes, Konflikte, die mit ins Bett genommen werden, erhöhen die Wachhormone im Blut und verhindern eine gute Qualität des Schlafes.

Regenerierende Hormone, die die Fähigkeit zur Bildung neuer Eiweißkörper besitzen, treten im Schlaf – ganz besonders im Tiefschlaf (Deltaschlaf; NONREM-Stadium IV) in einer erhöhten Konzentration im Blut auf. Sie werden als anabolische Hormone bezeichnet. Eines davon ist das männliche Geschlechtshormon Testosteron. Von besonderer Bedeutung für die Bildung neuer Eiweißstoffe ist auch das Wachstumshormon. Es erreicht die höchste Konzentration im Deltaschlaf. Sobald der Schlaf eintritt, steigt das Wachstumshormon an. Wenn der gewöhnliche Zeitpunkt des Schlafengehens einmal um mehrere Stunden verschoben wird, dann steigt die Konzentration gesetzmäßig zu dem Zeitpunkt an, wenn der Betreffende gewöhnlich zu Bett geht. Das Wachstumshormon regeneriert im Schlaf die Zellen, bildet neue Eiweißstoffe und leitet die Proteinsynthese ein.

Wie wir sehen konnten, führen in der Wechselbeziehung Wachsein-Schlaf bestimmte Hormone ein funktionelles Wechselspiel. Die funktionelle Harmonie kann aber verloren gehen, wenn gegen eine natürliche Lebensweise verstoßen wird, z. B. bei der Schichtarbeit. Wenn die Nachtschicht läuft, sollte eigentlich das Wachstumshormon wirksam werden und das Adrenalin nur in geringer Konzentration vorhanden sein. Aber es sind Wachsein, Leistung und große Aufmerksamkeit gefordert. Infolgedessen wird durch das Gehirn eine erhöhte Konzentration von Adrenalin im Blut veranlaßt. Das geschieht für

den Menschen zu einem ungewöhnlichen Zeitpunkt, zu dem eigentlich das Wachstumshormon in einer erhöhten Konzentration im Blut vorhanden sein müßte, um die Regenerierung der Zellen zu bewerkstelligen.
Nun beginnt ein Kampf zwischen beiden Hormonen. Im Ergebnis dessen verändert sich das Befinden des Schichtarbeiters. Er wird müde und abgespannt. Bei manchen ist dieser Kampf der Hormone nur geringfügig ausgeprägt. Sie können sich gut an die Nachtschichtarbeit anpassen. Bei anderen dagegen entbrennt der Kampf der Hormone sehr heftig, aus dem schließlich die Untauglichkeit zur Schichtarbeit resultiert. Alkohol kann übrigens diesen Kampf der Wach- und Schlafhormone stark stimulieren. Deshalb sollten Nachtschichtarbeiter Alkohol meiden.
Während des REM-Schlafes erhöhen sich, wie bereits erwähnt, auch die Sexualhormone beim Mann und bei der Frau. Daraus resultieren die Erektion des Gliedes des Mannes und des Kitzlers der Frau sowie sexuell gefärbte Träume. Bei manchen Frauen ist unmittelbar vor der Menstruation ein Abfall der Schlafqualität zu beobachten, während unmittelbar nach der Menstruation der Schlaf eine gute Qualität haben kann.
Anomalien der Menstruation (Unregelmäßigkeit und Ausbleiben der Regel) sind häufig mit Schlafstörungen verbunden.
Die Schwangerschaft unterliegt ständig einem Wandel des Hormonstoffwechsels. Dieser zeigt sich auch im Schlafpolygramm. *In den ersten drei Monaten besteht ein erhöhter Schlafbedarf der Schwangeren.* Deltaschlaf überwiegt hier. Ab dem sechsten Monat der Schwangerschaft nimmt der Deltaschlaf ab. Dagegen ist eine Zunahme des REM-Anteils in den letzten drei Schwangerschaftsmonaten zu verzeichnen. Das Hormon Prolaktin, das die Milchproduktion der Frau während der Stillzeit anregt, wird während des Schlafes produziert. Bei schlafgestörten Patientinnen ist die Produktion des Prolaktins eingeschränkt.
In den Wechseljahren tritt bei vielen Frauen ein Mangel an Östrogenen auf. Das sind weibliche Geschlechtshormone, die auch das körperliche Wohlbefinden, ein ausgeglichenes Gefühlsleben und eine gute Schlafqualität sichern. Mit der Menopause werden diese Hormone im weiblichen Körper nicht mehr oder nur in sehr geringem Umfang produziert. Infolgedessen können neben anderen Wechseljahr-Beschwerden auch Schlafstörungen auftreten. Unsere Erfahrungen zeigen, daß eine langzeitige Behandlung der Frauen mit künstlich hergestellten Östrogenen diese Schlafstörungen beseitigt. Schlafmittel sind in diesen Fällen völlig unangebracht. Frauen, bei denen Schlafstörungen in den Wechseljahren auftreten, sollten zuerst zum Frauenarzt gehen.
Die erhöhte Konzentration der Schilddrüsenhormone bei der Überfunktion dieses Organs führt zur Erhöhung des Anteils des Deltaschlafes (NONREM-Stadium IV). Teilweise nimmt dieser Tiefschlaf bis zu 70 % des Gesamtschlafes ein. Das ist ein Ausdruck dafür, daß sich der Organismus eines Kranken mit einer Überfunktion der Schilddrüse im Schlaf erholen kann. Bekanntlich befinden sich diese Kranken am Tage in einer ständig erhöhten Stoffwechselregulation, d. h., der Energieverbrauch am Tage ist sehr hoch. Bei

weit fortgeschrittener Krankheit kann dieser Ausgleich durch den Schlaf nicht mehr erfolgen. In diesem Fall leiden Patienten mit einer Überfunktion der Schilddrüse auch an Schlafstörungen. Schlafstörungen können auch bei einem Mangel an Insulin im Blut auftreten. Das ist beim Diabetes mellitus (Zuckerkrankheit) der Fall. Hier bleibt die schlafinduzierende Wirkung des Insulins aus.

Diese wenigen Beispiele zeigen, daß für einen gesunden Schlaf die harmonische Hormonregulation unabdingbare Voraussetzung ist. Hormonmangelerscheinungen oder Störungen in der Hormonregulation verursachen nicht selten Schlafstörungen. In diesen Fällen wird die Schlafstörung besser durch Hormonbehandlung beseitigt als durch Schlafmittel. Schlafmittel können unter Umständen den gesamten krankhaften Zustand verschlechtern.

Streß und Schlaf

Aus zahlreichen medizinischen Untersuchungen geht hervor, daß stressende Einflüsse und Belastungen der seelischen Prozesse in mehr als 50 % der Fälle an der Ursache zeitweiliger oder dauerhafter Schlafstörungen (Insomnien) beteiligt sind. Jeder wird aus eigenem Erleben bestätigen können, daß zum Beispiel Ärger mit dem Chef, Ehestreit, Angst, dauerhafte Konflikte, Arbeitslosigkeit, ungewisse Lebenssituationen und Hektik eine »unruhige Nacht«, das heißt, eine schlechte Schlafqualität zur Folge haben. Aber auch bevorstehende Ereignisse mit hohen Anforderungen, Schwierigkeitsgraden und ungewissen Ausgangsmöglichkeiten (Examen, Geschäftsabschlüsse) können den Schlaf belasten.

Über den Begriff Streß bestehen die verschiedensten, teilweise entgegengesetzten Ansichten. Der eine versteht unter Streß einen belastenden Umweltfaktor, der andere die Reaktion auf diese. Des weiteren wird Streß häufig generell als eine gesundheitsschädigende Erscheinung charakterisiert. Infolgedessen hat sich bei einem nicht geringen Teil der Menschen Angst und Furcht vor dem Streß so stark entwickelt, daß diese Einstellung zum streßerzeugenden bzw. streßverstärkenden Faktor wird. Ein typisches Beispiel hierfür ist die Bettangst, von der zahlreiche Patienten mit Schlafstörungen oder Schlafproblemen befallen sind. Bei dem Gedanken an die kommende Nacht entstehen bei diesen Menschen aus der pessimistischen Vorstellung nicht einschlafen oder durchschlafen bzw. nicht genügend schlafen zu können, Angst und Streß. Je häufiger und je intensiver sie sich gedanklich mit diesem Problem beschäftigen, desto stärker wird der Streß und desto geringer die Wahrscheinlichkeit, einen gesunden Schlaf zu erreichen. Auch wer den Schlaf unbedingt erzwingen will, erhöht in seinem Blut die Streßhormone, die das Wachsein stimulieren und das sehnlichst erwünschte Schlafbedürfnis vertreiben. In solchen Fällen sollte folgende Faustregel beachtet werden:

Der Schlaf ist wie eine Taube. Streckt man ihr ruhig die Hand hin, setzt sie sich darauf, greift man jedoch nach ihr, dann fliegt sie fort!

Damit wir uns über die Beziehung Schlaf – Streß verständigen können, müssen wir eine Begriffsbestimmung vornehmen. Dazu einige Vorbemerkungen:

Messungen der Körperfunktionen bei gestreßten Menschen ergeben gewöhnlich unter anderem einen Anstieg des Blutdrucks, der Nebennierenhormone Adrenalin und Kortisol, des Blutzuckers sowie eine Beschleunigung des Stoffwechsels und des Wasserhaushalts (vermehrter Urindrang). Diese Abweichungen der Werte der Körperfunktion von der normalen Ausgangslage (z. B. Blutdruck von 120/80 auf 160/90 Tor.) sind typische Zeichen dafür, daß Streß vorliegt. Wir verstehen daher unter Streß eine zeitweilige oder dauerhafte Abweichung der seelischen und Körperfunktionen vom normalen inneren Gleichgewicht (Homöostase). Größtenteils erfolgt ein Anstieg der Körperfunktionen und eine Erhöhung der psychischen Spannung. Unter bestimmten Umständen können aber auch eine Senkung der Werte der Körperfunktionen und depressive Zustände unter Streß auftreten. Streß ist eine in der Evolution entstandene, völlig normale Körperfunktion, welche die Anpassung an die sich ständig verändernden Umwelt- und sozialen Einflüsse gewährleistet. Streß versetzt den Menschen in einen Zustand erhöhter Bereitschaft, damit er bestimmte Anforderungen, Schwierigkeiten, Belastungen oder Gefahren bewältigen kann.

Streß kann durch viele Faktoren ausgelöst werden. Diese bezeichnen die Fachleute als Stressoren. Als Stressor können zahlreiche Einflüsse der Umwelt wirken, aber auch Selbststimulation durch gedankliches Beschäftigen mit ungelösten Problemen und durch Grübeln. Der Mensch kann, dank seiner Fähigkeit zum Denken, einmal erlebte stressende Erlebnisse so häufig gedanklich reproduzieren, wie er es möchte. Wenn es sich dabei um wiederholten intensiven Streß handelt, kann dieser zur starken Belastung werden, die sogar stärker sein kann als die real erlebte.

Schema zur Leistungs-Streß-Beziehung: Ordinate: Leistung; Abszisse: Erregung (Streß); durchgezogene Linie: adaptiver Typ; gestrichelte Linie: streßsensibler Typ.

Zuwenig Streß (Erregung) verhindert hohe Leistungen durch Motivationsmangel. Zuviel Streß (Erregung) schränkt die Leistung infolge Übererregung ein. Bei einem sehr hohen Grad an Erregung tritt Panik auf.

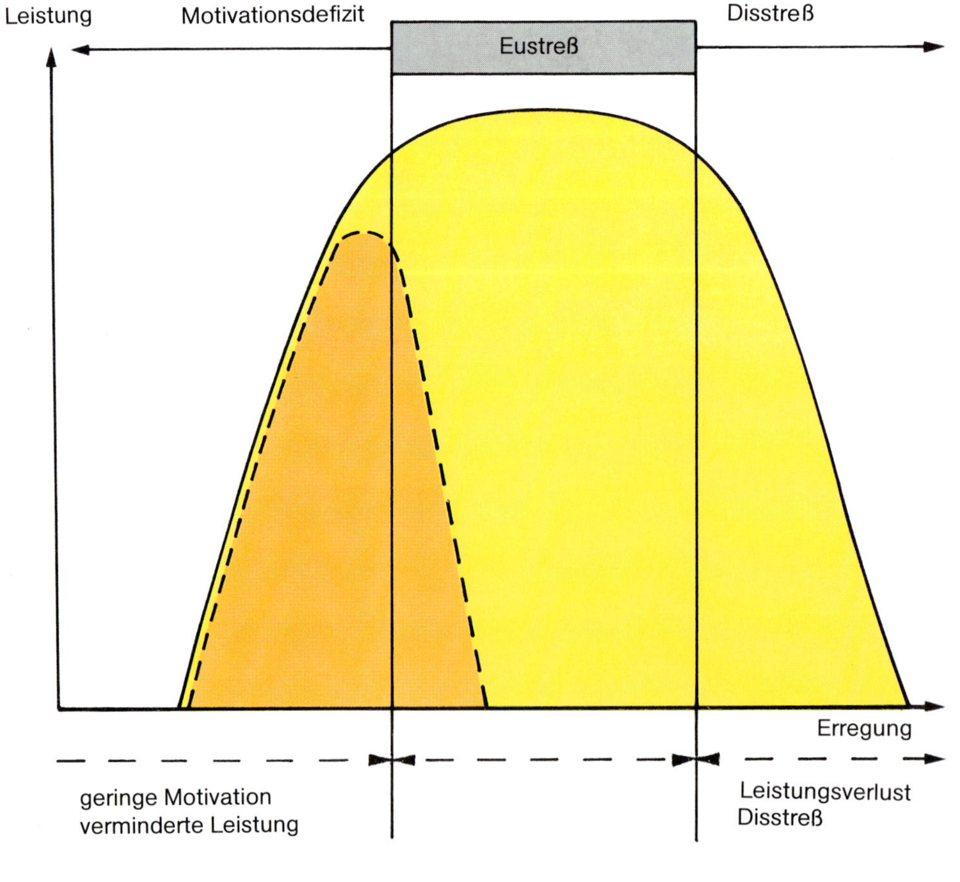

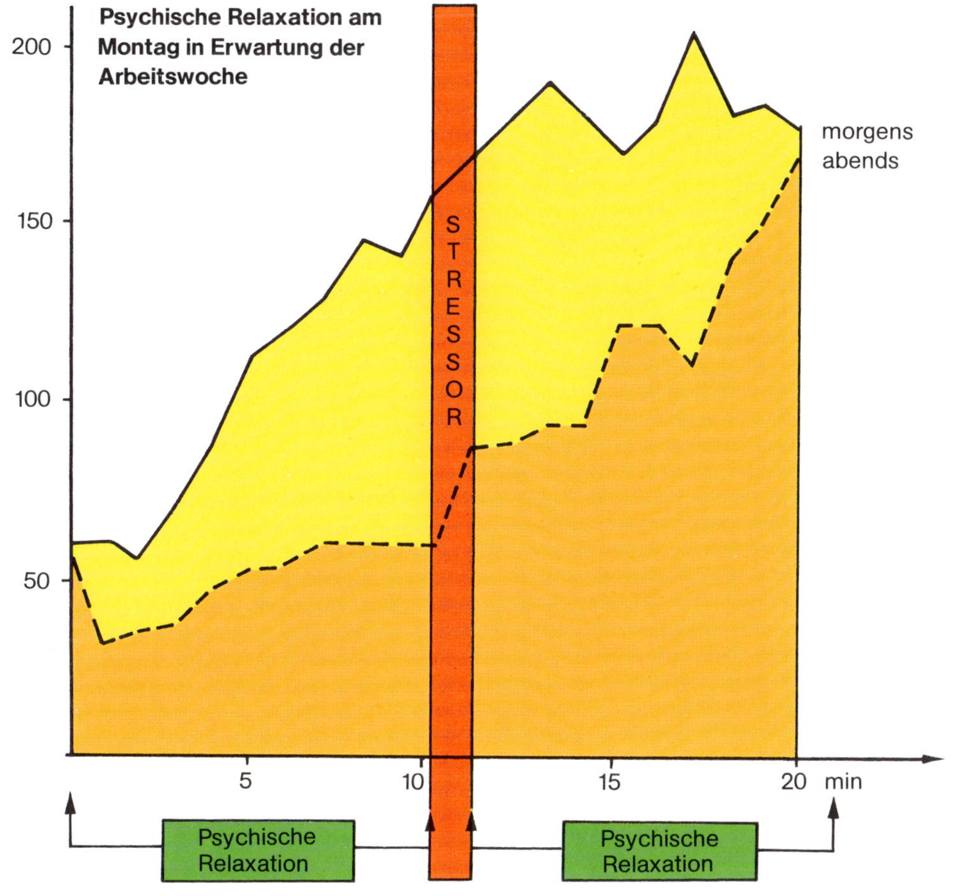

Oben:
Werte der Messung des Stresses und der geistigen Entspannung eines Beamten am Montag vor Beginn und nach Beendigung der Arbeitszeit: Obgleich das »erholsame« Wochenende hinter ihm liegt, befindet er sich im starken Streß: seine davorliegende Schlafnacht war die schlechteste in der Woche.

Unten:
Messung des Stresses und der geistigen Entspannung desselben Beamten am Freitag vor Beginn und nach Beendigung der Arbeitszeit. Am Freitagabend kann er gut psychisch entspannen, selbst ein Stressor kann ihn dabei nicht stören. Seine Schlafnacht vom Freitag zum Samstag war die beste der Woche.

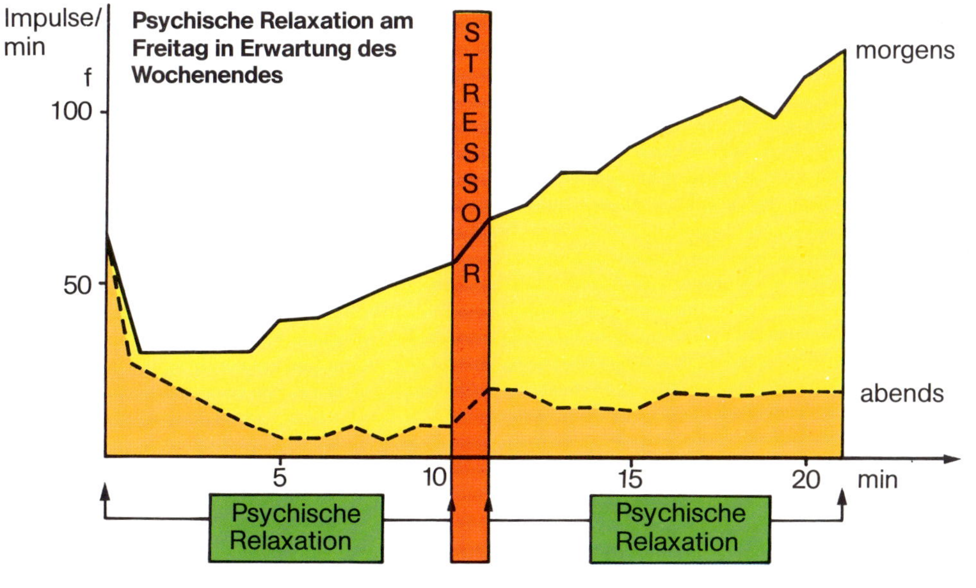

Jeder Mensch hat zu bestimmten Umweltfaktoren unterschiedliche Einstellungen. Deshalb kann für den einen ein bestimmter Einfluß stimulierend wirken, auf den anderen einen starken Streß auslösen. Wir wissen: Für junge Leute kann laute Musik zur Lust, für ältere dagegen zum Frust werden. Streß ist also eine ganz normale Reaktion eines Menschen, ohne die er nicht leben kann, die er dringend benötigt, um zu leben und zu arbeiten. Wir sprechen in diesem Fall vom Eustreß (eu = echt), also normaler Streß. Dieser besteht gewöhnlich kurzzeitig und in Abhängigkeit von der Situation, der Intensität und der Dauer, die erforderlich sind, den Anforderungen, Schwierigkeiten oder Gefahren erfolgreich gerecht zu werden. Nach einer Streßreaktion tritt gewöhnlich Entspannung ein. Ein Streß kann in manchen Fällen sehr stark, sogar schmerzhaft sein; er zeitigt jedoch keine gesundheitlichen Folgeschäden, wenn unmittelbar danach die psychische Entspannung erfolgt. Das Beherrschen dieses Wechselspiels zwischen psychischer Anspannung (Streß) und Entspannung ist die Grundlage dafür, den Streß zu beherrschen, ihn unter Kontrolle zu bringen und für die Leistungsförderung zu nutzen. Der Begründer der medizinischen Streßlehre, Hans Selye, bezeichnete den Streß als das Salz des Lebens. Entscheidend ist hierbei die Dosis. Wer die richtige Dosis für sich findet, wird mit dem Streß gut leben. Wer aber zuviel davon erzeugt, »versalzt« sich im wahrsten Sinne des Wortes das Leben. Leider tun das heute viele Menschen bzw. sie werden durch die gesellschaftlichen Bedingungen dazu gezwungen, sich das Leben zu »versalzen« (verstressen).

Der moderne Mensch, dem die Biologie den Beinamen »der Weise« (homo sapiens) gab, mißbraucht die ihm durch die Natur gegebene Schutzfunktion Streß in unverantwortlicher Weise. Der sich entwickelnde unvernünftige Lebensstil der vernunftbegabten Art »Mensch« in der Leistungsgesellschaft erzeugt intensiven Dauerstreß! »Mehr haben« und »mehr darstellen zu wollen« erfordert höhere Anstrengungen, höheres Tempo in der Lebensweise und in den Verkehrsmitteln, harten Konkurrenz- und Existenzkampf. Wer nicht mithalten kann, wird vom Stressor Arbeitslosigkeit in eine Dauerbelastung versetzt. Die Freizeitgestaltung und die Touristik sind heute größtenteils so auf Nervenkitzel orientiert, daß selbst der Urlaub permanent stressend verläuft. Die erforderliche psychische Entspannung bleibt infolgedessen aus und es entwickelt sich ein Teufelskreis: Streß am Tage – Streß durch Schlaflosigkeit in der Nacht usw. Nicht wenige verstärken und beschleunigen diesen Teufelskreis, indem sie neue gesundheitsschädigende Kettenglieder einbauen, z. B. in Form von hohem Kaffeeverbrauch am Tage, von Alkohol am Abend, von Schlafmitteln in der Nacht. Die dadurch bedingte Verstärkung des Streß wird zum belastenden, leistungsvermindernden, schlafstörenden und gesundheitsbeeinträchtigenden Streß und führt kontinuierlich zur Streßkrankheit (Neurose, Herz-Kreislauf-Erkrankungen, Stoffwechselkrankheiten usw.). Folglich wird genau das Gegenteil erreicht von dem, was in der Leistungsgesellschaft erstrebenswert sein soll. Die Fachleute bezeichnen diese Erscheinungsform als Disstreß (dis = gestört, Abweichung von der Norm).

Wenn auch viele gesellschaftliche Stressoren schwer zu bewältigen sind, hat es letzten Endes ein jeder erst einmal selbst in der Hand, sein Leben im Eustreß zu verbringen und Disstreß zu vermeiden. Manch einer müßte zwar eine Revolution in seiner Lebensweise auslösen, möglichst schon, bevor es zu spät ist. Von großer Wichtigkeit ist es hierbei, das natürliche psychische Entspannen nicht zu verlieren bzw. nicht zu vergessen oder, bei bereits eingetretenem Verlust, es wieder zu erlernen. Es gibt noch einen wichtigen Faktor bezüglich des Schlafes, der für ein »Leben im Eustreß« spricht: Dieser wirkt nämlich schlaffördernd, insbesondere, was die Qualität des Schlafes betrifft. Dies ist nach Untersuchungen des Moskauer Schlafforschers Vadim Rotenberg vor allem dann der Fall, wenn durch Aktivität den Schwierigkeiten und stressenden Faktoren entgegengewirkt wird. Diejenigen, die sich dagegen nicht auflehnen, sich passiv ihrem Schicksal hingeben und keinen Ausweg aus ihrer Lage suchen, müssen dauerhaft mit Disstreß und Schlafstörungen leben. Es kann also heute davon ausgegangen werden, daß zwischen Schlaf bzw. Schlafstörungen und Streß vielseitige und vielschichtige Beziehungen bestehen. Sie zu erkennen und nach diesen Erkenntnissen zu handeln bedeutet gleichzeitig auch die Schlafqualität zu erhöhen. Wie differenziert sich diese Problematik zeigt, soll noch an folgendem Beispiel demonstriert werden:

Auch im Verlauf des schon beschriebenen Wochenrhythmus des Schlafverhaltens sind Beziehungen zwischen Streß und Schlaf festzustellen. Wir konnten in unserem Institut bei über tausend Personen nachweisen, daß im Wochenverlauf die beste Schlafqualität in der Nacht von Freitag zum Samstag und die schlechteste Schlafqualität von Sonntag zu Montag zu verzeichnen war. Entsprechende Untersuchungen des Streßhormons Kortisol ergaben, daß am Samstag früh im Wochenverlauf die niedrigste und am Montag früh die höchste Konzentration dieses Hormons im Blut gefunden wurde. Andere Untersuchungen der elektrodermalen Aktivitäten (Hautwiderstand) bei Beamten bestätigen diesen Befund, denn sie zeigten, daß diese sich am Montag früh vor Beginn der Arbeit in einem hohen emotionellen Erregungszustand (Streß) befanden, keine Fähigkeit zur psychischen Entspannung hatten und auf Stressoren außerordentlich empfindlich reagierten. Am Freitagabend, nach Beendigung der Arbeit, war die Fähigkeit, psychisch zu entspannen, sehr ausgeprägt vorhanden. Gegen Belastungsfaktoren (Stressoren) bestand eine völlige Unempfindlichkeit. Die Folge davon war ein erholsamer Nachtschlaf.

Diese Befunde sind wie folgt zu erklären: Wenn die Arbeitswoche beendet ist und das Wochenende bevorsteht, liegt vor dem Menschen gewöhnlich die Perspektive zweier ruhiger Tage, ohne Verantwortung und ohne Erwartung starker negativer Einflüsse. Es werden also keine Streßhormone in das Blut ausgeschüttet. Der Schlaf hat infolgedessen eine gute Qualität. Wenn in der Nacht vom Sonntag zum Montag die Arbeitswoche bevorsteht, ist die Situation völlig anders: Hohe Erwartungsreaktionen, Unbestimmtheit und Ungewißheit dominieren in den Gedanken des Menschen. Er fragt sich: »Was erwartet mich in der kommenden Woche? Werde ich meine Aufgaben bewältigen können? Infolge dieses »Gedankenspiels« werden vermehrt Streßhormone ins Blut gebracht, die dem Schlaf eine schlechte Qualität verleihen. Die Folge davon ist, daß am nächsten Tag ein erhöhter Zustand der emotionellen Erregbarkeit und eine Sensibilität gegenüber Stressoren bestehen.

Abschließend kann postuliert werden: Wer seinen Streß unter Kontrolle hat, wird diesbezüglich auch keine Schlafprobleme haben. Die Streßbeherrschung kann durch eine natürliche Lebensweise, verschiedene Entspannungstechniken (Autogenes Training, Meditation u. a.), aktive Konfliktbewältigung, entspannende Musik, regelmäßiges Sporttreiben u. a. gefördert werden.

Welche Witterung sichert den besten Schlaf?

Der Einfluß von Wetter und Klima auf Gesundheit und Wohlbefinden der Menschen beschäftigte schon viele große Gelehrte. Von Hippokrates liegt ein Werk zu Klima, Wetter und Krankheit vor, in dem er sich auf Witterungseinflüsse bei chirurgischen Eingriffen und anderen ärztlichen Handlungen beruft und entsprechende Empfehlungen gibt. Goethe beschäftigte sich mit dem Einfluß des Wetters und schrieb u. a. in einem Brief an Eckermann, daß er bei hohem Barometerstand besser arbeiten könne als bei niedrigem. Alexander von Humboldt stellte fest, daß Witterungsbedingungen nicht nur auf Pflanzen Einfluß nehmen können, sondern auch auf die Seelenstimmung des Menschen. Die medizinisch-meteorologische Forschung in unserer Zeit ist noch jung, und den Beziehungen zwischen Schlaf und Witterung wurde bisher kaum Beachtung geschenkt. Patienten, die eine große Abhängigkeit vom Wetter haben, finden nicht selten bei ihrem Arzt wenig Verständnis dafür und werden wegen ihres »Wetterglaubens« sogar belächelt. Wer es versteht, natürliche Prozesse mit gezielter Aufmerksamkeit zu beobachten, hat an sich selbst schon öfter festgestellt, daß er an einem Maienmorgen, wenn die Sonne zum Fenster hineinlacht, viel erholter erwacht als an einem nebligen, düsteren Novembermorgen, der depressive Stimmung und Antriebsarmut auslöst. Dabei war die Schlafdauer zu beiden Zeiten gleich – oder im November sogar noch länger.

Hitze, Schwüle vor Gewittern oder ein starker Sturm können unseren Schlaf erheblich stören. Regentropfen eines andauernden Landregens, die rhythmisch an die Fensterscheiben klopfen, wirken bei vielen Menschen einschläfernd. Den gleichen Effekt kann ein lauer Maienwind haben, der zärtlich die Wangen umweht. Jeder Mensch verfügt über Erfahrungen und weiß, daß die Witterung und das Klima seinen Schlaf positiv oder negativ beeinflussen können. Da jeder Mensch unterschiedlich reagiert, kann kein Schema gegeben werden, welches Wetter positiv oder negativ auf ihn wirkt. Dennoch liegen Erkenntnisse vor, die verallgemeinert werden können: Hochdruckwetter führt gewöhnlich zu einem guten Schlaf. Im Sommer ist der Schlaf erholsam, auch wenn er von kürzerer Dauer ist. Große Hitze kann jedoch die Schlafqualität beeinträchtigen. Im Herbst schlafen viele Menschen weniger erholsam, trotz verlängerter Schlafdauer. Hierbei spielen witterungsbedingte depressive Verstimmungen die Hauptrolle.

Viele Menschen, die ansonsten in Ländern der Äquatorregion leben und sich zeitweilig in Mitteleuropa aufhalten, haben zur Herbstzeit besonders große Schlafprobleme, die größtenteils mit depressiven Zuständen einhergehen.

Junge Menschen haben meist keine saisonabhängigen Schlafprobleme. Sie schlafen zu jeder Zeit gut. Mit zunehmendem Alter kann sich das ändern. Es gibt aber auch ältere Menschen, denen das Wetter zu keiner Jahreszeit etwas ausmacht und die immer gut schlafen. Warum gibt es aber Menschen, die eine besonders starke Abhängigkeit vom Wetter haben?

Wetterphasen

Bei der Wirkung auf psychophysiologische Prozesse, einschließlich des Schlafes, sind folgende Wetterphasen von Bedeutung:

- Wetterphasen eins bis drei: verschiedene Zustände des Hochdruckwetters;
- Wetterphase vier: Zustand bei Schlechtwetter und Durchgang eines Tiefdruckgebietes und seiner Ausläufer (Fronten);
- Wetterphase fünf: Zustand unmittelbar nach Frontendurchgang;
- Wetterphase sechs: Wetterbereinigung nach Frontendurchgang.

Diese Wetterphasen sind eng an Veränderungen der elektromagnetischen Aktivität der Atmosphäre gekoppelt. Bei Schönwetter ist die elektromagnetische Aktivität der Atmosphäre herabgesetzt; bei Schlechtwetter ist sie erhöht. Das Wetter kann als ein Indikator des individuellen psychophysiologischen Zustandes und somit auch der Schlafqualität zu diagnostischen Zwecken mit herangezogen werden. Die Reaktion auf meteorologische Einflüsse unterliegt, wie bereits erwähnt, großen interindividuellen und intraindividuellen Schwankungen. Derzeit wird folgende Einteilung vorgenommen:

Wetterreagierende Menschen: Jedes Lebewesen reagiert im physiologischen Schwankungsbereich auf Umweltreize aus der Atmosphäre. Größtenteils sind die Reaktionen so gering, daß sie nur in den seltensten Fällen von den Personen subjektiv wahrgenommen werden.

Wetterfühlige Menschen: Sie besitzen eine herabgesetzte Reizschwelle oder eine erhöhte Ansprechbarkeit auf geophysikalische oder meteorologische Einflüsse. Diese niedrige Reizschwelle wird durch Labilitäten des vegetativen Nervensystems und des Hormonsystems bestimmt. Infolgedessen kommt es bei den Wetterphasen vier bis sechs zu psychophysischen Beschwerden und Befindensstörungen (Kopfdruck, Mattigkeit, Müdigkeit, Konzentrationsschwäche u. a.).

Wetterempfindliche Menschen: Im Laufe des Lebens kann der Mensch durch entsprechende Krankheiten oder Verletzungen eine außerordentlich hohe Empfindlichkeit gegenüber Witterungsveränderungen entwickeln. (Narben- und Amputationsschmerzen, posttraumatische Beschwerden, Infektionskrankheiten, Herz-Kreislauf-Erkrankungen).

Die Reaktivität auf das Wetter ist des weiteren von verschiedenen Faktoren abhängig, z. B. von Alter, Geschlecht und vom Gesundheitszustand des Individuums.

Alter: Die Zahl der Menschen mit Wetterfühligkeit oder -empfindlichkeit nimmt mit zunehmendem Alter zu. (Jugendliche: ca. 20 %; Erwachsene: ca. 30 %; Rentner älter als 60 Jahre: ca. 40–50 %).

Geschlecht: Die Wetterreaktivität zeigt sich in allen Altersstufen in der Weise, daß das weibliche Geschlecht empfindlicher reagiert als das männliche. Im höheren Lebensalter verschwinden diese Geschlechtsunterschiede.

Gesundheitszustand: Veränderte psychophysiologische Reaktionslagen (Stimmungsschwankungen, Nervosität, psychovegetative

Störungen) und Psychischkranke (Neurotiker, Depressivkranke, psychosomatische Krankheiten u. a.) weisen eine weitaus stärkere Wetterabhängigkeit aus als psychophysiologisch ausgeglichene Menschen. Umfangreiche Untersuchungen zeigten, daß Gesunde gewöhnlich keine meteorogenen Schlafstörungen haben. Es kommt vor, daß bei hoher Außentemperatur (Hitze) die Wetterphase vier (bei Gewitter) gelegentlich Schlafstörungen bei ihnen auslöst. Diese sind allgemein vorübergehender Natur und verschwinden beim Eintritt der Wetterphasen fünf und sechs wieder. Wetterfühlige oder wetterempfindliche Menschen, die sich ansonsten einer guten Gesundheit erfreuen, haben häufiger Schlafstörungen als wetterunempfindliche. Untersuchungen an hospitalisierten Psychischkranken ergaben, daß im Durchschnitt jeder dritte Patient über wetterabhängige Schlafstörungen klagt. Depressive sollen nach ihren eigenen Aussagen besonders anfällig gegenüber meteorologischen Einflüssen sein. Das gleiche gilt auch für Neurotiker, Alkoholkranke, Psychopathen und Arzneimittelabhängige.

Als meteorogene Schlafstörer, meistens mit Stressorwirkung, werden folgende Erscheinungen angeführt: Thermische Einflüsse, Feuchtigkeitseffekte, Luftbewegungen verschiedener Art, z. B. Windgeschwindigkeit, verschiedene UV-Strahlungen, Veränderungen im Partialdruck des Sauerstoffs durch Luftdruckveränderungen, Luftionisation, korpuskulare Sonnenstrahlungen und kosmische Strahlungseffekte. In diesem Zusammenhang ist darauf zu verweisen, daß das System Erdoberfläche $\rightleftarrows$ Ionosphäre Wellenleitereigenwerte im VLF-Gebiet (very low frequencies) von 1–100 KHz besitzt, die durch elektrische Entladungen in der Troposphäre (Gewitter und Mikrogewitter) angeregt werden. Die Angriffsflächen dieser als Atmospherics (Wetter-, Klimawechsel) bezeichneten Erscheinungen liegen in der Synapsenspalte im Rezeptorkomplex. Dort gehen sie Synchronisationen mit Zellimpulsen gleicher Frequenz ein und sichern Wohlbefinden. Wenn Störungen der Atmospherics auftreten, wird die Synchronisation aufgehoben, und Befindensstörungen entstehen.

Bekannt ist auch, daß die Alphawellen des EEG (8–12 Hz) beim Menschen im Bereich der Wellenlängen der geomagnetischen Felder liegen. Sonneneruptionen stören gewöhnlich die geomagnetischen Felder. Infolgedessen geht auch hier die Synchronisation zwischen endogenen Alphawellen des EEG und exogenen geomagnetischen Wellen verloren, und es entsteht eine Desynchronose.

In meiner Sprechstunde für Schlafgestörte klagen Patienten oft über Wetterempfindlichkeit, häufig im Zusammenhang mit der Wetterphase vier. Ganz besonders stark sind jene Patienten davon betroffen, bei denen der Blutdruck außerordentlich niedrig ist. Depressive Verstimmung, Antriebsarmut und morgendliche Startschwierigkeiten, manchmal auch Schlafanfälle am Tage, treten öfter auf. Vor allem aber ist das Einschlafen erschwert, und häufiges nächtliches Erwachen mit Erregungszuständen ist zu verzeichnen. Diese Patienten bestätigen auch die Ergebnisse von Goethe, indem sie berichten, daß sie sich besonders bei niedrigem Barometerstand sehr schlecht fühlen und nicht schlafen kön-

Witterungs- und meteorologische Einflüsse, die auf einen Schlafenden wirken und den Schlaf entweder positiv oder negativ beeinflussen können.

nen, bei hohen Luftdruckwerten gehe es ihnen besser. Bei dieser Patientengruppe traten auch verstärkte Schlafstörungen bei Sonneneruptionen auf. Infolgedessen konnten sie ein bis drei Tage kaum Schlaf finden. Nach starken Sonneneruptionen mit Nordlicht über Berlin am 19. 10. 1989 konsultierten mich 36 meiner Patienten mit Klagen über eine außerordentliche stark ausgeprägte Schlaflosigkeit von mehreren Tagen Dauer. Ähnliche Formen der Schlafstörungen wurden auch bei Föhnausbrüchen in Gebirgsgegenden beobachtet. Hierbei sollen die Atmospherics gestört und infolgedessen die Synchronisation mit den rhythmischen Prozessen an der Synapse aufgehoben sein.

Wie diese Darlegungen zeigen, sind die Beziehungen von Schlaf und Wetter außerordentlich vielfältig. Das Verständnis dafür erfordert eine differenzierte Betrachtungsweise. Leider gibt es derzeit weder prophylaktische, noch therapeutische Mittel (außer spezifische Klimakammern) für die durch Witterung bedingten Schlafstörungen.

Schlaf in Magnetfeldern

Nach dem heutigen, keinesfalls schon vollkommenen Erkenntnisstand kann der Mensch mit folgenden Erscheinungen von Magnetfeldern konfrontiert und in seinem Schlaf beeinträchtigt werden:

- Durch Störungen bzw. Verzerrungen der natürlichen geomagnetischen Felder.
- Durch Hypogeomagnetismus, d. h. Verminderung der Einwirkungen natürlicher Magnetfelder.
- Durch Einwirkungen verschiedener elektromagnetischer Felder, vor allem durch Mikrowellen der Funk-, Radar-, Radio- und Fernsehsysteme.

Wie bereits im vorausgegangenen Kapitel erwähnt, hat sich der Mensch im Lauf der Evolution an die natürlichen geomagnetischen Felder der Umwelt angepaßt und lebt in guter Harmonie mit ihnen, indem die Rhythmen dieser Umwelt mit den körpereigenen Rhythmen der Menschen und der Tiere Synchronisationen eingehen. Jeder störende Einfluß kann diese Synchronisation teilweise oder vollständig aufheben, d. h. eine Desynchronose hervorbringen und vor allem bei psychisch, psychosomatisch und Herz-Kreislauf-Kranken Veränderungen im Wohlbefinden und in der Schlafqualität auslösen.

Süd-Nord-Richtung des Bettes

Neuen Untersuchungen aus den USA zufolge ist die Süd-Nord-Lage als Vorzugsrichtung zu wählen. Hier liegt der Kopf in Südrichtung und die Füße in Nordrichtung. Diese Vorzugsrichtung Süd-Nord wird mit dem Fluß von geomagnetischen Kraftlinien in Längsrichtung des Körpers begründet, durch die die Zellen ausgerichtet werden, indem sie die Ionen der Zellmembrane beeinflussen. Die Ost-West-Lage bzw. West-Ost-Lage, d. h. der Fluß der geomagnetischen Kraftlinien quer durch den Körper, soll für den Schlaf ungünstig sein.

In der Nacht können diese geomagnetischen Kraftfelder stärker vorhanden sein als am Tage, weil sie durch die Sonnenstrahlung gestört werden.

Wir befragten über hundert Personen danach, in welcher Himmelsrichtung ihr Bett steht, und erhielten folgendes Ergebnis:

Süd-Nord	25 %
Nord-Süd	35 %
West-Ost	15 %
Ost-West	10 %
Nordost-Südwest	5 %
Nordwest-Südost	5 %
Südwest-Nordost	5 %

Zusammenhänge zwischen Vorzugsrichtung der Schlaflage und Schlafqualität konnten wir nicht feststellen.

Matratzenfederung stört den Schlaf

Der Münchener Diplomingenieur Gerald Blumrich hat die Magnetfeldstärke und Feldrichtung an Schlafstellen untersucht. Hierbei prüfte er mittels eines Magnetometers die Intensität und Homogenität des Erdmagnetfeldes. Die Messungen nahm er 40 cm über Federkernmatratzen vor, die in Nord-Süd-Richtung standen. Diese werden gewöhnlich bei der Herstellung (Erhitzen, Walzen, Ziehen) magnetisiert. Er konnte nachweisen, daß durch die magnetisierten Metallteile einer Federkernmatratze die Feldintensität des Erdmagnetfeldes verzerrt wird. Blumrich vertritt die Auffassung, daß durch das Gewicht des Schlafenden und das damit verbundene Zusammendrücken der Federung diese Verzerrung des geomagnetischen Feldes noch verstärkt wird. Lageveränderungen bewirken eine weitere Intensivierung der Magnetfeldveränderung. Je häufiger sich ein Mensch im Bett bewegt, desto größer ist der Störeinfluß. Messungen an einer metallfreien Matratze ergaben keine Magnetfeldveränderungen. In der Abbildung sind die Ergebnisse der Messung überzeugend dargestellt.

Mit diesen Ergebnissen werden meine Beobachtungen an Schlafgestörten bestätigt, daß sie nämlich auf metallgefederten Matratzen schlechter schlafen als auf Holzlattenunterlagen. Menschen mit Schlafproblemen sollten auf jeden Fall magnetisiertes Metall als Schlafunterlage vermeiden.

Sonneneruptionen und Magnetstürme als Schlafstörer

Analysen von 40 000 Krankengeschichten von Patienten mit psychischen Leiden in Deutschland aus den Jahren 1930–1935 ergaben, daß Magnetsturmperioden mit starken Veränderungen der geomagnetischen Felder zum Ausbruch latenter (verborgener) psychischer Erkrankungen führten. Der sowjetische Psychiater Desjatow kam bei Analysen von 29 000 psychisch Kranken aus den Jahren 1958–1964 zu ähnlichen Ergebnissen. Er stellte fest, daß Menschen mit einem schwachen Nervensystem nach Sonneneruptionen verstärkt depressive Stimmungen auswiesen. Da bei psychisch Kranken Schlafstörungen stets als ein wichtiges Symptom konstatiert wurden, bestehen diesbezügliche Zusammenhänge.

Hypogeomagnetismus – ein Schlafstörer?

Untersuchungen von sowjetischen Raumfahrtmedizinern an Tieren wiesen darauf hin, daß eine Verminderung der Intensität des geomagnetischen Feldes Verhaltensveränderungen und sogar Mißbildungen verursachen können. So wurde zum Beispiel auf der Insel Kamtschatka eine Gruppe von jungen Fischen in einem großen Holzbottich aufgezogen, der normale Erdberührung hatte. Die Fische entwickelten sich gut und zeigten keine Veränderungen. Ein zweiter Holzbottich gleicher Konstruktion wurde in einen Betonbunker gestellt, der den natürlichen Einfluß der geomagnetischen Felder stark reduzierte. Diese Fische entwickelten sich langsamer, zeigten Veränderungen im Verhalten und zum Teil Mißbildungen.

Bei Ratten, die in Betonbunkern mit herabgesetztem Einfluß des geomagnetischen Feldes gehalten wurden, entwickelten sich neurotische Zustände.

Wenn man bedenkt, daß Millionen von Menschen in Stahlbetonhäusern wohnen, in denen gewöhnlich ein Hypogeomagnetismus besteht, kann man von diesen Tierexperimenten ableiten, daß bisher ungeklärte Ursachen von Schlafstörungen durchaus darauf

Liegefläche des Bettes mit natürlichen Verhältnissen des erdmagnetischen Feldes. Unterlage: Lattenrost und metallfreie Matratze (modifiziert nach G. Blumrich).

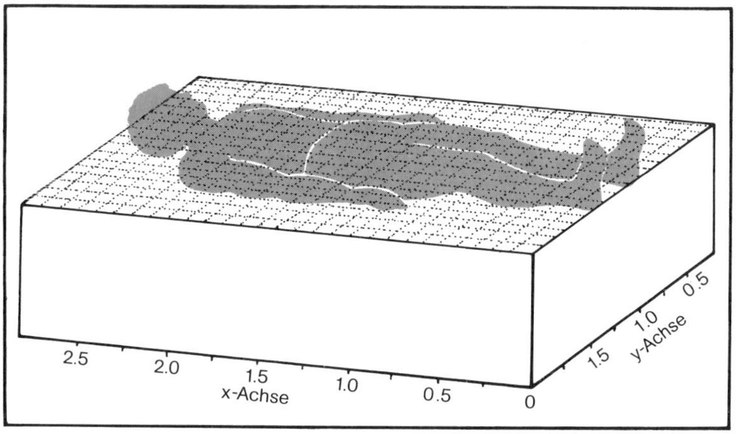

Liegefläche des Bettes mit Verzerrung der Intensität des natürlichen Erdmagnetfeldes, ausgelöst durch eine Federkernmatratze (modifiziert nach G. Blumrich).

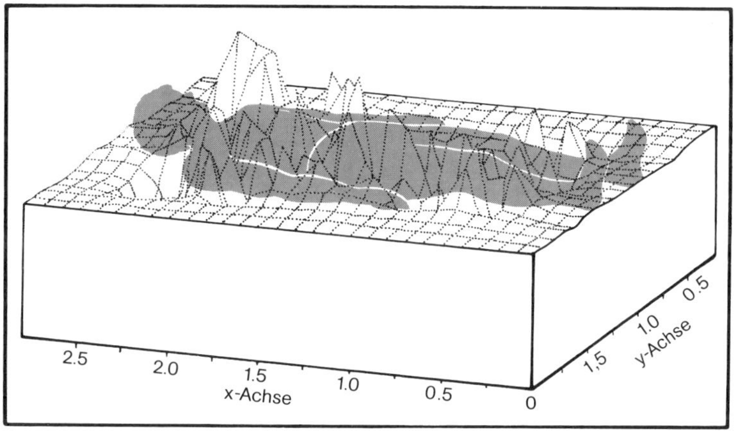

zurückgeführt werden können. Möglicherweise kann auch die von uns festgestellte größere Schlafunzufriedenheit älterer Menschen in Berlin gegenüber denen der Landkreisstadt Zerbst (Seite 23/24) auf das Wohnen in Stahlbetonhäusern und den damit verbundenen Hypogeomagnetismus verursacht worden sein. Entsprechende wissenschaftliche Untersuchungen sind meines Erachtens dringend erforderlich.

Elektromagnetische Felder und der Schlaf

Es ist bekannt, daß elektromagnetische Felder auf den Menschen Einfluß nehmen können. Hierbei muß streng differenziert werden, denn einerseits gibt es Erfolge (aber auch Mißerfolge) einer sogenannten Magnettherapie, andererseits mehren sich die Faktoren, daß elektromagnetische Felder Leben zerstören können. Hochfrequenzquellen und gepulste Radarstrahlung sollen ein Gesundheitsrisiko für den Menschen darstellen. Von Waldschädenforschern in Deutschland und in den USA wurde nachgewiesen, daß nicht nur die Luftverschmutzung die Fichten krank machte, sondern auch harte Radarimpulse und Richtfunk im Mikrowellenbereich. Das nachgewiesene Gesundheitsrisiko der Funkwellen hat dazu geführt, daß sich das Normungskomitee in der BRD um die Sicherheit bei Anwendung hochfrequenter Felder bemüht. Im Infoblatt 2/1990 vom 23.4.1990 des Bundesamtes für Strahlenschutz erfährt man, daß die Einführung eines neuen Vorsorgegrenzwertes zum Schutz von Personen vor gesundheitlichen Risiken durch Radio- und Mikrowellen beschlossen wurde. Noch sind unsere Erkenntnisse über diesen Problemkreis zu gering, um über allgemein gesichertes Wissen zu verfügen. Ohne in Panik zu verfallen, muß man aber diesen Umstand auch in der Schlafmedizin beachten. Nachfolgend sollen einige diesbezügliche Beobachtungen dargelegt werden.

Der stille Stressor

Zunächst das Ergebnis eines Tierexperiments. Mein Mitarbeiter Jürgen Drescher untersuchte den mehrwöchigen Einfluß der Wellen (444 Hz) eines Telemetriesenders auf den Tagesrhythmus (zirkadianen Rhythmus) der Körpertemperatur von Ratten. Dabei stellte sich heraus, daß sich mit der Dauer der Einwirkung in dem zirkadianen Biorhythmus Veränderungen ergeben, wie wir sie unter dem Einfluß von chronischen Stressoren (Lärm, Bewegungseinschränkung, Konflikte) festgestellt haben. Wenn wir zusätzlich zu dem Einfluß der Telemetriesenderimpulse einen anderen Stressor auf die Ratten einwirken ließen, dann verstärkten sich die Veränderungen des zirkadianen Rhythmus erheblich. Wir bezeichnen daher die Funkwellen als einen stillen Stressor. Während wir Lärm, Hektik, Informationsüberschuß u. a. als Stressoren wahrnehmen können und sie deshalb manchmal überbewerten, bleiben die Funkwellen außerhalb unserer Wahrnehmung, obgleich ihre Stressorwirkung objektiv bewiesen wurde.

Funkwellen als Schlafstörer

In Schlaflaboratorien der Berliner Charité wurden zwei Patienten untersucht, die in ihrer Wohnung – auch nach Einschätzung der Familienangehörigen – an ausgeprägten Ein- und Durchschlafstörungen litten und gewöhnlich nicht mehr als zwei bis vier Stunden pro Nacht schliefen und häufig für längere Zeit erwachten. Im Schlaflaboratorium, das gegen elektromagnetische Wellen abgeschirmt ist, schliefen sie innerhalb von 10–15 Minuten ein und erreichten bereits in der ersten Nacht bis zu sechs Stunden Gesamtschlaf mit mehrmaligem, aber kurzzeitigem Erwachen. Die beiden Männer (über 50 Jahre alt) zeigten ein verändertes Polygramm mit Verlust des Deltaschlafes, Verstärkung des Stadiums II, aber mit relativ gut ausgeprägtem REM-Schlaf und Nachweis von Schlafzyklen. In den weiteren Nächten verbesserte sich die Schlafqualität. Bei einem Patienten konnte dieser Effekt in drei, in größeren Intervallen (vier bis sechs Monate) vorgenommenen Untersuchungen prinzipiell reproduziert werden. Eine Analyse ergab, daß beide Patienten in der Gegend des Alexanderplatzes in Berlin lebten, in dessen Umfeld sich mehrere größere Fernseh-, Radio- und Funkstationen befinden. Einer dieser beiden Patienten verbesserte seinen Schlaf in der Wohnung, indem er sich während der gesamten Schlafzeit erdete. Ein Wohnungswechsel in einen funkwellenfreien Bereich, der sich bei dem einen Patienten durch berufliche Veränderung ergab, bei dem anderen als therapeutische Maßnahme empfohlen wurde, befreite sie von den Schlafstörungen. Breite Bevölkerungsgruppen beschweren sich mit Recht über den schlafstörenden Lärm, der von Flugplätzen ausgeht. Niemand beschwert sich aber darüber, daß auch die Radarstationen des Flugplatzes möglicherweise den Menschen um seine Ruhe bringen. Noch sind dies Einzelbeobachtungen, und man sollte bei Verallgemeinerungen vorsichtig sein. Dennoch ist es angebracht, daß – bevor man zur Schlaftablette greift – nach den Ursachen der Schlafstörungen gesucht wird, und hierbei sollten Wirkungen geo- und elektromagnetischer Felder nicht ausgeschlossen werden.

Elektrostatische Aufladung der Nachtwäsche

Im Zusammenhang mit den von Magnetfeldern soll noch die elektrostatische Aufladung erwähnt werden, der wir durch unsere Kleidung aus synthetischem Material, unsere Teppiche u. a. ausgesetzt sind. Dazu gehört auch das »Flatterhemd«.

Problemschläferinnen sollten auf derartige schlafbelastende Nachtkleidung besser verzichten. Es wird weiter vorgeschlagen, daß Patienten, die unter den Einflüssen der elektrostatischen Ladungen leiden, abends vor dem Schlafengehen, wenn möglich, zehn Minuten barfuß auf Rasen laufen.

Wenn der Schlaf gestört ist

Unter Schlafstörungen leiden viele Menschen. Die Insomnie zum Beispiel, in der Umgangssprache als »Schlaflosigkeit« oder »Schlafstörung« bezeichnet, kommt in ihrer chronischen (dauerhaften) Form bei 12–15 % der erwachsenen Bevölkerung vor. Weitere 12–15 % klagen über gelegentlich auftretenden »schlechten Schlaf« oder über ein »Schlafdefizit«.

Nach der internationalen Klassifikation liegen chronische Schlafstörungen dann vor, wenn mindestens dreimal in der Woche für die Dauer von zirka einem Monat die Schlafqualität (Erholungswert des Schlafes) so vermindert ist, daß Leistungsfähigkeit, Wohlbefinden und Lebensfreude eine erhebliche Einschränkung am Tage erfahren.

Es gibt aus medizinischer Sicht etwa 100 verschiedene Formen der Schlafstörungen; nicht wenige davon haben ein ähnliches Leidensbild. Trotz dieser Ähnlichkeit hat jeder der verschiedenen Formen eine unterschiedliche Entstehungsursache. Deshalb ist es für einen medizinischen Laien sehr schwer festzustellen, unter welcher Form er leidet. Das zu wissen ist deshalb wichtig, weil bei manchen Schlafstörungen Schlafmedikamente angebracht sind, bei anderen nicht, und bei wieder anderen können diese Mittel sogar das Leiden verstärken.
Die wichtigsten Kardinalsymptome von chronischen Schlafstörungen (Insomnien) sind gewöhnlich folgende:

Nachts:
- Schlafdefizit;
- verlängerte Einschlafdauer;
- häufiges nächtliches Erwachen;
- lange Wachzeiten;
- frühzeitiges Erwachen;
- Angst vor dem nächsten Tag;
- Streß;
- emotionelle Spannungszustände;

am Tage:
- dauerhafte Müdigkeit;
- psychische Spannungen;
- Muskelspannungen, vor allem der Gesichtsmuskeln;
- Verlust der Leistungsfähigkeit;
- Konzentrations- und Gedächtnisschwäche;
- Verlust der Vitalität (einschließlich der sexuellen);
- Antriebsschwäche;
- Angst vor der nächsten Nacht:
- depressive Zustände;
- Überempfindlichkeit;
- Aggressivität.

Nicht immer sind bei allen Schlafgestörten alle Symptome vorhanden. Zum Beispiel gibt es Patienten, denen ausschließlich das Einschlafen zur Qual wird. Andere erwachen nach zwei bis drei Stunden Schlaf und können nicht mehr weiterschlafen.

Das Leidensbild mit diesen Kardinalsymptomen kann vielfältige Ursachen haben. Einige wesentliche sollen nachfolgend angeführt werden.

- verschiedene Erkrankungen des Gehirns (Epilepsie, Schüttellähmung, Gehirnentzündung u. a.);
- Hirnverletzungen verschiedener Art im Erwachsenenalter;
- Hirnschäden während der Geburt;
- Alkoholismus der Mutter während der Schwangerschaft;
- psychische Erkrankungen (Psychosen, Neurosen, Depressionen, Verhaltenskrankheiten);
- Arterielle Hypertonie (zu hoher Blutdruck);
- Arterielle Hypotonie (zu niedriger Blutdruck);
- Hormonmangel;
- Stoffwechselstörungen;
- Allergien;
- Hautkrankheiten, vor allem solche mit starkem Juckreiz;
- dauerhafte Schmerzen;
- Asthma;
- Herzinfarkt;
- Infektionskrankheiten;
- dauerhafter Streß;
- dauerhafte psychische Konflikte;
- mangelnde Sauerstoffverarbeitung durch die Blutzellen;
- Krankheiten mit bevorstehendem Tod (z. B. Krebs, Aids).

Der Arzt muß also die Ursachen kennen, um den Patienten von seinem Schlafleiden befreien zu können, denn häufig können die Schlafstörungen nur durch Behandlung des Grundleidens beseitigt werden. Unter Menschen mit chronischen Schlafstörungen werden gewöhnlich drei typische Verhaltensgruppen beobachtet.

1. Die Schlaffixierten: Solche Menschen haben eine lange Leidensgeschichte und plagen sich über Jahre mit einem gestörten Schlaf. Infolgedessen ist bei ihnen der »Schlaf« und das »Nichtschlafenkönnen« in den Mittelpunkt des Lebens gerückt. Der Sinn des Lebens dieser Menschen ist ausschließlich auf den Schlaf orientiert. Tagesinteressen werden diesem untergeordnet. Auftretende Probleme, Mißbehagen, Konflikte und Schwierigkeiten werden auf den »schlechten Schlaf« zurückgeführt. Der Schlaffixierte befindet sich in einem Teufelskreis, aus dem er schwer herauskommen kann. Die Bettangst verstärkt sich zunehmend. Schlafmittel helfen gewöhnlich nicht. Gelegentlich können angstlösende Mittel den Schlaf anbahnen. Das ist aber keine Dauerlösung.

Die Befreiung von der »Schlaffixierung« kann am günstigsten durch einen »Umerziehungsprozeß« vollzogen werden. Hierzu ist eine grundlegende Veränderung der Lebenseinstellung und der Lebensweise erforderlich. Diese müssen auf das Wachsein orientiert werden. Eine solche »Umerziehung« ist ein langwieriger Prozeß und ist am Schweregrad vergleichbar mit dem Abgewöhnen des Rauchens bei einem starken Raucher.

Psychotherapeutische Maßnahmen können hierbei gute Hilfeleistungen geben.

2. Die Schlafverleugner: Solche Patienten haben nachweisbare Schlafstörungen, die aber von ihnen wenig beachtet oder sogar ignoriert werden. Sie suchen den Arzt wegen der verschiedensten körperlichen oder geistigen Beschwerden auf. Zum Beispiel führen sie Herz-Kreislauf-Erkrankungen, Leiden des Verdauungssystems oder des Stoffwechsels an. Sie klagen auch über Konzentrations- und Gedächtnisschwäche, über Schwindel, Augendruck, Ohrendruck, Leistungs- und Vitalitätsverlust; niemals erwähnen die Patienten jedoch den »schlechten Schlaf«. Nur der geschulte Arzt erkennt das Schlafleiden der »Schlafverleugner«.

Diese Patienten müssen dazu angehalten werden, ihren Schlaf-Wach-Zyklus richtig einschätzen zu lernen. Sie müssen erkennen, welche Bedeutung der Schlaf für sie hat und daß manche ihrer Krankheiten mit einer schlechten Schlafqualität zusammenhängen können.

Schlafhygienisches Verhalten kann den »Schlafverleugnern« helfen, ihren Gesundheitszustand zu verbessern.

3. Die »Schlafneurotiker«: Auch bei den Schlafneurotikern sind echte Schlafstörungen objektiv nachzuweisen. Sie empfinden den Schlaf als etwas Unangenehmes. Der Schlafneurotiker wird bereits im Kindesalter geprägt. Die Schlafneurose hat ihre Ursache im Zwang des Kindes zum Schlaf. Auch die nächtliche soziale Isolierung (Einzelzimmer) des Kindes von den Eltern sowie die Dunkelangst können Verursacher einer »Schlafneurose« sein. Alle Faktoren, die beim Kind eine Aversion gegen den Schlaf auslösen, sind angetan, den Schlafneurotiker zu prägen.

Der Schlafneurotiker muß angehalten werden, sein Schlafdefizit nicht zu groß werden zu lassen. Sonst kann sein Leiden verstärkt werden. Auch andere Krankheiten können sich infolgedessen dazugesellen.

Der Schlafneurotiker ist vom natürlichen Kurzschläfer abzugrenzen. Das ist für den Arzt häufig sehr schwierig. Vielleicht war ja der Erfinder der Glühlampe, Edison, gar kein Kurzschläfer, sondern ein Schlafneurotiker? Auch für Napoleon I. trifft diese Frage zu. Solche Dinge werden heute diskutiert.

Schlafprobleme/Problemschläfer

Die Problemschläfer nehmen eine Zwischenstellung von Schlafgesunden und Schlafgestörten ein. Man kann sagen, daß die Problemschläfer zwar keinen völlig normalen Schlaf haben, aber auch noch nicht schlafgestört sind. Da ihr Schlafpolygramm im Normbereich liegt, subjektiv aber ein Leidensdruck besteht, den er dem Arzt schwer verdeutlichen kann, fühlt sich der Problemschläfer in der medizinischen Betreuung größtenteils unverstanden. Häufig besorgt er sich auf eigene Initiative Schlaftabletten und verschlechtert dadurch seinen Zustand.

Chronische Schlafprobleme können bei sehr empfindlichen und leicht reizbaren Menschen, bei psychischen Dauerbelastungen, bei Dauerstreß und Dauerkonflikten und bei den verschiedensten Formen langzeitiger abnormer Lebensweisen (Schichtarbeit, unregelmäßiges Zubettgehen, üppige Ernährung, Streitsucht usw.) auftreten. Für den Problemschläfer sind in erster Linie schlafhygienische Maßnahmen zu empfehlen. Er muß seine Lebensweise überprüfen und wo notwendig verändern. Ein verändertes individuelles Verhalten hilft gewöhnlich, die Schlafstörungen und somit auch den Leidensdruck zu vermindern.

Gelegentliche Schlafstörungen

Sie treten dann auf, wenn bestimmte Anlässe vorliegen. Als solche sind als Beispiele zu nennen: Lärm in der Nachbarschaft, vorübergehende Konflikte oder Überlastungen oder Ängste, Krankheit des Kindes, Grippe, Zahnschmerzen, andere Schlafumstände, wie sie bei Dienstreisen und in Urlaub gegeben sind, Mückenplage usw. In solchen Fällen müssen die Ursachen beseitigt werden. Schlaftabletten sollten nur in Ausnahmefällen eingenommen werden.

Neben den Insomnien gibt es noch drei weitere große Gruppen von Schlafstörungen, die nachfolgend kurz beschrieben werden sollen.

Störungen des Schlaf-Wach-Rhythmus

Diese Formen der Schlafstörungen haben enge Beziehungen zu den Insomnien. Das Leidensbild unterscheidet sich nur in einigen Punkten von dem der Insomnie. Dominierend ist eine Verschiebung des Schlaf-Wach-Regimes. Dieser Komplex von Schlafstörungen ist ausführlich im Kapitel »Die innere Uhr und der Schlaf« beschrieben worden (s. S. 83ff.).

Hypersomnien

Unter einer Hypersomnie versteht man einen krankhaften Schlafüberschuß und anfallsweise auftretende Schlafepisoden am Tage. Gewöhnlich haben Menschen, die darunter leiden, eine schlechte Schlafqualität bei einer langen Schlafdauer. Infolgedessen werden sie auch im Wachzustand ständig von Schläfrigkeit befallen. Eine typische Form einer Hypersomnie ist die Schlafapnoe. Sie ist ausführlich im Kapitel »Gehört Schnarchen zum Schlaf?« beschrieben (S. 103ff.). Eine weitere Form der Hypersomnie ist die Narkolepsie. Bei diesen Patienten treten am Tage plötzlich anfallartig Schlafzustände auf.

Für Autofahrer ist die Hypersomnie eine große Gefahr, weil das Einschlafen am Lenkrad fast zwangsläufig zu Unfällen führt.

Eine besondere Form der Hypersomnie ist die Schlafkrankheit. Diese wird durch die Tsetsefliege übertragen und endet gewöhnlich tödlich. Die Tsetsefliege ist in einem zirka zehn Millionen Quadratkilometer (entspricht etwa der dreifachen Fläche Frankreichs) umfassenden Gebiet Afrikas verbreitet und bedroht ständig 25 Millionen Menschen. Die Verhinderung der Ausbreitung der Tsetsefliege oder ihre völlige Vernichtung ist das einzig wirksame Mittel gegen die Schlafkrankheit. Bisher ist es noch nicht gelungen, derartige prophylaktische Maßnahmen zu realisieren.

Parasomnien

Als Parasomnien werden Erscheinungen bezeichnet, die in Gesellschaft mit dem Schlaf auftreten. Dazu gehören das Schlafwandeln, das Sprechen im Schlaf, das Bettnässen usw. Einige Parasomnien sind im Kapitel »Bewegungen im Schlaf« beschrieben (S. 93ff.).

Wie werden Schlafstörungen vom Arzt festgestellt?

In dem vorausgegangenen Kapitel wurde die Vielfältigkeit der Schlafstörungen beschrieben. Gegenwärtig gehört es für einen Arzt zu dessen schwierigsten Aufgaben, einen Schlafgestörten richtig zu diagnostizieren und zu behandeln. Oft genügt es nicht, nur den Schlaf zu beurteilen, sondern auch die Leistungen am Tage nach der Nachtruhe. Welche Probleme dabei auftreten können, zeigen die folgenden Ergebnisse:
Bei unseren epidemiologischen Studien in Berlin und Zerbst stießen wir auf einen Widerspruch: Nahezu die Hälfte der von uns Untersuchten, die über häufige oder permanente Einschlafstörungen klagten, gaben einen guten oder ausreichenden Erholungswert und somit eine entsprechende Leistungsfähigkeit nach dem Schlaf an. Die Ergebnisse sind in der nachfolgenden Tabelle angeführt.

Erholungswert	Berlin	Zerbst
gut	10 %	17 %
ausreichend	35 %	51 %
unzureichend	55 %	32 %

Diesem Ergebnis ist zu entnehmen, daß nicht unbedingt jede subjektiv erlebte schlechte Nacht mit einer Leistungseinschränkung am nächsten Tage einhergehen muß. Das komplizierte Problem Schlafstörungen, allein nur durch eine subjektiv orientierte Befragung und durch Einnahme von Schlafmitteln lösen zu wollen, ist daher ein hoffnungsloses Unternehmen. Deshalb gibt es so viele Patienten, die mit der Behandlung ihrer Schlafstörungen unzufrieden sind. Ihre Aussagen über ihren Leidensdruck, die keinesfalls in Zweifel gestellt werden sollen, können von zahlreichen subjektiven Faktoren belastet sein. Da ist als erstes ihre Grundeinstellung zum Schlaf zu nennen. Schlafen sie gern und viel und fühlen sie sich dennoch nicht wohl und erholt, dann kann das z. B. an einem »Zuviel« an Schlaf liegen. Legen sie wenig Wert auf das Schlafen, dann hat sich möglicherweise aus einer falschen Lebensweise ein Schlafdefizit angesammelt. Sie können Schlafprobleme über- oder unterschätzen. Das ist normal, und jeder Schlafmediziner weiß das. Ein weiterer Faktor ist ihre Zeitwahrnehmung, die besonders im Halbschlaf unreal sein kann. Sie schätzen in diesem Fall die Zeit des Wachseins länger als die tatsächliche Zeit. Aber auch das Gegenteil kann der Fall sein. Frischoperierte schätzen nicht selten die Wachzeit kürzer ein, als sie wirklich ist. Manchmal treten Schlafstörungen nur gelegentlich oder zwei- bis dreimal pro Woche auf, aber dann sehr stark.
Von den nicht regelmäßig auftretenden starken Schlafstörungen können manche Menschen so stark beeindruckt sein, daß bei ihnen die feste Vorstellung entsteht, sie schlafen permanent schlecht. Wie so etwas entstehen kann, möchte ich nachfolgend erklären: Der

starke Leidensdruck, den jede Beeinträchtigung der nächtlichen Ruhe auslösen kann, geht mit einem Komplex negativer Emotionen einher, zum Beispiel mit Anspannung, Angst, Ungeduld, Verzweiflung, Aggression, Ärger. Emotionen haben die Eigenschaft, das Einprägen von Erlebnissen, Informationen, Ereignissen usw. ins Gedächtnis zu fördern. Bei Wiederholungen kann dann als Ergebnis eines Lernprozesses eine sogenannte Dominante im Gehirn entstehen, die das Denken, Handeln und Fühlen, welches sich auf den Schlaf orientiert, immer mehr zu bestimmen vermag. Jedes schlafbezogene Gespräch oder jeder Gedanke daran, z. B. die Beschäftigung mit den Schlafstörungen, verstärkt diese Dominante. Auf diese Weise entsteht ein Teufelskreis, der den »schlaffixierten Patienten« hervorbringt. Eine exakte tägliche Kontrolle des eigenen Schlafverhaltens mittels eines Schlafprotokolls, führt zu realistischen Einschätzungen der nächtlichen Ruhe bzw. ihrer Störungen. Das Führen des Schlafprotokolls kann sogar helfen, den erwähnten Teufelskreis zu durchbrechen.

Wir haben bei über 300 Patienten einen Vergleich der Angaben der Patienten bei der ersten ärztlichen Konsultation mit den Angaben, die sie nach zweiwöchiger Führung in das Schlafprotokoll eingetragen haben, vorgenommen. Das Ergebnis war für uns überraschend und ist es für Sie sicherlich auch, wenn Sie die Mittelwerte dieses Vergleiches in der nachfolgenden Tabelle betrachten.

Schlafparameter	Angaben bei der ersten ärztlichen Konsultation	Angaben bei der 2. Woche der Führung des Schlafprotokolls
Einschlafdauer	56,4 ± 28,6 min	24,2 ± 8,4 min
Häufigkeit des nächtlichen Erwachens	9,4 ± 4,8 mal	34,4 ± 21,8 mal
Dauer des nächtlichen Erwachens	122,1 ± 56,3 min	34,4 ± 21,8 min
Schlafdauer	289,2 ± 56,8 min	422,6 ± 96,4 min

Eine tägliche Kontrolle des Schlafverhaltens über längere Zeit ist daher unbedingt notwendig, wenn Sie Ihre Schlafstörungen real einschätzen wollen. Untersuchungen in unserem Schlaflabor haben ergeben, daß nur jene Parameter der Schlafpolygraphie mit subjektiven Aussagen der Versuchsperson oder des Patienten übereinstimmen, in denen Wachanteile enthalten sind. Das trifft folglich nur auf das nachgewiesene Wachsein und auf das NONREM-Stadium I zu. Würde sich der Arzt ausschließlich auf Ihre Berichte stützen müssen und sofort, entsprechend Ihrer Wunschvorstellung, ein Schlafmittel verschreiben, dann könnte er einen Fehler begehen und eventuell sogar Ihre Gesundheit schädigen. Beurteilt er andererseits Ihren Bericht kritisch und unterschätzt möglicherweise das Ausmaß Ihres Leidensdruckes, der durch gestörten Schlaf entstanden ist, kann er Ihr Vertrauen verlieren. Wie bei anderen Krankheiten muß auch bei der Diagnose der Schlafstörungen mit objektiven Methoden gemessen und beurteilt werden.

Wir haben die Schlafpolygraphie bereits kennengelernt. Diese ist gegenwärtig die einzige komplexe objektive Methode, die wir zum Nachweis von Schlafstörungen zur Verfügung haben. Wir wissen aber auch, wie aufwendig diese ist. Zirka 70 Millionen Daten fallen pro Nacht an. Als zweite objektive Methode wäre die Aktografie zu nennen. Sie erfaßt aber nur die gröbsten Körperbewegungen während des Schlafes. Das trifft auch für die Fotografie von Bewegungen im Schlaf zu. Beide diagnostischen Methoden, allein für sich angewendet, geben keine allgemeingültige Aussage über die Schlafgüte.

Wir haben deshalb ein diagnostisches Stufenprogramm ausgearbeitet, um die Schlafqualität in ihrer Beziehung zur Leistungsfähigkeit und zum Streß am Tage möglichst objektiv beurteilen zu können. Dabei gingen wir davon aus, daß die Untersuchungsmethode möglichst einfach zu handhaben ist, die Patienten wenig belastet werden und das Verfahren auch zu Hause anwendbar ist. Dazu mußten entsprechende mikroelektronische Geräte mit geringem Kostenaufwand entwickelt werden und biorhythmometrische Analysenmethoden gefunden werden. Das Programm umfaßt folgende Stufen:

das Schlafprotokoll, das ausführlich im folgenden Kapitel behandelt wird;

die Schlafdauermessung – eine technisierte Form des Schlafprotokolls, d. h. die Fixierung der Schlaf-Wach-Zeiten mittels eines speziellen Festwertspeichers über eine Tastenbedienung. Mit dieser Methode wird die schriftliche Führung des Schlafprotokolls durch eine Tasteneingabe ersetzt. Die ersten Mustergeräte werden gegenwärtig erprobt;

die REM-Phasen-Messung, d. h. die Registrierung der Schlafzyklen von REM- zu REM-Phase über das Elektrookulogramm mittels entsprechender Geräte und Software. Die Häufigkeit der Schlafzyklen ist ein Qualitätsmerkmal für den Schlaf. Der REM-Phasen-Messer gestattet die Erfassung von REM-Phasen, Wachphasen und Einschlafphasen. Die von uns konzipierte mikroelektronische Gerätevariante erlaubt einen Langzeitbetrieb mit Datenspeicherung im ambulanten Bereich;

die Messung der elektrodermalen Aktivität zur Bestimmung der emotionellen Erregbarkeit (Streß) am Tag und in der Nacht. Die Mustergeräte, die sich zur Zeit in der Erprobung befinden, erlauben ebenfalls einen Langzeitbetrieb mit Datenspeicherung.

Im Berliner Schlaflabor wird vor und nach dem Schlaf ein psychophysiologischer Leistungstest durchgeführt. Anhand des Ergebnisses wird festgestellt, ob der Schlaf einen Leistungszuwachs erbrachte.

Schlafprotokoll zur Gesundheitskontrolle

Um möglichst umfassende und objektive Angaben über das Schlafverhalten und die Beschwerden unserer Patienten zu gewinnen, haben wir ein 15 Fragen umfassendes Schlafprotokoll ausgearbeitet, das in der Regel sechs bis zehn Wochen lang von den Patienten geführt werden muß. Die Fragen 1 bis 5 (sogenannter objektiver Teil) erfordern die Angabe der Zeit des Zubettgehens, der Zeit des Erwachens und der Zeit des Aufstehens sowie die Zeiten und die Dauer des nächtlichen Erwachens. Aus der Beantwortung dieser Fragen ergibt sich:

- die Einschlafdauer,
- die totale Schlafdauer,
- die totale Liegedauer,
- die morgendliche nutzlose Liegezeit,
- die Häufigkeit und Dauer des nächtlichen Erwachens,
- der Zeitpunkt des Zubettgehens,
- der Zeitpunkt des morgendlichen Erwachens,
- der Zeitpunkt des Aufstehens.

Die sich aus den Daten ergebenden Zeitreihen werden mittels eines komplexen biorhythmometrischen Analyseprogramms bearbeitet.

Die Fragen 6–15 umfassen subjektive Einschätzungen u. a. der Schlafqualität, der Leistungsfähigkeit und der psychischen Belastung am Tage, sowie Alkoholgenuß, den Arzneimittelverbrauch und der Einnahme koffeinhaltiger Getränke.

Bis zum gegenwärtigen Zeitpunkt haben über 1000 Patienten bzw. Probanden das Schlafprotokoll für die Dauer von mindestens sechs bis zehn Wochen geführt. Die auf diese Weise gewonnenen Daten wurden mittels Computer bearbeitet. Folgende wesentliche Erfahrungen liegen vor:

- Nachweis der Anwendbarkeit des Schlafprotokolls in der allgemeinmedizinischen Betreuung;
- Nachweis eines zirkaseptanen (Wochen-) Rhythmus des Schlafverhaltens von Gesunden;
- Nachweis der Möglichkeit der Differenzierung von Schlafgesunden und Schlafgestörten;
- Nachweis eines therapeutischen Effekts durch Führen des Schlafprotokolls bei Schlafstörungen nach zwei Wochen;
- Nachweis der Wirkung von Pharmaka.

Die Formulare der Schlafprotokolle werden den Patienten mit einer entsprechenden Instruktion übergeben. Nach frühestens sechswöchiger lückenloser Führung übergibt uns der Patient die ausgefüllten Bögen. Diese werden von uns mit dem Computer analysiert. Das Ergebnis der Analyse wird den Patienten in einer Konsultation mitgeteilt. In Abhängigkeit vom Ergebnis werden Verhaltens- und Behandlungsempfehlungen gegeben. Das Schlafprotokoll hat sich in der praktischen Medizin bewährt. Es gab auch Patienten (ca. 2 %), die nicht mit dem Schlafprotokoll zurecht kamen. Andererseits gab es Patienten, die das Schlafprotokoll bereits

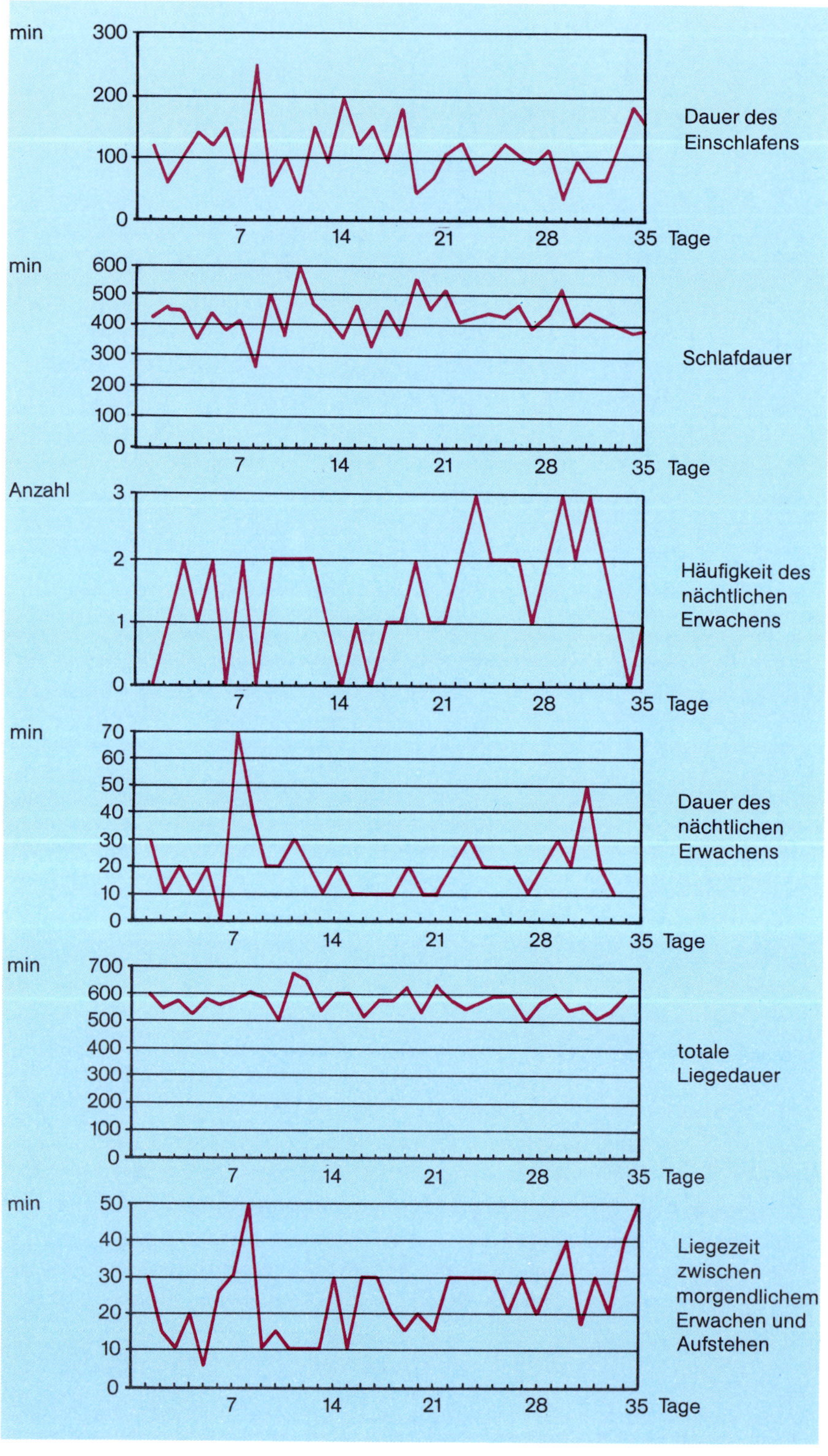

Links:
Diagramme (Zeitreihenverläufe) von verschiedenen Parametern des Schlafprotokolls. Anhand dieser Diagramme, die jeder aus den Daten seines Schlafprotokolls selbst anfertigen kann, ist eine objektive Kontrolle der Qualität des Schlafes über eine längere Zeitdauer möglich.

Rechts oben:
Häufigkeit des Erwachens pro Nacht von 144 gesunden Personen während zwei Wochen. Die Nacht von Sonntag zu Montag weist die schlechteste, die Nacht von Freitag zu Samstag die geringste Zahl an nächtlichem Erwachen auf.

Rechts Mitte:
Wochenrhythmus der effektiven Ruhe einer schlafgesunden Frau. Die Zeit ist in Tagen angegeben. Die Periodenlänge beträgt 7 Tage, die mittlere Schlafdauer 444 Minuten.

Rechts unten:
Daten der effektiven Ruhe einer schlafgestörten Patientin. Es ist kein Wochenrhythmus nachweisbar. Die Zeit ist in Tagen angegeben. Die Periodenlänge beträgt 3 Tage, die mittlere Schlafdauer 255 Minuten. Alle Ergebnisse wurden mit Hilfe des Schlafprotokolls ermittelt.

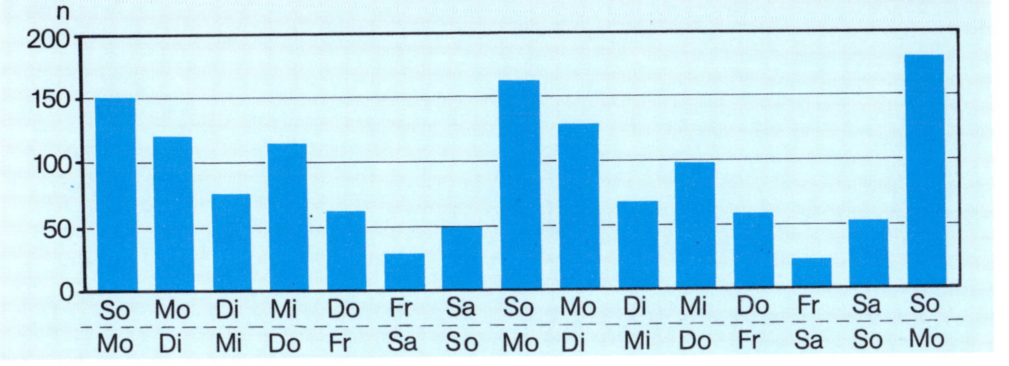
n
200
150
100
50
0
So Mo Di Mi Do Fr Sa So Mo Di Mi Do Fr Sa So
Mo Di Mi Do Fr Sa So Mo Di Mi Do Fr Sa So Mo

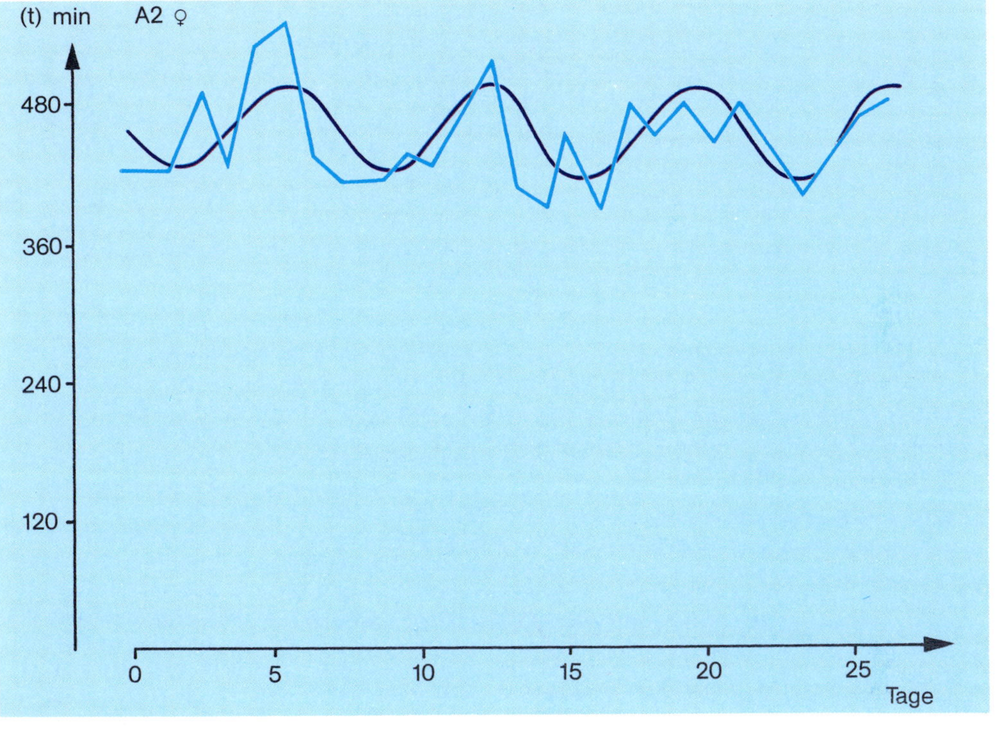
(t) min
A2 ♀
480
360
240
120
0
5
10
15
20
25
Tage

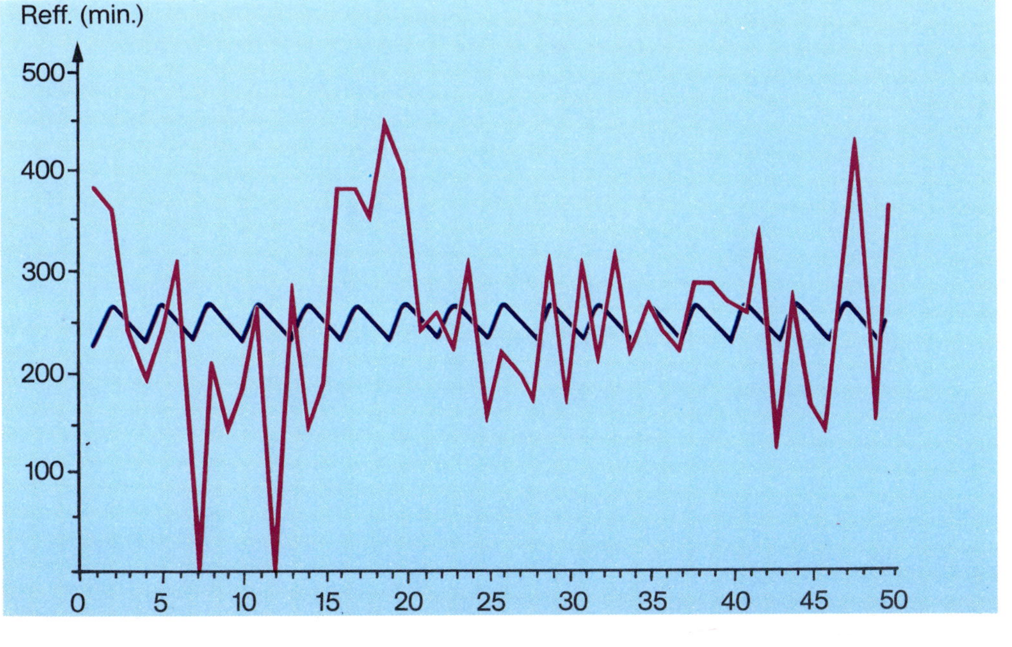
Reff. (min.)
500
400
300
200
100
0
5
10
15
20
25
30
35
40
45
50

über mehrere Jahre führen und infolgedessen ihren Schlaf quasi in Form einer laufenden Gesundheitskontrolle verfolgen.
Versuchen Sie es, lieber Leser, doch auch einmal, Ihren Schlaf mit dem Schlafprotokoll für die Dauer von sechs Wochen zu kontrollieren. Die Instruktion und Formblätter finden Sie auf den nächsten Seiten sowie als Beilage zu diesem Buch.
Zuerst aber noch einige Richtwerte für die Einschätzung der Schlafqualität:
Einschlafdauer: 0–20 Minuten normal, 30 Minuten ist die äußerste Grenze des Normbereiches;
Häufigkeit des nächtlichen Erwachens: Dies kann beim Gesunden kurzzeitig (1–5 Minuten) unter Umständen nach jedem Schlafzyklusablauf, z. B. nach Ende des REM-Schlafes, auftreten. Das hieße 4- bis 6mal pro Nacht. Bei manchen Menschen zeigt sich dieses kurzzeitige Erwachen in der Erinnerung an das Traumerlebnis;
die Dauer des nächtlichen Erwachens: Die zeitliche Spanne von 1–10 Minuten liegt im Normbereich, wenn das Erwachen nicht häufiger als 4- bis 6mal pro Schlaf erfolgt und wenn nach der Wachzeit sofort wieder der Schlaf eintritt und mindestens das NONREM-Stadium II erreicht;
die totale Schlafdauer: Sie hängt vom Schlafdauertyp ab. Kurzschläfer 6 und weniger als 6 Stunden, Langschläfer 9 und mehr als 9 Stunden, Mittellangschläfer mehr als 6 und weniger als 9 Stunden.

Hinweise zur Führung des Schlafprotokolls

Liebe Leserin, lieber Leser,
Sie leiden unter Schlafbeschwerden und wollen gemeinsam mit mir eine Analyse Ihres Schlafes vornehmen, aus der sich Hinweise zur Schlafverbesserung ergeben. Deshalb ist es von Bedeutung, daß Sie die Führung des Schlafprotokolls sehr sorgfältig vornehmen und alle Fragen exakt beantworten. Studieren Sie zunächst in Ruhe alle Fragen. Tragen Sie die Daten täglich ein. Lassen Sie sich – wenn möglich – von Angehörigen bei der Beobachtung Ihres Schlafes und bei der Führung des Schlafprotokolls unterstützen.
Wie Sie dem folgenden Fragespiegel entnehmen können, gliedert sich das Schlafprotokoll in mehrere Abschnitte:
Der erste Abschnitt (mit den Fragen 1–5) umfaßt die Registrierung wichtiger Zeitpunkte: »Zubettgehen«, »Einschlafen«, »nächtliches Erwachen«, »morgendliches Erwachen«, »Aufstehen«.
Zur Beantwortung dieser Fragen legen Sie sich bitte einen Bleistift, Schreibpapier und eine Uhr (möglichst mit Leuchtziffern) in Griffnähe so auf dem Nachttisch oder einem Stuhl zurecht, daß Sie Ihre Schlaflage beim Notieren nur wenig verändern müssen.
Sobald Sie sich zur Bettruhe begeben haben, notieren Sie diese Zeit (auf zehn Minuten abgerundet). Schlafen Sie innerhalb von zehn Minuten ein, dann gilt die Zeit des Beginns der Bettruhe als Einschlafzeit. Schlafen sie nicht sofort ein, dann fügen Sie der notierten Zeit alle zehn Minuten einen Strich hinzu. Die Zahl der Striche muliplizieren Sie dann

am nächsten Morgen mit dem Faktor 10 – Sie erhalten auf diese Weise die Einschlafdauer.

Wenn Sie nachts aufwachen, notieren Sie bitte die Uhrzeit und versuchen Sie dann weiterzuschlafen. Sollte das nicht gelingen, dann setzen Sie bitte – wie beim Einschlafen – alle zehn Minuten einen Strich zu der notierten Aufwachzeit. Sie werden gewöhnlich bald wieder einschlafen. Morgens multiplizieren Sie die Anzahl der Striche wieder mit 10 und erhalten so die Aufwachdauer. Wachen Sie in der Nacht mehrmals auf, dann verfahren Sie ebenso.

Alle auf diese Weise gewonnenen Daten tragen Sie nach dem Aufstehen in das Schlafprotokoll ein.

Die Frage 5 fordert von Ihnen, die Gründe des nächtlichen Erwachens einzutragen. Bitte tun Sie das nach dem Aufstehen.

Die Fragen 7 bis 12 beziehen sich auf den Tag vor dem Schlaf. Diese Eintragungen können Sie bereits vor dem Schlafengehen vornehmen.

Die Fragen 13 bis 15 beziehen sich auf Verhaltensweisen nach dem Schlaf. Die Antworten darauf tragen Sie bitte nach dem Aufstehen ein.

Zu den Fragen 11 bis 15 noch eine zusätzliche Information:

Die Antwort auf diese Fragen soll auf einer Skala gegeben werden, die von –5 (schlecht) über 0 (ausreichend) bis +5 (sehr gut) reicht. Je nachdem, wie Sie Ihr Befinden einschätzen, kennzeichnen Sie dies bitte durch einen senkrechten Strich auf der Skala. Z. B.:

1. Gute Schlafqualität

. . . . / . . .

–5 0 +5

schlecht ausreichend sehr gut

Beginnen Sie bitte das Schlafprotokoll an einem Montag und wiederholen Sie täglich die Eintragung über einen Verlauf von sechs Wochen. Dazu ist es erforderlich, den beigefügten Vordruck sechsfach zu kopieren.

Vergleichen Sie nun die Ergebnisse Ihres Protokolls mit den Ergebnissen und Ratschlägen im Buch und ziehen Sie Ihre ganz persönlichen Schlußfolgerungen, um künftig besser und gesünder zu schlafen.

Sie können aber Ihre ausgefüllten Protokoll-Bogen auch an meine Adresse:

Prof. Dr. Karl Hecht
Schlafmedizinisches Zentrum der Charité
Ziegelstraße 5–9
0-1040 Berlin

senden und erhalten dann eine computergestützte Analyse und entsprechende individuelle Ratschläge von mir. Sollten Sie von dieser Gelegenheit Gebrauch machen wollen, vergessen Sie nicht, Ihrer Sendung das Rückporto beizulegen.

Und nun noch einmal: Bitte führen Sie das Schlafprotokoll so exakt wie nur möglich, weil nur so die einigermaßen sichere Diagnose Ihrer eventuellen Schlafstörung möglich wird und entsprechende Wege zu Ihrer Überwindung gezeigt werden können.

Ihr Prof. Karl Hecht

Schlaftrunk Alkohol?

Es ist eine weit verbreitete Auffassung, daß ein Bier oder ein Schnaps oder ein Gläschen Wein ein gutes Schlafmittel darstellt. Es stimmt zwar, daß man gewöhnlich nach einem alkoholischen Getränk leicht und schnell einschläft, aber es kann auch den Schlaf stören. Wie Untersuchungen von Alexander Wejn in Moskau zeigten, bewirkt bereits eine einmalige Aufnahme von 1,0 g Alkohol pro Kilogramm Körpergwicht bei gesunden Personen eine Störung der Rhythmik der Schlafzyklen.

Regelmäßiger Alkoholgenuß verstärkt zwar den Tiefschlaf, reduziert aber den REM-Schlaf. Langzeitiger regelmäßiger und vor allem übermäßiger Alkoholgenuß führt schließlich zu einer Insomnie (Schlaflosigkeit). Bei Alkoholentzug ist ein ausgeprägter REM-Überschuß zu verzeichnen. Gleichzeitig treten starke Schlafstörungen auf. Es wird von einer Alkoholinsomnie gesprochen. Außerdem wird die Rhythmik der Schlafzyklen stark deformiert. Schlafgestörte Patienten sind häufig gegen Alkohol sehr empfindlich, denn er hindert sie am Schlaf. Besondere Empfindlichkeit haben wir bei Schlafgestörten gegenüber Sekt und Wein beobachtet. Mit Bier hat man dagegen bessere Erfahrungen gemacht. In Maßen getrunken, kann es den Schlaf durch seinen Hopfenanteil fördern. Das Trinken von Alkohol in der Schwangerschaft kann sich auf den Schlaf des Kindes negativ auswirken.

Mein Mitarbeiter Ralf Warmuth führte gemeinsam mit Ija Kolometzewa in Moskau folgende Untersuchungen an trächtigen Rattenweibchen durch. Diese Tiere erhielten im letzten Drittel der Trächtigkeit anstelle von Wasser eine Lösung mit 20%igem Alkohol zum Trinken. Nach dem Werfen wurden die Nachkommen dieser alkoholisierten Muttertiere bis ins Erwachsenenalter hinein untersucht. Dabei stellte sich heraus, daß die Schlafstruktur dieser Nachkommen eine ausgeprägte Insomnie auswies. Hierbei war die Wachzeit gegenüber anderen Tieren, deren Mütter im letzten Trächtigkeitsdrittel nur Wasser erhielten, vergrößert, der Delta- und REM-Schlaf dagegen stark reduziert. Die Rhythmik der Zyklen war deformiert. Diese Ergebnisse haben eine außerordentlich große praktische Bedeutung, denn Sie weisen darauf hin, daß alkoholtrinkende Mütter die Verursacher von Schlafstörungen ihrer Kinder sein können.

Diese wenigen Beispiele zeigen, daß Alkohol keinesfall ein Schlafförderer, sondern vielmehr ein Schlafhemmer oder Schlafstörer sein kann, den man möglichst meiden sollte, besonders dann, wenn man Schlafmittel einnimmt.

Schlafzimmer und Bett

»Wie man sich bettet, so schläft man«, lautet ein altes Sprichwort. Aus dieser im Volke gewonnenen Erkenntnis geht hervor, daß der Liegestatt für einen guten erholsamen Schlaf schon immer große Bedeutung beigemessen wurde. Ein Rückblick in die Geschichte der Schlafstätten zeigt uns, daß diese bei der ärmeren Bevölkerung aus einer festen Unterlage (Fußboden, Gestell aus Brettern) oder aus einem prall gefüllten Strohsack bestand. Die Reichen leisteten sich Roßhaarmatratzen. Mit zunehmender Urbanisierung entstand für breite Kreise der Bevölkerung das Schlafzimmer einschließlich des Bettes mit dem federnden Bettuntergrund und den Matratzen, meistens als dreiteilige Auflage, die unter medizinischen Aspekten abzulehnen ist. Über die Gestaltung des Schlafzimmers ist schon viel diskutiert worden. Die Architekten und Designer sowie die Produzenten von Betten und anderen Liegestätten waren hierbei gewöhnlich unter sich. Die Ärzte übten Zurückhaltung oder sind in diese Diskussion nicht mit einbezogen worden.

Aus ärztlicher Sicht kann es für die Gestaltung eines Schlafzimmers und der Betten keine Standardausführung geben. Das individuelle Bedürfnis der Zweckmäßigkeit, die Wohnraumbedingungen (Größe und Anlage) sind maßgeblich für die Herrichtung der Liegestatt und des Schlafzimmers.

Was die Gestaltung des Schlafzimmers anbetrifft, muß zunächst davon ausgegangen werden, ob es einem Ehepaar, einer Einzelperson, einem jüngeren oder älteren Menschen dienen soll oder ob aufgrund eines zu knappen Wohnraumes eine Kombination Schlaf-Wohnraum gewählt werden muß.

Generell sollte bei der Einrichtung des Schlafraumes die nächtliche Erholung im Vordergrund stehen.

Ehepaaren dient gewöhnlich das Schlafzimmer neben der Erholung auch der Liebe. Diese Gesichtspunkte haben schon viel Phantasie entwickeln lassen, bei der Beleuchtung angefangen über die Tapeten- und Fenstervorhanggestaltung bis zur Liegestatt. Aber auch hierbei sind die individuelle Einstellung und Gepflogenheiten, Familientraditionen, Gewohnheiten und die Zweckmäßigkeit maßgeblich. Zum Beispiel wird sich ein Ehepaar ohne Schlafprobleme in erster Linie um die Gestaltung des Zimmers für die Liebe kümmern. Schlecht schlafende Ehepaare und weniger sexuell Interessierte setzen bei der Gestaltung des Schlafzimmers alles daran, jeden den Schlaf fördernden Faktor zu erschließen bzw. störende Faktoren auszuschließen.

Von medizinischer Seite gibt es bezüglich der Gestaltung des Schlafzimmers folgende wichtige Kriterien: gut durchlüftet (gute Sauerstoffzufuhr), gut temperiert (nicht zu warm, aber auch nicht zu kühl), angemessene Luftfeuchtigkeit (nicht zu feucht und nicht zu trocken), keine Lärmbelastung, herabgesetzten oder keinen Lichteinfluß.

Die Urbanisierung und die Industrialisierung setzen jedoch Grenzen, die manchmal unüberwindbar sind. Der Umweltschutz hätte hier ein großes Betätigungsfeld, um zum guten Schlaf breiter Bevölkerungskreise beizutragen. In Großstädten ist das Schlafen bei offenem Fenster eine vielfache Gefahr für den »Schlafenwollenden«. Das betrifft den Lärm, die Luftverschmutzung, die Verbreitung von Schadstoffen durch Verkehrsmittel und die damit verbundenen Geruchsbelästigungen. Dazu kommen Radio-, Fernseh- und elektromagnetische Funkwellen, die auch bei geschlossenem Fenster den Schlaf stören können. Kann das Fenster in der Nacht nicht geöffnet werden, dann gibt es das Problem der trockenen Luft und der überheizten Zimmer. Genaugenommen müßte die Gestaltung des Schlafzimmers bei der Städteplanung beginnen, wobei die Forderung steht, Wohnhäuser nur abseits von Verkehrsstraßen und Industrie in einer Umgebung mit viel Grün zu bauen. Dann könnte sich der »Schlafenwollende« durchs geöffnete Fenster viel Sauerstoff verschaffen. Der Raum könnte angemessen kühl, aber noch wohltemperiert sein.

Eine möglichst leichte Woll- oder Daunendecke und ein den physiologischen Bedürfnissen angepaßtes Bett sind Grundlagen für einen störungsfreien Schlaf. Die frische Luft ist eine wichtige Grundlage für einen gesunden Schlaf, weil das Gehirn bei seiner nächtlichen Aktivität gut und ausreichend mit Sauerstoff versorgt werden muß. Rauchen im Schlafzimmer ist daher auch ein Schlafstörer und nicht anders zu werten als ein Industrieschadstoff, denn in geschlossenen Räumen entstehen durch das Rauchen toxische Effekte und Geruchsbelästigungen (kalter Tabaksrauch). Kleinkinder, die in einem solchen Schlafzimmer ihre Ruhe finden müssen, sind in ihrer Gesundheit gefährdet.

Bei der Gestaltung von Liegestätten für den Schlaf sollten folgende allgemeinverbindliche und spezifische medizinische Aspekte berücksichtigt werden:

Allgemeinverbindliche Aspekte

Erstens: Die Matratze soll aus einem Stück bestehen (nicht zwei oder dreiteilig). Manche Ehepaare bevorzugen eine Matratze über beide Betten. Das hat viele Vorteile, vor allem für das sexuelle Leben. Ist aber ein Partner sehr sensibel, dann kann er durch Körperbewegungen des anderen, die sich über die gesamte Matratze übertragen, gestört werden.

Zweitens: Diese Matratze soll möglichst auf einer festen Unterlage oder auf einem nur leicht federnden Untergrund liegen. Kopf- und Fußteil des Bettes sollten verstellbar sein. Ein Lattenrost aus Holz ist gegenüber Sprungfedermatratzen von Vorteil. Kein Bett sollte eisenmagnetische Teile haben (Störungen der geomagnetischen Felder).

Spezifische Aspekte

Erstens: Das Körpergewicht; Matratze und Bettgestell müssen dem Körpergewicht angepaßt sein. Schwergewichtige benötigen eine stärkere Matratze, Leichtgewichtige dagegen eine dünnere. Wer bereits nach einigen Stunden infolge von Schmerzen in den Hüftgelenkknochen oder der Wirbelsäule erwacht, sollte die Unterlage verändern.

Zweitens: Orthopädische Aspekte; Entlastung der Wirbelsäule. Menschen mit Rückenschmerzen, Bandscheiben-Verschleißerscheinungen sollten sich an eine flache feste Unterlage gewöhnen. Ein Lattenrost unter eine mitteldicke Matratze bei mittlerem Körpergewicht gelegt, genügt häufig, um das Liegen und somit den Schlaf zu verbessern.

Drittens: Sicherung einer guten Atmung und Kreislauffunktion; ein Kreislaufgesunder wird mit jedem Bett zurechtkommen. Kreislaufempfindliche oder -kranke Menschen können gewöhnlich nicht flach schlafen, wie das die Erholung der Wirbelsäule erfordert. Deshalb ist eine Höherlagerung des Kopfes bzw. des Kopf-Brustabschnittes zu empfehlen. Auch ein Keilkissen kann helfen. Das gleiche gilt für Patienten mit Atembeschwerden (z. B. Bronchitis oder Asthma).

Viertens: Sicherung einer psychischen Entspannung; das Entspannen- und Abschaltenkönnen ist eine wichtige Voraussetzung für den Schlaf. Sensible und ängstliche sowie konfliktbeladene Menschen haben hiermit Probleme. Deshalb muß durch Matratze und Zudecke eine solche Voraussetzung geschaffen werden, daß keine zusätzliche sensorische Reizung erfolgen kann. Auch Licht und Geräusche können störend wirken, z. B. das Ticken eines Weckers. Manche nervöse Menschen können nicht bei Vollmond einschlafen, andere werden durch Reklamebeleuchtung oder Autoscheinwerfer gestört. Aber auch Parfüm und Zigarettenrauch und -reste können über den Geruchssinn den Schlaf stören. Wenn die Ursachen für schlechten Schlaf, d. h. die Schlafstörer im Schlafzimmer, bekannt sind, sollten sie beseitigt werden.

Fünftens: Gewährleistung eines ungestörten Liebesaktes. Nicht wenige Paare verschaffen sich durch den Liebesakt die entsprechende körperliche und psychische Entspannung für den erholsamen Schlaf bzw. beginnen den Schlaf in gemeinsamer Umarmung. In solchen Fällen ist eine Bettritze sehr hinderlich. Deshalb ist eine breite Couch zu empfehlen, die bessere Voraussetzungen bietet, als zwei Betten mit einem hölzernen Rahmen.

Sechstens: Beleuchtung und Fenstervorhänge sollten entsprechend den individuellen Bedürfnissen angepaßt sein.

Siebtens: Das Aufstellen der Betten im Raum wird meist durch die Wohnstruktur bestimmt. Neuen Untersuchungen aus den USA zufolge ist, wie bereits erwähnt, die Süd-Nord-Lage als Vorzugsrichtung zu empfehlen.

Schlafhygiene

Ein guter Schlaf wird gewöhnlich am Tage programmiert.

Schlafhygienische Maßnahmen beziehen sich deshalb in erster Linie auf Verhaltensweisen im Wachsein, die den Schlaf vorbereiten. Wie bereits ausführlich besprochen, ist der Schlaf und natürlich erst recht eine Schlafstörung ein individuelles Problem. Schlafhygienische Maßnahmen müssen daher sehr stark auf das individuelle Verhaltens- und Schlafmuster orientiert sein. Zum Beispiel wird Menschen mit Schlafstörungen häufig empfohlen, nicht am Tage zu schlafen. Neue Erkenntnisse zeigen aber, daß ein **Minischlaf am Tage** relaxierend wirkt, teilweise innere Spannungen beseitigt und somit einen guten Nachtschlaf vorbereiten kann. Das Beherrschen der **Fähigkeit, am Tage psychisch entspannen** zu können, ist eine grundsätzliche Voraussetzung für einen guten Nachtschlaf. Entspannungsmethoden z. B.

- autogenes Training
- Biofeedback-Techniken
- Meditation
- Zwerchfellatmung
- Entspannen durch Musik
- Entspannen durch Lesen leichter Lektüre

sind wichtige Grundlagen für einen erholsamen Schlaf.

Für die Anwendung der einzelnen Methoden ist der Zeitpunkt in Beziehung zum Schlafengehen wichtig.

***Autogenes Training** sollte mehrere Stunden vor dem Schlafengehen durchgeführt werden.* Das am Tage geübte abrupte Wegnehmen der Entspannung mit Beendigung des autogenen Trainings kann sich als Schlafhemmer erweisen, wenn dieses kurz vor dem Schlafengehen angewendet wird. Ähnliches kann auch für **Biofeedback-Techniken** zutreffen.

*Die **Meditation** ist dagegen eine gute Methode zum Übergang in den Schlaf, da sie durch Transzendenzen hypnagogenartige Zustände auszulösen vermag. **Musik** kann (bei entsprechender individueller Auswahl der Stücke) am Tage und beim Einschlafen entspannend wirken. **Atemübungen** führen zur psychischen und körperlichen Entspannung. Mit diesen ist sofort nach dem Zubettgehen folgendermaßen zu beginnen: Einatmen, etwa zehn Sekunden den Atem anhalten. Danach Ausatmen, und wieder für die Dauer von 10 Sekunden den Atem anhalten, und so weiter. Diese Übungen sollten mindestens für die Dauer von zehn Minuten durchgeführt werden – wenn man nicht schon vorher eingeschlafen ist.*

*Bei Schlafproblemen sollte das **Verhältnis von Liegedauer und Schlafdauer** überprüft werden.*

Der Idealfall wäre, wenn Liege- und Schlafdauer nahezu identisch sind. Wenn die Liegedauer mehr als 30 Minuten länger ist als die Schlafdauer, sollte sie verkürzt werden.

***Sportliche Betätigung** muß ebenfalls zum richtigen Zeitpunkt vor dem Schlafengehen erfolgen. Körperbewegungen erhöhen bekanntlich die Körpertemperatur; der Schlaf tritt aber am besten bei niedriger Körpertem-*

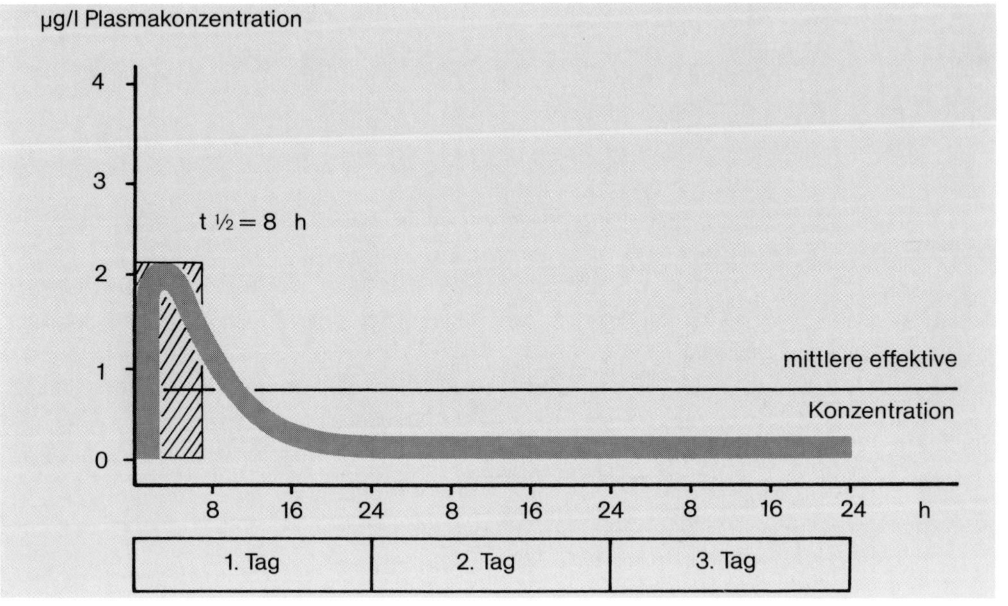

Oben:
Idealer Verlauf der mittleren effektiven Konzentration eines Arzneimittels mit einer Halbwertzeit von 8 Stunden im Blut nach einmaliger Einnahme.

Unten:
Idealer Verlauf der mittleren effektiven Konzentration eines Arzneimittels mit einer Halbwertzeit von 8 Stunden im Blut nach mehrmaliger, täglich einmal erfolgender Einnahme.

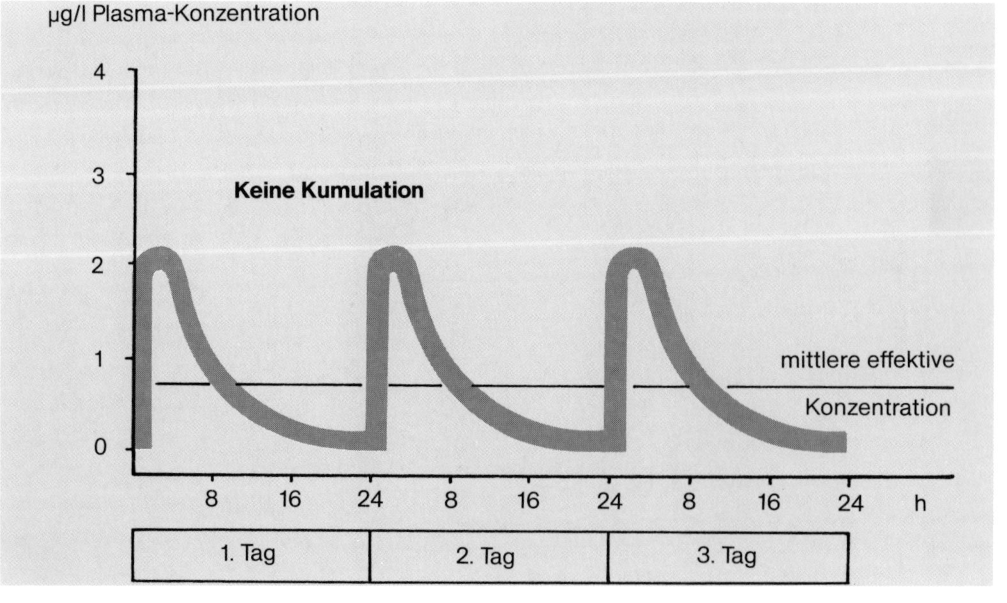

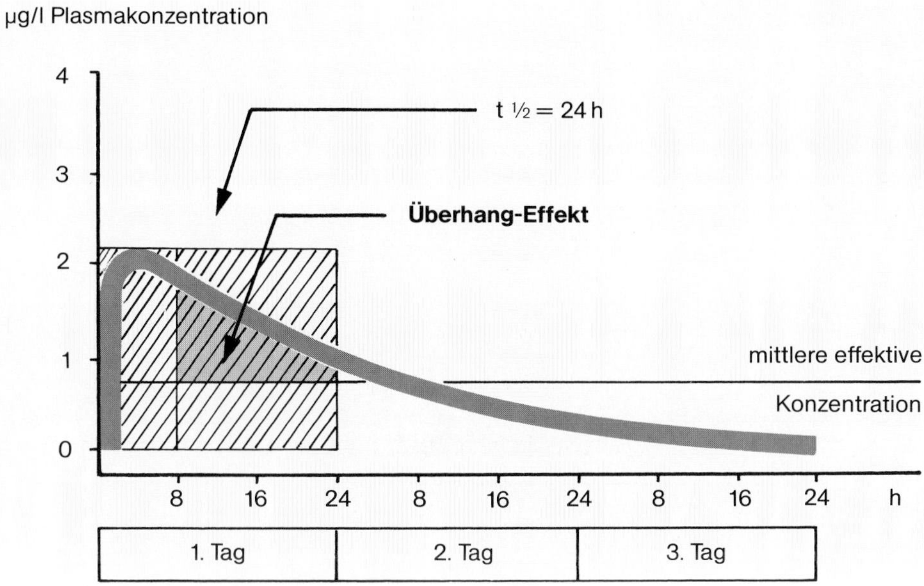

Oben:
Unerwünschter Überhang-Effekt eines Arzneimittels mit einer Halbwertzeit von 24 Stunden nach einmaliger Einnahme.

Unten:
Unerwünschter Kumulationseffekt eines Arzneimittels mit einer Halbwertzeit von 24 Stunden nach mehrmaliger Einnahme. Es besteht die Gefahr einer Arzneimittelvergiftung bei längerer Einnahmedauer.

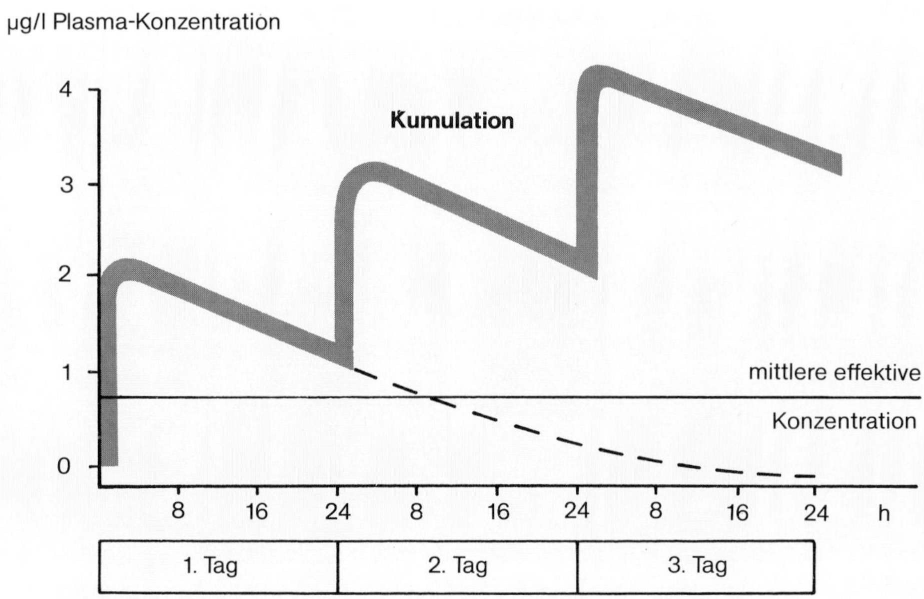

peratur ein. Deshalb sollte schlaffördernder Sport 4–6 Stunden vor dem Schlafengehen getrieben werden. Nach dieser Zeitspanne tritt bei vorausgegangener ausgeprägter körperlicher Belastung die kompensatorische Gegenregulation der Körpertemperatur, also ein niedriger Wert, auf, der schlafbegünstigend wirkt.

Ausgedehnte ***Spaziergänge*** *vor dem Schlafengehen können gleichfalls fördernd auf den Schlaf wirken.*

Tempo und Länge der Spaziergänge müssen individuell bestimmt werden. Gewöhnlich wirkt ein langsames Tempo beruhigend. Es gibt aber Menschen, für die ein langsamer Spaziergang zum Stressor wird. Sie sollten dann flotten Schrittes die Entspannung suchen. Die **Einhaltung des Systems der inneren Uhr,** d. h. regelmäßiges Schlafengehen zum gleichen Zeitpunkt, möglichst unter Nutzung des individuellen Schlaffensters (Schlaftendenz), ist besonders Problemschläfern zu empfehlen.

Konflikte, Ehestreitigkeiten, aufregende Fernsehsendungen sollten mindestens zwei bis drei Stunden vor dem Schlafengehen vermieden werden. Es gibt allerdings auch Menschen, die sich vor dem Schlafengehen erst richtig aufregen müssen. Die dabei erfolgende starke Adrenalinausschüttung kann nämlich nach kurzer Zeit eine kompensatorische Gegenregulation auslösen und zum Einschlafen führen (er schläft vor Erschöpfung ein, heißt es dann).

Manche Menschen wachen vor **Hunger** auf (besonders solche mit einer hohen Stoffwechselrate). Sie sollten vor dem Schlafengehen oder nach dem nächtlichen Erwachen einen leichten Imbiß oder ein warmes Fruchtgetränk oder Tee mit Traubenzucker einnehmen. Dadurch wird nicht nur der Hunger beseitigt, sondern auch das Insulin im Blut erhöht. Insulin kann schlafinduzierend wirken.

Genußmittel sind normalerweise zu vermeiden, weil sie Streßhormone freisetzen, die den Schlaf hemmen. Das gilt für Nikotin, Alkohol und Koffein gleichermaßen. Aber auch in diesen Fällen muß differenziert werden. Einem Menschen mit niedrigem Blutdruck kann zum Beispiel eine Tasse Kaffee zum richtigen Zeitpunkt zum Schlaf verhelfen.

Zur Schlafhygiene gehört natürlich das gesamte **Umfeld** des Schläfers. Das beginnt mit dem Bett und dem Ehepartner (z. B. Schnarcher) und geht bis zu Lärm und der Mondhelligkeit. Übrigens können monotone Geräusche das Einschlafen fördern (Eisenbahngeräusch, Wassersprudeln, Meeresrauschen). Unvermittelt auftretende Geräusche (Hundebellen, Autotürenknallen, Geräusche eines Rangierbahnhofes) wirken dagegen außerordentlich ruhestörend.

Schlafhygiene ist also nicht an Rezepte gebunden, sondern erfordert Selbstbeobachtungen, Selbsteinschätzungen und Experimentieren bis man herausfindet, was für einen gut ist und was schlafhemmend wirkt. Hierzu gehört viel Geduld, Phantasie und Kreativität. Der Arzt kann wertvolle Anregungen dazu geben, die Umsetzung der guten Ratschläge muß aber der Patient selbst durch Anwendung verschiedenster Varianten der Empfehlungen gewährleisten.

Was ein Schlafgestörter vom Schlafmittel wissen muß!

Zur Schlafhygiene gehört auch der verantwortungsvolle Umgang mit Beruhigungs- und schlaffördernden Mitteln. Die Antworten auf nachfolgend gestellte Fragen sollte jeder, der zum Schlafmittel greift, kennen:

Bei welcher Dosierung, das heißt bei welcher Konzentration im Blutplasma, wirkt ein Schlafmittel optimal?

Wie lang ist die Wirkungsdauer eines Medikaments?

Wie häufig und in welchen Abständen kann eine Schlaftablette eingenommen werden?

Welche Nebenwirkungen hat dieses Mittel?

Die Antworten auf diese Fragen möchte ich komplex anhand von vier Diagrammen geben, die auf den Seiten 164 und 165 abgebildet sind.

Diagramm 1: Bei **einmaliger Einnahme** eines Arzneimittels muß die Halbwertszeit (t ½) beachtet werden. Das ist die Zeit, in der die Konzentration des Arzneimittels nach Beginn der Einnahme im Blutplasma zur Hälfte abgebaut ist. Das in diesem Diagramm angeführte »Modellmittel« hat eine Halbwertzeit, von 8 Stunden (t ½ = 8 h). Es ist zu sehen, daß die Konzentration des Mittels sehr schnell der 0-Grenze zustrebt und an den folgenden Tagen nicht mehr im Blutplasma nachzuweisen ist.

Diagramm 2: Bei **wiederholter, täglich einmal erfolgender Einnahme** muß vor der nächstfolgenden Tablette die Konzentration des Stoffes der vorhergehenden mindestens nahe Null sein. Wenn ein Medikament diese Eigenschaft jeden Tag aufweist, entspricht es den gestellten Wirkungsanforderungen.

Diagramm 3: Erfolgt die Ausscheidung des Medikaments nicht vollständig, dann kommt es bei einmaliger Dosierung zu einem Überhangseffekt. Am Modellmedikament mit einer Halbwertszeit von 24 Stunden (t ½ = 24 h) wird in diesem Diagramm gezeigt, daß es noch 8 Stunden über die Halbwertszeit hinaus in hoher Konzentration im Blutplasma nachweisbar ist und infolgedessen auch noch optimal wirkt. Für den Überhangseffekt gibt es verschiedene Ursachen:

- negative Eigenschaften des Medikaments (es dürfte überhaupt nicht auf dem Arzneimittelmarkt erscheinen);
- zu hohe Dosierung des Mittels;
- langsamer Abbau des Medikaments im Körper. Dieser ist vor allem bei Menschen jenseits des 50.–60. Lebensjahres ausgeprägt zu verzeichnen. Deshalb müssen schlafgestörte Senioren mit Schlafmitteln außerordentlich vorsichtig und zurückhaltend umgehen.

Diagramm 4: Ist die Ausscheidung des Medikaments infolge des Überhangeffektes noch unvollständig und erfolgt eine neue Einnahme, dann kommt es zu einer Kumulation (Anhäufung) im Blutplasma. Wird das Medikament unter solchen Bedingungen über längere Zeit eingenommen, dann treten unerwünschte belastende Nebenwirkungen und unter Umständen sogar eine Arzneimittelvergiftung auf. Es soll noch einmal betont werden, daß ältere Menschen besonders gefährdet sind.

Jedem Arzt ist bekannt, daß der Abbau von Arzneimitteln im Organismus großen individuellen Schwankungen unterliegt. Sogar bei demselben Menschen kann sich die Verstoffwechselung eines Mittels zu verschiedenen Zeiten differenziert vollziehen. Infolgedessen sollte jeder, der Schlafmittel einnimmt, nicht nur seine Aufmerksamkeit auf die erwünschte Wirkung, sondern auch auf die unerwünschte Nebenwirkung richten. Der Idealzustand einer Arzneimittelbehandlung wäre gegeben, wenn vor der Einnahme der nächsten Tablette die Konzentration des Stoffes im Blut bestimmt wird, und in Abhängigkeit von diesem Ergebnis die Einnahme der Tablette erfolgt oder nicht erfolgt. Dieser Weg ist höchstens in Ausnahmefällen zu realisieren. Deshalb sollte der Patient seine Tablette nicht täglich, sondern einen Tag um den anderen einnehmen oder sogar noch längere Pausen einlegen. Das ist besonders dann erforderlich, wenn er unerwünschte Nebenwirkungen an sich bemerkt.

Einen anderen Weg, den Patienten vor einer medikamentösen Kumulation zu schützen, geht die Pharmaindustrie bei der Entwicklung von Medikamenten mit niedriger Halbwertszeit und ohne Überhangseffekt. Es hat sich aber gezeigt, daß Schlafmittel mit sehr kurzen Halbwertszeiten zwar das Einschlafen fördern, aber das Durchschlafen stören oder sogar verhindern können.

Ein schlafförderndes Medikament zu finden, das optimale oder sogar universelle Wirkeigenschaften hat, ist also außerordentlich kompliziert. Dennoch sind durchaus Mittel vorhanden, die, bei gezielter ärztlicher Verordnung und bei strikter Einhaltung der Einnahmevorschriften, die gewünschte Wirkung erreichen und Nebenwirkungen vermeiden.

Wissen und Erfahrung über die Schlafhygiene zu vermitteln, war nicht nur das Anliegen dieses letzten Kapitels, sondern des gesamten Buches. Sie haben darin manche Wege gefunden, die zu einem gesunden Schlaf führen können.

Welches für Sie, liebe Leserin und lieber Leser, der richtige ist, müssen Sie selbst herausfinden. Dazu ist oft ein wenig Selbstüberwindung, immer aber aktives Denken und bewußtes Handeln erforderlich. Wer passiv abwartet, einzig auf die Hilfe des Arztes und der von ihm verordneten Mittel setzt, wird enttäuscht werden.

Ich hoffe, daß ich Sie auf den zurückliegenden Seiten davon überzeugen konnte, daß vieles von dem, was Ihnen zu einem gesunden, erquickenden Schlaf verhilft, in Ihrer Macht liegt.

Ich wünsche Ihnen, daß Sie diese Macht nutzen!

Fachwörterverzeichnis

Acetylcholin Körpereigener Wirkstoff für die Übertragung von Erregung einer Nervenzelle zur anderen oder von einer Muskelzelle. A. übt Transmitterfunktion aus.

Adaptation Anpassung, bezeichnet sowohl einen Vorgang der Anpassung als auch den erreichten Stand.

adäquat Angemessen, entsprechend.

Adipositas Fettsucht.

Anorexia nervosa Psychisch oder nervös bedingte Appetitlosigkeit; herabgesetzter Trieb zur Nahrungsaufnahme mit Magersucht als Folge.

Alkoholinsomnie Schlafstörung infolge permanenten Alkoholgenusses. Bei Entziehung des Alkohols nach langer Trinkzeit besonders stark ausgeprägt.

Arousal reaction Aufwach- oder Weckeffekt im Elektroenzephalogramm (EEG).

arterielle Hypertonie Bluthochdruck-Krankheit.

arterielle Hypotonie Krankheit mit sehr niedrigem Blutdruck.

autistisch Von Autismus abgeleitet: Zwischenmenschliche Kontaktstörung. Diese Patienten ignorieren ihre menschliche Umwelt und leben in einer emotionellen und geistigen Eigenwelt. Häufig Folge von heftigen Frustationen im frühen Kindesalter.

biotisch Von Biologie abgeleitet, analog wie psychisch von Psychologie.

bipolare EEG-Ableitung Ableitung des EEGs über zwei Elektroden, die an zwei verschiedenen Punkten der Schädeldecke angelegt sind.

Bruxismus Zähneknirschen bzw. fester Gebißdruck während des Schlafes.

Chronobiologie Lehre von der biologischen Zeitorganisation eines Organismus (auch als Lehre von der inneren Uhr bezeichnet). Sie untersucht die Funktionen der Gesamtheit der im Körper vorkommenden Biorhythmen.

Depression Syndrom oder Krankheit mit niedergedrückter Gemütsstimmung. Es gibt verschiedene Formen: Endoge D. (genetisch bedingt), reaktive D. (sozial oder toxisch bedingt), depressive Neurose. Bei D. sind Schlafstörungen (Insomnie) ein hervorstechendes Symptom (Krankheitsmerkmal).

Desynchronose Akute oder chronische Befindensstörung oder krankhafte Erscheinung bei gestörter Biorhythmushierarchie, z. B. bei Störungen des Tagesrhythmus. Gewöhnlich mit Schlafstörungen (Insomnie) einhergehend.

Diagnose Erkennung und Benennung einer Krankheit. Allgemeiner Grundsatz in der Medizin: Die sichere Diagnose ist die Grundlage jeder Behandlung.

Disposition Anlageausstattung eines Menschen, welche die Richtung der psychophysiologischen Entwicklung mitbestimmt. Durch Einfluß von spezifischen Umwelteinflüssen kann die jeweilige Disposition die Entwicklung oder Unterbindung einer Krankheit mitbestimmen.

Dysregulation Fehlgesteuerte Regulation von Lebensprozessen im Organismus. Dysregulation des Blutdruckes kann sich in einer arteriellen Hypertonie ausdrücken.

Elektrodermale Aktivität (EDA) Elektrische Aktivität der Haut. Auch als Hautwiderstand oder Hautleitwert bezeichnet. Maßeinheit: Ohm. EDA kann Informationen über den emotionellen Zustand im Wachzustand und im Schlaf geben.

Elektroenzephalogramm (EEG) Hirnstrombild, Aufzeichnung der elektrischen Aktivität des Gehirns. Wichtig zur Diagnose von neurologischen Erkrankungen und Schlafstörungen.

Elektrokardiogramm (EKG) Aufzeichnung der elektrischen Aktivität der Herzmuskulatur.

Elektromyogramm (EMG) Aufzeichnung der elektrischen Aktivität der Skelettmuskulatur.

Elektrolyte Chemische Verbindungen, die in wäßriger Lösung Strom leiten können.

Elektrookulogramm (EOG) Aufzeichnung der elektrischen Aktivität der Augenmuskeln. Wichtig für die Registrierung des REM-Schlafes.

Emotion Gefühl, Gemütsbewegung, Typisiertes Erleben wie Freude, Trauer, Ärger, Wut usw.

Endokrinum Abgeleitet von endokrinologischer Lehre von den Funktionen der Drüsen innerer Sekretion (endogene Drüsen) und der Hormone. E = System der Drüsen mit innerer Sekretion.

Epilepsie Anfallskrankheit. Tritt häufig periodisch auf. Sie ist durch Krampfanfälle sowie durch Bewußtseins- und Gedächtnisverlust charakterisiert.

extrovertiert Gesamtverhalten ist nach außen gerichtet. Extrovertierte Menschen sind aktiv optimistisch, aufgeschlossen, redselig und impulsiv.

Expression Herauspressung. Bezogen auf das Gähnen: Herauspressung des Gähnens durch soziale »Ansteckung«.

Formatio reticulares Ausgedehntes Neuronennetzwerk im Hirnstamm, welches in höhere Hirnregionen aufsteigt und für die Erhöhung der Vigilanz (Wachheit) verantwortlich ist.

Halluzination Wahrnehmungsverzerrungen, verzerrter Sinneseindruck.

Hirnhemisphäre Hirnhälfte. Das Gehirn besteht aus zwei Hälften, die durch zwei Kommissuren (Nervenbahnen), eine vordere und hintere, miteinander verbunden sind.

Homöostase Gleichbleibender Zustand. Bezogen auf dem lebenden Organismus: Dynamisches Gleichgewicht der funktionellen Systeme (inneres Milieu) eines Organismus. Gewöhnlich nicht linear, sondern schwingend (rhythmisch) verlaufend. Es gibt für bestimmte Systeme Homöostasemittelwerte. Z. B. für den Blutdruck 120/80 Torr.

Hormone Spezifische körpereigene Wirkstoffe der Drüsen innerer Sekretion bzw. bestimmter Gewebezellen. Sie werden über die Blutbahn und über die Nervenbahnen wirksam.

Hyperreaktivität Richtung der Funktionen von Organsystemen mit überschießender Reaktion in Bezug auf die Homöostase.

Hypnagoge Zum Schlaf hinführender Prozeß (Trias: Muskelzuckung, Falltraum, Halluzination). Übergang Wachzustand → Schlaf.

Hypnopompe Vom Schlaf wegführende Erscheinungen (Übergang Schlaf → Wachsein).

Hypnotikum Schlafmittel (Plural: Hypnotika).

Hyporeaktität Richtung der Funktionen von Organsystemen zur herabgesetzten Reaktion in Bezug auf die Homöostase.

Hypothalamus Teil des Zwischenhirns, der unter dem Thalamus (Sehhügel) liegt. Diese Hirnregion ist in zahlreiche Abschnitte unterteilt. H. spielt in der Regulation des vegetativen Systems und des Hormonsystems eine dominierende Rolle.

Hypoxie Sauerstoffmangel im Körpergewebe.

Interaktion Reaktions- oder Wirkungsbeziehungen zwischen zwei Funktionssystemen oder Medikamenten mit verstärkenden oder abschwächenden Effekt.

introvertiert Gesamtverhalten nach innen gerichtet. Introvertierte Menschen sind ruhig, ungesellig, passiv, nachdenklich, reserviert.

Jactatio capitis Schaukelbewegungen des Kopfes während des Schlafes.

Katalepsie Störung der motorischen Funktion. Wächsern anmutender Zustand der Muskulatur. Stellt man dem Patienten z. B. seine Arme in eine bestimmte Stellung, dann kann der diese über längere Zeit einhalten, ohne zu ermüden.

kognitiv Auf die Erkenntnis bezogen; kognitives Lernen: Aneignung von geistigem Wissen im Gegensatz zum Erwerb von Fertigkeiten und Handlungsautomatismen; kognitive Struktur: innere Disposition, die an der Aufnahme und Verarbeitung von Informationen beteiligt ist.

Kommissurektomie Operative Durchtrennung der Nervenfasern, welche die beiden Hirnhemisphären verbinden.

limbisches System Es umfaßt eine Anzahl von Gehirnregionen, die beim Zustandekommen von Emotionen und Triebzuständen sowie der Gedächtnisbildung eine Rolle spielen. Das limbische System ist sowohl mit der Hirnrinde als auch mit dem Hypothalamus verbunden.

manisch Syndrom und krankhafte Erscheinung, die sich in einer gehobenen Grundstimmung, gesteigerter Psychomotorik und wenig zielgerichtetem Denken ausdrückt (Gegenteil von Depression).

Morphologie Lehre von den Strukturen eines lebenden Organismus.

Motorik Bewegung, Bewegungsapparat.

Muskeltonus Muskelspannung.

Myoklonien Muskelzuckungen.

Narkolepsie Anfallsweise auftretendes Einschlafen außerhalb des Nachtschlafes, meist von kurzer Dauer.

neuromuskulär Auf die Verbindung zwischen Nerven- und Muskelsystem bezogen.

Neurose Psychische Erkrankung mit nicht »normgerechtem« Verhalten, vor allem in bezug auf die sozialen Beziehungen. Psychisches Fehlverhalten bzw. Fehlentwicklungen.

Neurotransmitter Körpereigene Wirkstoffe für die Überträge der Erregung an der Synapse zweier Nervenzellen oder einer Muskelzelle.

Noradrenalin Neurotransmitter mit spezifischen Wirkeigenschaften.

Normosomniaken Normschläfer (Somnus = Schlaf).

Parasomnien Krankhafte Erscheinungen, die in einer bestimmten Beziehung zum Schlaf stehen. Hierzu gehören u. a. das Schlafwandeln, die Narkolepsie und das Zähneknirschen im Schlaf.

Reagibilität Psychophysiologische Beantwortung von Umwelteinflüssen.

REM Abkürzel für die englischen Worte: **R**apid **E**ye **M**ovement = schnelle Augenbewegungen. Wichtiges Charakteristikum des REM- bzw. Traumschlafes.

Restitution Wiederherstellung, Wiederaufbau, z. B. der ermüdeten Zellfunktionen.

Schizophrenie Geisteskrankheit mit Halluzinationen, Denkstörungen und Wahn, die meistens schubweise, z. T. auch periodisch auftreten können.

Sedativum Arzneimittel zur Beruhigung übererregter Nervenprozesse.

sensorisch Auf das Empfindungsvermögen bezogen.

Serotonin Transmitter mit spezifischen Wirkeigenschaften für den NONREM-Schlaf.

Schlafapnoe Episodenweiser, zeitweiliger Stillstand der Atmung (mehr als 30 s) während des Schlafes.

Somnabulismus Schlafwandeln.

Somnogramm Elektrophysiologische Aufzeichnung verschiedener Parameter während des Schlafes (EEG, EMG, EOG, EKG).

Somnolenz Schläfrigkeit.

Somnoloquie Sprechen während des Schlafes.

Symptom Krankheitszeichen.

Synapse Verbindung zwischen zwei Nervenzellen zur Übertragung von Erregung.

Syndrom Symptomenkomplex, eine in typischer Kombination auftretende Gruppe von Krankheitszeichen.

Vegetativum Vegetatives System: System der Funktionen der inneren Organe, welche vom vegetativen Nervensystem (Sympathikus und Parasympathikus) und vom Hormonsystem gesteuert wird. Der Sympathikusnerv wird auch als Streßnerv bezeichnet, weil er zur Erregung veranlaßt.

Vigilanz Wachheit.

ZNS Abkürzel von **Z**entral-**N**erven-**S**ystem.

zerebrale Durchblutungsstörungen Durchblutungsstörung des Gehirns. Zerebrum = Gehirn.

zirkadianer Rhythmus Tagesrhythmus. zirka = etwa; dian von dies = Tag abgeleitet.

zirkaseptaner Rhythmus Wochenrhythmus. (septan = sieben).

Weiterführende Literatur (deutschsprachig)

1. P. Clarenbach, W. Klotz, W. P. Koella, G. A. E. Rudolf (Hrsg.): Schering Lexikon Schlafmedizin
   M. M. V. Medizin Verlag München 1991

2. K. Hecht, W.-E. Vogt, E. Wachtel, P. Oehme, M. G. Airapetjanz: Schlafregulierende Peptide Beiträge zur Wirkstofforschung, Heft 37, Berlin 1990

3. K. Hecht, M. Poppei, H.-J. Peter, A. Engfer: Schlaf – Gesundheit – Leistungsfähigkeit
   Springer Verlag 1992 (im Druck)

4. W. P. Koella: Die Physiologie des Schlafes
   Gustav Fischer Verlag Stuttgart, New York 1988

5. St. Kubicki, A. Engfer: Schlaf- und Schlafmittelforschung
   Friedrich Vieweg Verlag Braunschweig/Wiesbaden 1988

6. K. Meier-Ewert, H. Schulz (Hrsg.): Schlaf und Schlafstörungen
   Springer Verlag Berlin, Heidelberg, New York, London, Paris, Tokio, Hongkong, Barcelona 1990

7. W. Pirsig: Schnarchen
   Hippokrates Verlag Stuttgart 1988

8. G. A. E. Rudolf, A. Engfer: Schlafstörungen in der Praxis, Diagnostische und therapeutische Aspekte
   Friedrich Vieweg Verlag Braunschweig/Wiesbaden 1990

9. K.-H. Rühle: Schlaf und gefährdete Atmung
   Georg Thieme Verlag Stuttgart, New York 1987

10. Ch. Töge: Träume – Phantasie und Wirklichkeit
    VEB Deutscher Verlag der Wissenschaften Berlin 1987

Literaturquellen und fremdsprachige weiterführende Literatur können beim Autor angefordert werden.

Register